# 巨人フィンの物語

## 北欧・日本 巨人伝承の時空

文　ローネ・モーゲンセン
絵　トード・ニーグレーン
訳・解説　中丸 禎子

CONTENTS



凡　例

　本書に登場する人名は、言語によって綴りや読み方が異なる。たとえば、聖オーラヴの名前部分は、ノルウェー語で Olav（オーラヴ）、スウェーデン語で Olof（オーロフ）、デンマーク語で Olav（オーラウ）、アイスランド語で Ólafur（オーラーヴル）、英語で Olaf（オラフ）、ドイツ語で Olav（オーラフ）である。

　解説では、中丸が翻訳をする際は出身地もしくは普及した読み方（上記であればノルウェー語読みの「聖オーラヴ」）、他の翻訳者の翻訳を使用する場合はその本の表記に従う。

　写真のうち、キャプションに撮影者・提供者がないものは、すべて 2018・2023 年に中丸が撮影。

Finnsägnen finns i flera olika traderingar. Den här bygger till stor del på en sägen som nedtecknades på 1600-talet. Finnsägnen är en skånsk version av den gamla *Byggmästarsägnen* som berättas i olika medeltida kyrkor i Europa. Den kan ha sina rötter i uråldriga skapelsemyter, där den gamla världens härskare tävlar med den nya tidsålderns gud om makten över den nya världen. En sådan myt finns i Eddan, nämligen om jätten som skulle bygga muren kring Asgård och få Freja, sol och måne i lön om muren blev klar till sommaren, men som i sista stund hindrades av Loke att bli färdig i tid.

*Lunds domkyrka* började byggas i slutet av 1000-talet. Då var Lund redan en kristen stad med många andra kyrkor. Domkyrkan är helgad åt Maria och sankt Laurentius (sankt Lars).
*Sankt Laurentii tårar* kallas den del av meteorsvärmen Perseiderna som passerar jorden varje år på Sankt Laurentii helgondag den 10 augusti, Lars namnsdag.

I *kryptan* i Lunds domkyrka står än idag den förstenade jätten Finn och håller om kolonnen. Det sägs att om kyrkan en dag blir alldeles färdig och inga stenar fattas alls, då vaknar jätten till liv igen.

ARCUS FÖRLAG
Box 1026, 221 04 Lund

Tryckt av Bulls Graphics 2017
med bidrag från Thora Ohlssons stiftelse
Boken har tidigare varit utgiven på
Alfabeta Bokförlag, Stockhom 1999

# Jätten Finn

av

Lone Mogensen (text)

&

Tord Nygren (bild)

ARCUS

昔、むかしの一番最初、
ルンドにはヴァイキングたちが住んでいました。
遠い遠い昔には、何もかも、今とは違っていたのです。
ルンドには高い建物はなく、車も走らず、
町の真ん中に農場がありました。
ここでも、あそこでも、子どもたちが走り回っていました。
ボールで遊び、薪を運び、ネズミを追いかけ、
きょうだいの世話でてんてこまい、
家畜の見張り番もしたのです。
日がな一日、ブタが行進し、
ガチョウは町の中を自由に歩き回りました。
朝から晩まで、ガァガァ、キィキィ、コケコッコウ。
犬たちは吠え、猫たちはお日さまの下で寝そべりながら、
見張りはしっかりしていました。

ルンドの町いっぱいに、お料理のにおい、
牛小屋のにおいが漂っていました。
鍛冶場からはいつもの音が響いています。

　クリンク クロンク

鍛冶屋さんが、蹄鉄やナイフを打っているのです。
でも、この時代には、鐘の音は一度も聞こえませんでした。
ルンドに教会がなかったからです。
お日さまが昇るときも、沈むときも、鐘は鳴りませんでした。
いま何時なのか、誰も知りません。
聖母マリアさま、幼な子イエスさま、
神さま、天使たちのことも、
誰も聞いたことがありませんでした。

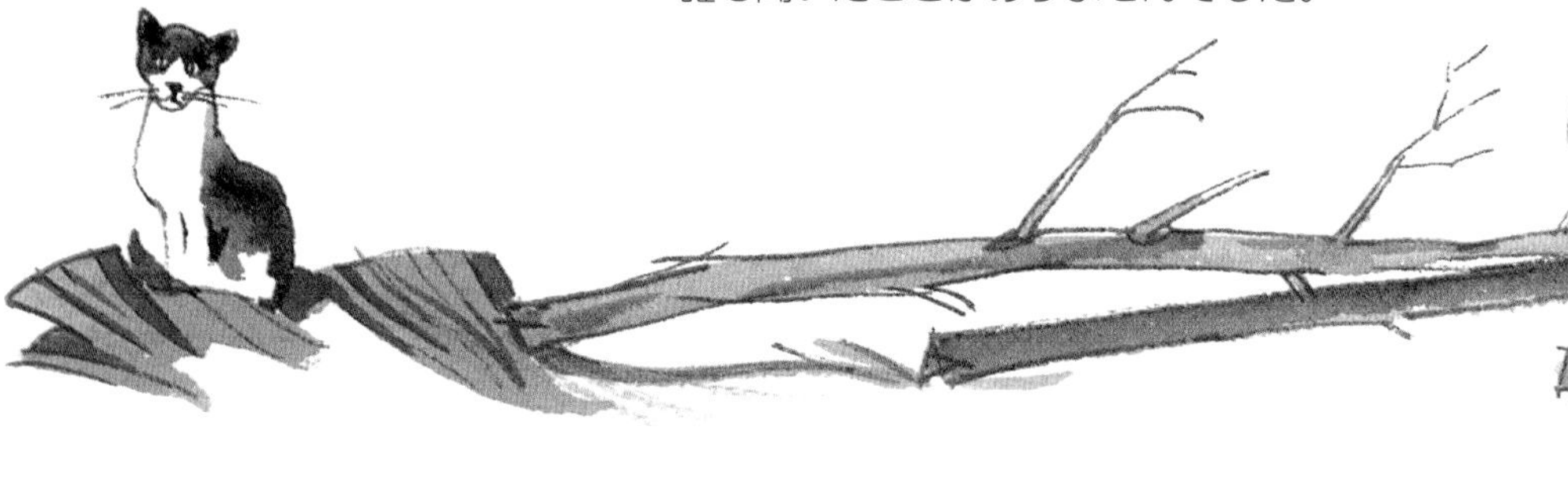

ルンドにキリスト教が伝わったのは紀元1000年ごろです。それ以前のルンドの人たちは、土着の神さまたちを信仰していました。
土着の神さまたちの物語は、現在、「北欧神話」として親しまれています。（☞111(8)ページ～、77(42)ページ～）

そんなある日、はるか遠くから、聖なる者の遍歴がありました。
聖ラウレンティウスです。
イタリアから来たその人は、キリスト教を信じていました。
大変親切で、公正な男の人でした。
病気の人や貧しい人を助ける、真の聖人だったのです。
みんなはその人のことを、
親しみを込めて「ラーシュさま」と呼びました。
ラーシュさまは、みんなに、神さまやイエスさま、
マリアさまのお話をすることにしました。

聖ラウレンティウス（ローマのラウレンティウス）は、258年8月10日に殉教した聖人です。実際にはスウェーデンに来ていませんが、イタリアのローマで教会の財産管理と、貧しい人へのほどこしを担当していました。（☞34ページ）。ルンド大聖堂は、1145年に聖ラウレンティウスに「献堂」されました。

ラーシュさまはルンドの町を歩き回り、
「わたしのところに礼拝に来てください」と頼みました。
するとみんなやってきました。
若い娘さんたちも、年とったヴァイキングたちも、
大人たちも子どもたちも、ラーシュさまの説教を聞きたがりました。
しかし、通りも、広場も、みんなが入れるほど広くありません。
ラーシュさまは、みんなを町の外へ、
ルンドの北にある丘の上へと導きました。

ラーシュさまは聖書のお話を読みあげ、
聖なる言葉を説きました。
そして、ルンドの人たちに、讃美歌の歌い方を教えました。
ルンドの人たちは、讃美歌が好きでした。
北の丘の上に立って、その日が終わるまで、
心を込めて賛美歌を歌いました。
太陽が沈み、星たちが輝き始めました。
ルンドの人たちは歌い続けました。
りんごの花がたくさん咲いて、ナイチンゲールがさえずる、
すべてが美しい夜でした。

スウェーデンは国土全体が日本よりもずっと北にあり、春は遅く来て、すぐに終わってしまいます。5月から6月にかけて満開になるりんごの花と、ナイチンゲール（「小夜啼鳥《さよなきどり》」とも呼ばれ、夕暮れ後や夜明け前に美しい声で鳴く鳥）は、短い春の象徴です。

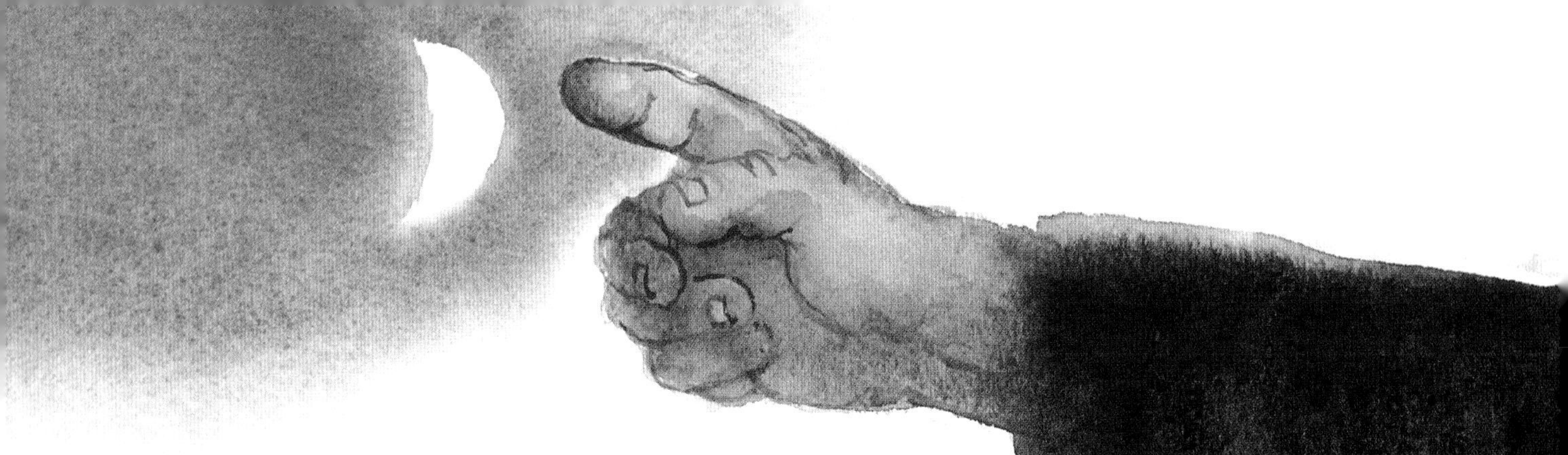

突然、大地がぐらぐらと揺れ始めました。
力の強い巨人が一人、足を踏み鳴らして来たのです。
みんな黙ってしまいました。鳥たちもさえずるのをやめました。

「いったいなんのさわぎだ？」巨人は尋ねました。

ラーシュさまは、「神さまの栄光を讃えるため、礼拝をし、讃美歌を歌っているんだ」と言いました。

巨人はしばらく考え込みました。

「ここでなきゃできないのか？」遠くで雷が鳴るような、鈍い声でした。

ラーシュさまは答えました。

「ルンドには教会がないから、外でやるしかないのだ。

わたしたちみんなが集まれる大きな広場もない。」


巨人は、自分の丘の上にいるルンドの人たち一人一人に目をやりました。

　こいつらを遠くへ追い払いたい、できるだけ遠くに。

そこで巨人は、ラーシュさまに言いました。

「おれが教会を作ってやろう。

お前が見たことのないような、一番大きくて、一番美しい教会だ！

その代わり、おれの名前を当ててみろ。

できなきゃおれに、お日さまとお月さまをよこせ。

それがだめなら、お前の目玉を両方だ。」

ラーシュさまは考えを巡らせました。

　これで全部うまくいくぞ。

　ルンドには最初の教会ができる。

　わたしがすべきは、巨人の名前を当てることだけ。

　そんなに難しくはないだろう。

巨人の棲家がある丘は、現在は《諸聖人の丘》と呼ばれており、ルンド大聖堂の北にあります。（☞35ページ）「諸聖人」とは「すべての聖人と殉教者」という意味です。スウェーデンでは、10月31日から11月6日の間の土曜日が「諸聖人の祝日」です。日本のお盆のように死者が帰ってくる日とされ、友人や親戚のお墓に行き、ろうそくを灯します。

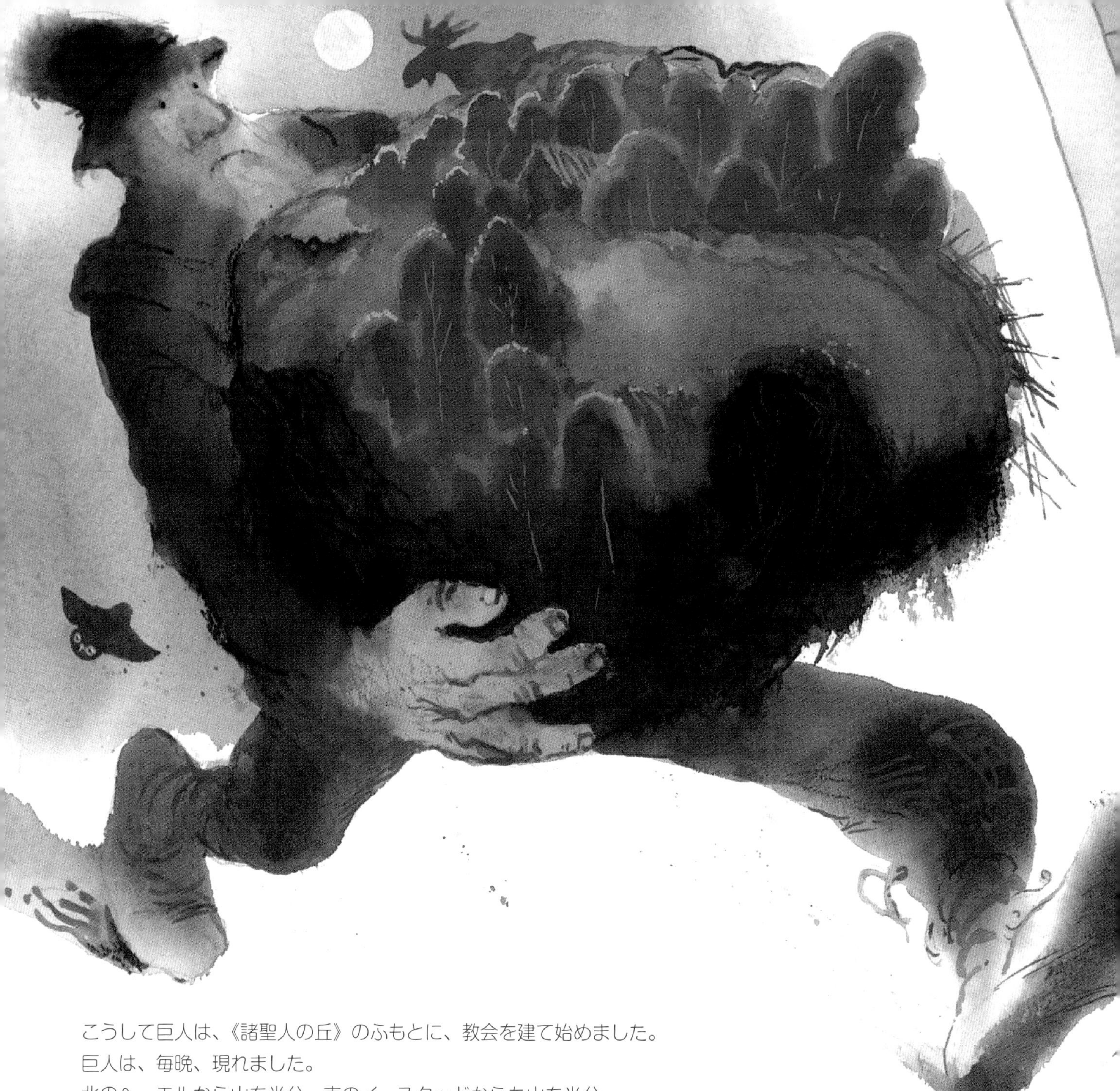

こうして巨人は、《諸聖人の丘》のふもとに、教会を建て始めました。

巨人は、毎晩、現れました。

北のヘーエルから山を半分、南のイースタッドからも山を半分、
えっちらおっちらと運んできました。こぶしを使って、岩の塊を四角い石に切りました。

穴を掘って頑丈な基礎壁を作り、石を次々と積み上げました。

まるで踊っているようでした。

続けて、美しいアーチと円柱のついた丸いアプスと、左右にせり出した一対の翼堂、
そして、広く高い身廊を建てました。

「基礎壁」は、建築物の重さを支えるために、建物の一番下の部分に設置する壁のことです。「アプス」「翼堂」「身廊」「地下祭室」、最後のページに出てくる「内陣」「祭壇」は、教会建築の用語です。(☞ 32 ページ〜)

毎朝、巨人は消えました。
ルンドの人たちはそろってやって来て、
高い壁を見あげます。こんなに高い壁は、
見たことがありません。
石を彫り出して作った天使やライオンも、
すばらしいものでした。
けれど地下祭室に降りていく気には
なれませんでした。
アーチ天井や柱が魔法の森に
そっくりだったからです。

巨人とトロルはしばしば似たようなものとして描かれます。（☞85（34）ページ）スウェーデン語で「魔法をかける」という意味の動詞「フェアトロッラ（förtrolla）」は、「トロル（troll）」からきています。

毎晩、巨人は戻ってきて教会を建て、毎晩、ラーシュさまは、巨人の名前を当てようと、
建設現場に向かいました。

「おまえの名前はスヴェンだろう！」ラーシュさまは言いました。

巨人は「ちがうぞ」と鼻を鳴らし、教会を建て続けました。

「エーギルか？ハラルドか？それともクヌート！」ラーシュさまは巨人に向かって声を張り上げました。


ラーシュさまは一晩中、思いつく限りのスウェーデンの男の子の名前を呼び続けましたが、
どれも、巨人の名前ではありませんでした。

夜明けが近づくと、巨人は教会を建てるのをやめます。

巨人とトロルは、お日さまの明るい光には耐えられないのです。

巨人は太陽が昇るすぐ前に行ってしまい、ラーシュさまには、
ごろごろという巨人の鈍い笑い声と鼻歌が聞こえました。

「お日さま、と、お月さま。もうすぐおれのものになる。

お日さま、と、お月さま。もうすぐおれのものになる。

それがダメでも聖人の目玉がおれのものになる。」

ラーシュさまがどんなに巨人の名前を当てようとしても、
全然うまくいきませんでした。
「おまえの名前はオーラ、クラース、ラグナル、テオ、バルデル、アンドレアス、ムハメッド、
ローヴェ、ヒンツァ、スティーグ……フーゴ！」
ラーシュさまは一息に叫び、息を継いで続けました。
「ロビン、ヴィレ、ヴィクトル、チャーリー、レオ、マテオ、ダンテ、オスカル、カリム、
セバスチャン、ベッティル、ノア、オッレ、ペレ、アルネ、アンドレ……」

スウェーデンには、「名前の日」の文化があります。キリスト教には、聖人を記念する日を祝う習慣があります（日本では聖バレンタインを記念する「バレンタイン・デー」が知られています）。スウェーデンでは17世紀ごろから、聖人だけではなく民間人の名前も「名前の日」に加えられました。「名前の日」は誕生日と同じようにお祝いをします。

夏が過ぎると夜の時間が長くなり、巨人が教会を建てるスピードはどんどん速くなりました。

「何としてでも、巨人の名前を当てるんだ！」

とラーシュさまは思いました。

「できない、などということはないはずだ！」


ラーシュさまはお日さまを見あげました。

お日さまは明るくかがやき、ラーシュさまも、ルンドも、
完成間近の大きな教会も照らしています。

「お日さまを引き下ろすなんて、できない。」

ラーシュさまはため息をつきました。

ラーシュさまはお月さまを見ました。

半月が、青い空に白く浮かんでいます。

「お月さまを引き下ろすことも、できない。」

ラーシュさまはまた、ため息をつきました。

北に位置するスウェーデンの特徴は、夏と冬の日照時間の差が大きいことです。スウェーデン南部のルンドでは、夏至の日の出は4時22分、日の入りは21時55分、冬至の日の出が8時54分、日の入りが15時02分です（2023年の場合）。兵庫県明石市では、夏至の日の出は4時47分、日の入りは19時16分、冬至の日の出が7時04分、日の入りが16時54分です。

ラーシュさまは、ルンドの大人たちや子どもたちに、
自分がまだ思いついていない名前がないか、尋ねてみました。
でも、夕方までに教わった新しい名前は、たったの三つでした。

「おまえはヴァルデマールか？」ラーシュさまは尋ねました。

巨人は返事をするそぶりさえ見せませんでした。

「きっとマルテだろう？」

巨人は鼻を鳴らしました。

ラーシュさまは不安でいっぱいになり、こうささやきました。

「それじゃあきっと……トールなのか？」

巨人は「ほー！」と雷のような声を出しました。


ラーシュさまは悲しみにくれて帰りました。

その夜は眠れませんでした。

「トール」は北欧神話の雷神の名前です。北欧神話では「ミョルニル」という金槌《かなづち》を使い、巨人を殺す役回りです。（☞98(21)ページ）

次の日、一日中、ラーシュさまは作りかけの教会を歩きまわりました。
大きな広間に入ったり、たくさんの彫刻を眺めたりするのは、楽しいことでした。
きっとどこかに、巨人の名前が分かるような痕跡や手掛かりがあるはずだ、
とラーシュさまは考えたのです。けれど、うまくいきませんでした。
そこには、神さまの家にふさわしいものしかありませんでした。

キリスト教では、キリスト教とは別の信仰を持つ者のことを「異教徒」と言います。巨人はキリスト教の神さまを信じない異教徒ですから、巨人の名前を知る痕跡や手掛かりは、「神さまの家にふさわしくないもの」となります。

一日が終わりに近づき、お日さまが地平線に沈んでいくのが見えました。
「ああ、お日さまが沈んでいく」とラーシュさまは思いました。
「わたしがお日さまを見るのは、これが最後だ。
今夜、巨人はわたしの両目を奪うのだから。」

ラーシュさまはルンドの町を飛び出して、
初めて巨人に会った《諸聖人の丘》に登りました。
ルンド平野一帯が見渡せました。
エーレスンドの海と、ヘーエルの森が見えました。
ソルビエールも、ダルビーの丘も、トロルが住むロメレクリントも見えました。

ラーシュさまが見ている間に、お日さまはシェランの岸辺の向こうへと沈み、
エーレスンドの海は、熾火のように赤金色に輝きました。
完成間近の教会が、空にそびえていました。

夜のとばりが下り、ラーシュさまは丘の上に立ち尽くしました。
ラーシュさまは悲しみでいっぱいでした。逃げることはできません。
ラーシュさまは聖なる者、聖人ですから、約束は守りたかったのです。
お日さまとお月さまを引き下ろすこともできません。
巨人の名前を当てることもできません。
目玉をなくすしかないのです。

「エーレスンド」「ヘーエル」「ソルビエール」「ダルビー」「ロメレクリント」「シェラン」、12ページに出てくる「イースタッド」、26ページに出てくる「エスターレーン」は、いずれも実在する地名です。(☞ 36 ページ〜)

ラーシュさまは自分を慰めようと、こんなふうに考えてみました。
神の栄えを表す美しくて大きな教会が立てられる
——わたしの目玉とひきかえに。

けれど、わたしはもう、神さまのいる澄み切った天国を見ることは
できない、ラーシュさまはそんなふうに考えて、余計に悲しくなりました。
ラーシュさまは絶望し、涙をぼろぼろこぼして泣きました。
あまりに激しく泣いたので、目からほとばしり出た涙が、空に昇っていきました。
ラーシュさまの涙は、輝く流れ星に変わりました。

聖ラウレンティウスが殉教した8月10日は、「ラーシュ」の「名前の日」になっています。この時期に見られるペルセウス座流星群は、「聖ラウレンティウスの涙」と呼ばれています。

でも、ラーシュさまは、自分の涙が空で鈍く輝くさまを見ませんでした。
泣きつかれて、地面に倒れていたからです。

横たわっていると、土の中から奇妙な音が聞こえてきました。
不思議さのあまり、ラーシュさまは泣くのをやめて、地面に耳を押し付けました。
誰かが歌を歌っていました。
まるで奇跡のように——偉大で、荒々しく、美しい声でした。
ラーシュさまは息を止めて耳を澄ましました。
声は丘の下のずっと奥深くから聞こえてきました。
子守唄を歌う、女の人の声でした。
歌はだんだんとはっきりしてきて、ラーシュさまは言葉を聞き取ることができました。

**ビュッサン・ルルとちっちゃいほっぺ。**
**朝になったら、フィン父さんが、**
**フィン父さんが、帰ってくるよ。**
**聖人の目をおみやげに。**

聖人の目！ ラーシュさまは飛び起き、じっと立ち尽くしました。
聖人の目！！これはきっと……。
ラーシュさまは喜びの声をあげながら、丘を駆け下りました。
巨人の名前が分かったのです！

「ビュッサン・ルル」は、スウェーデンの有名な歌手エーヴェルト・トーブが、お母さんに習った子守唄を元にして作った歌のタイトルであり、歌い出しでもあります。「ねんねんころり」のような意味です。

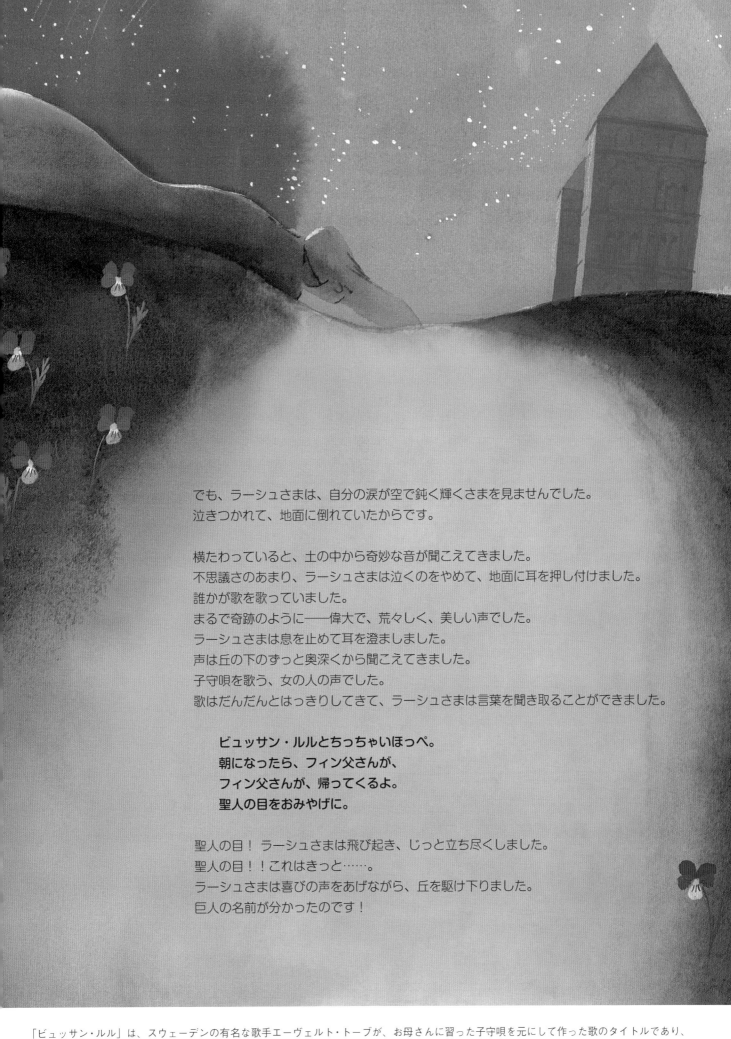

ラーシュさまはルンダゴードを一気に抜けて、教会まで飛んでいきました。
あと一つ石を置けば、教会は完成します。
その石は今、巨人の手の中にありました。
四角く切って、北の塔のてっぺんに置くところだったのです。

ラーシュさまは教会の前に立ち、手を口のところでラッパ型にして、力の限り叫びました。

**「フィンよ、フィンよ、最後の石を置け！」**


まさか名前を当てられるなど、巨人には、思いもよらないことでした。

巨人は怒り狂い、強い〈巨人の力〉で、思い切り石を投げました。

遥か彼方、エスターレーンまで飛んだ石は、今もそこに残っています。

巨人は石と一緒に、呪いの力も投げました。

「ルンドの教会は、ずっと一つ、石が足りないままだぞ！」


巨人が怒鳴った通りになりました。

塔のてっぺんや、壁、あるいは地下祭室で、いつも石が一つだけ足りないのです。

石屋さんが新しい石をはめ込むと、別の石がなくなっているのです。

エスターレーンには、「巨人の石」がいくつかあります。「教会の鐘が鳴るのを嫌い、教会に向かって投げた石」や、「巨人の世界の入り口の門の石」、「巨人の身体の一部である石」などです。（☞38ページ～）

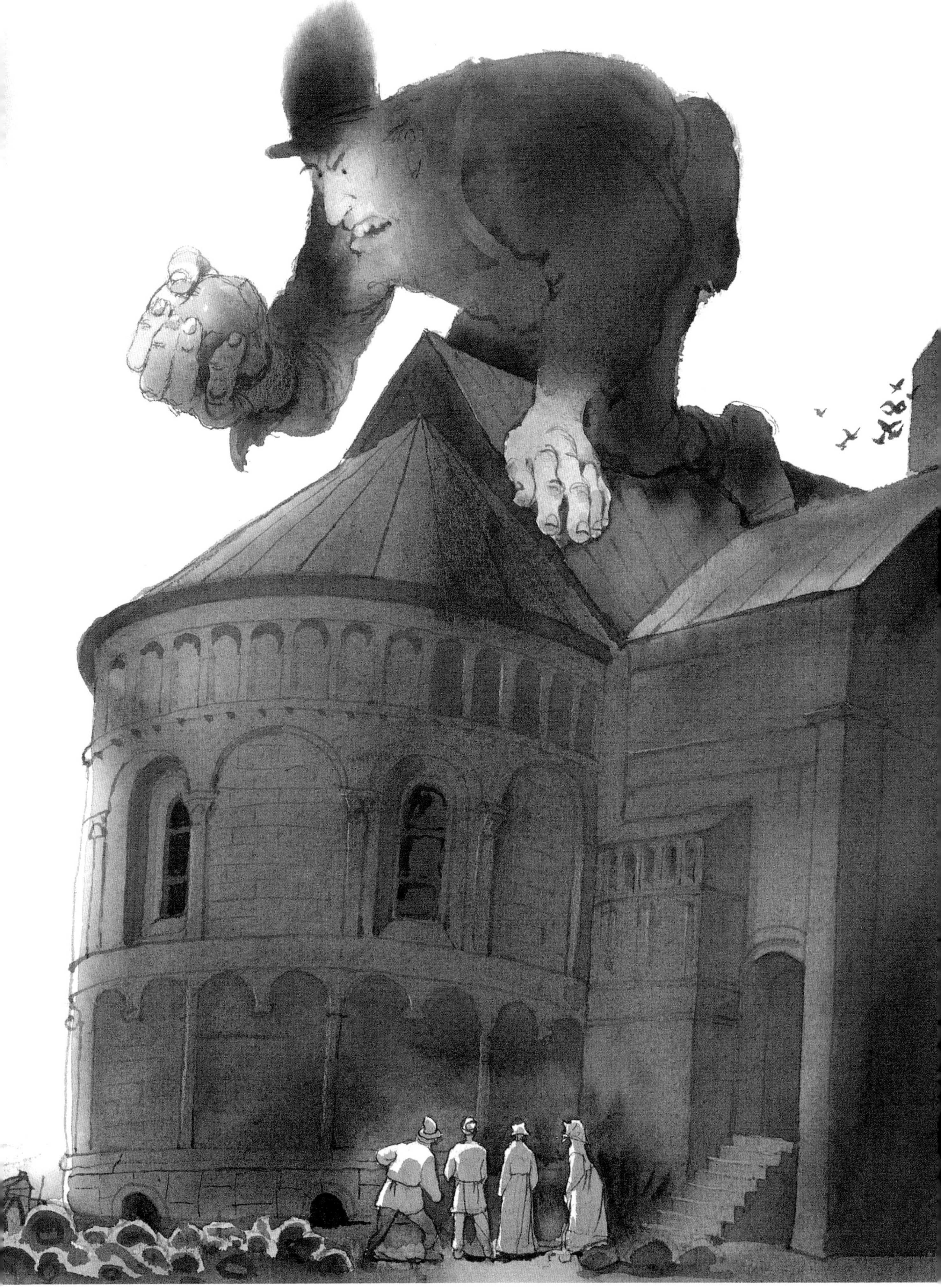

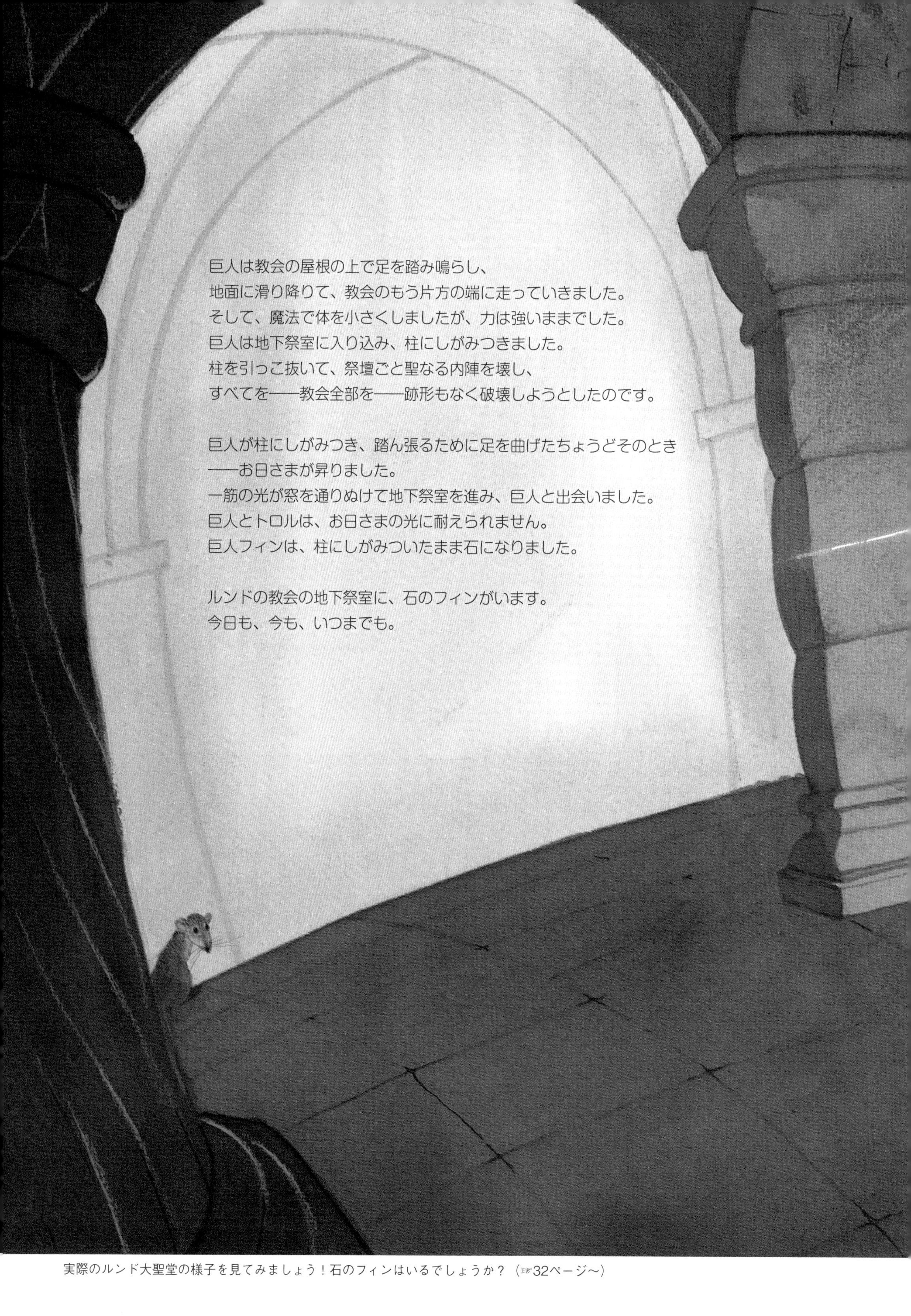

巨人は教会の屋根の上で足を踏み鳴らし、
地面に滑り降りて、教会のもう片方の端に走っていきました。
そして、魔法で体を小さくしましたが、力は強いままでした。
巨人は地下祭室に入り込み、柱にしがみつきました。
柱を引っこ抜いて、祭壇ごと聖なる内陣を壊し、
すべてを――教会全部を――跡形もなく破壊しようとしたのです。

巨人が柱にしがみつき、踏ん張るために足を曲げたちょうどそのとき
――お日さまが昇りました。
一筋の光が窓を通りぬけて地下祭室を進み、巨人と出会いました。
巨人とトロルは、お日さまの光に耐えられません。
巨人フィンは、柱にしがみついたまま石になりました。

ルンドの教会の地下祭室に、石のフィンがいます。
今日も、今も、いつまでも。

実際のルンド大聖堂の様子を見てみましょう！石のフィンはいるでしょうか？（☞32ページ～）

# 巨人フィンに会いに行こう

絵本『巨人フィンの物語』、いかがでしたか？昔、むかしの一番最初、のお話の最後に、石になってしまった巨人フィン、実は今でもルンド大聖堂の地下祭室にいるのです。フィンがいるルンド大聖堂やルンドはどんなところでしょう。大聖堂を拠点とした、わたしの旅の記録と共にお届けします。

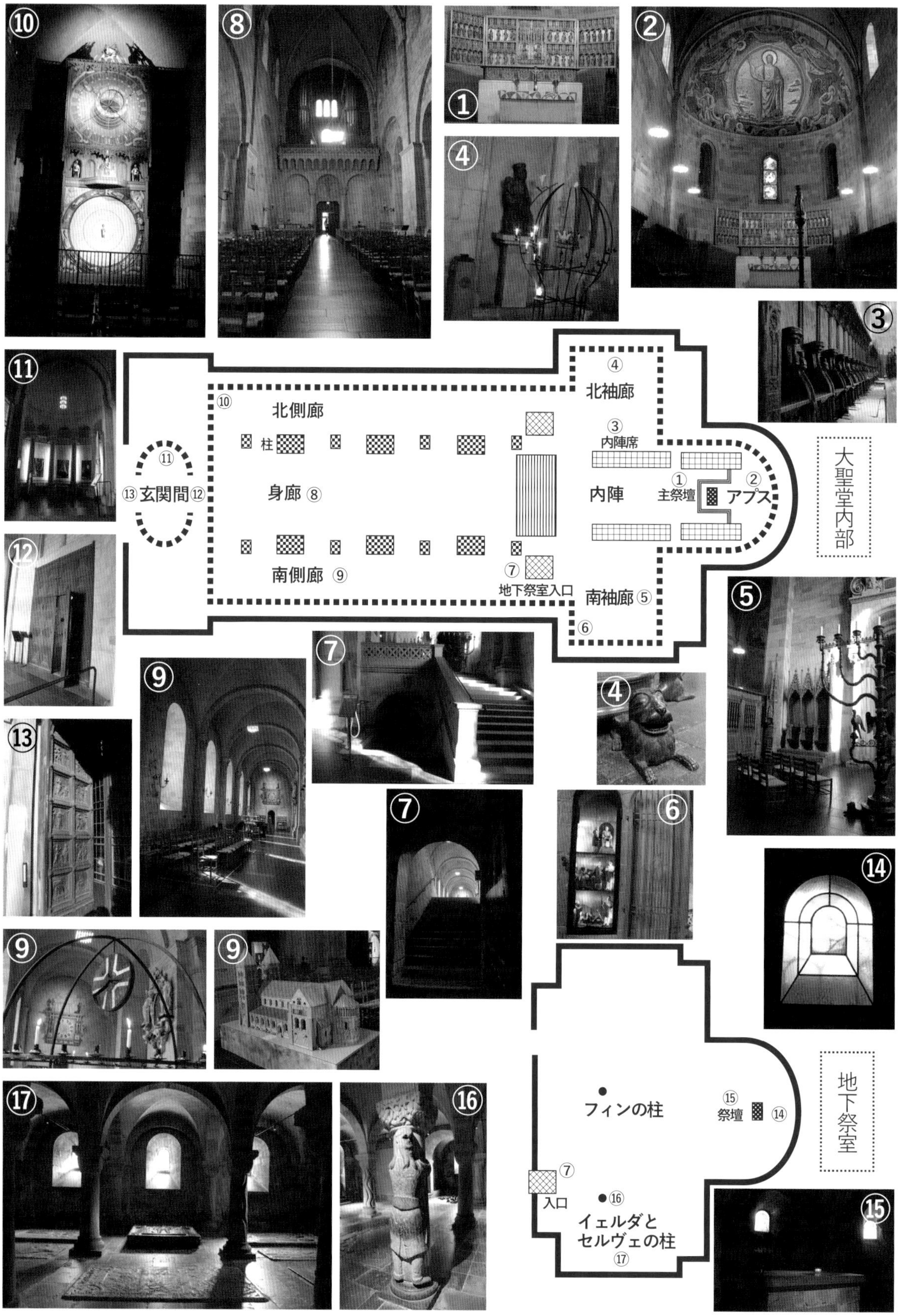


ルンド大聖堂見取り図。写真はすべて中丸が撮影（以下、撮影者名のない写真は中丸による）。ルンド大聖堂のご厚意により掲載。参照：Ulvros & Larsson & Andersson 2008. 情報提供：加藤磨珠枝。

## 歩いて探す巨人フィン

### ルンドとスコーネ

絵本『巨人フィンの物語』の舞台は、スウェーデン南部スコーネ地方の町ルンドである。スコーネ地方は、1658年まではデンマーク領だった。「巨人フィンに会いに行こう」では、ルンドの町とルンド大聖堂を拠点に、絵本に出てくる地名や関連地域を辿りながら、現在も残る「巨人の足跡」を探してみたい。

ルンドの町は、面積 26.37km$^2$、人口10万7351人（2023年統計）。ルンド大学（1666年創立）は、ウップサラ大学（1477年創立）に次いで、スウェーデンで二番目に古い。1060年前後に司教座が設置されて以降、北欧のキリスト教宣教拠点の一つとして栄えた。（☞ 112(7)頁～）

### ルンド大聖堂

ルンドの中心にある大聖堂。11世紀後半に建設が始まり、最も古いアプスと地下祭室は1123年に完成。1145年に聖母マリアと聖ラウレンティウスに大聖堂を捧げる「献堂式」が行われた。16世紀の宗教改革まではカトリックであったが、デンマークがルター派プロテスタントを導入すると、プロテスタントの教会として利用されるようになった。その後も増改築が続けられた。

**◆大聖堂内部◆**

1. 主祭壇　1145年、大司教エスキルにより、聖母マリアと聖ラウレンティウスに捧げられた。
2. アプスのモザイク画　復活したキリストを描いたモザイク画。1927年に完成。爪くらいの大きさの天然石とヴェネツィアのガラスモザイクでできている。
3. 内陣席（聖職者の座席）　アプスの下、主祭壇の左右にある。高位聖職者のみ座ることができる。1350年代に、フランスの木材を使い、ドイツの職人がルンドで制作した。
4. 北袖廊　1400年代に作成された聖母マリア像がある。プロテスタントでは「聖人崇拝」が禁じられたため、多くの聖人像が撤去されたが、このマリア像は残った。同じエリアに洗礼の際に使用する洗水盤がある。
5. 南袖廊　懺悔室、ステンドグラスがある。「6. 聖ラウレンティウス紹介コーナー」もこのエリアにある。
6. 聖ラウレンティウス紹介コーナー　聖ラウレンティウスの説明と生涯を再現した人形がある。
7. 地下祭室への入り口　大聖堂は、広い地上部分と半地下となった地下祭室から成る。巨人フィンの柱は地下祭室にある。
8. 身廊　大聖堂で参列者が集う最も広い部分。椅子が並べられ、参列者はこの椅子に座って礼拝に参加する。
9. 南側廊　身廊とつながっているが、柱で隔てられた空間。南側廊には、燭台、子どもが待機するスペース、ルンド大聖堂の1/50の模型がある。燭台に下げられた木製十字は、1000年ごろのスターヴ教会（☞ 44頁）の部品と推察されており、ルンド大聖堂で最も古いものだと言われている。
10. 時計　1425年ごろに設置された天文時計。ラテン語で Horologium Mirabile Lundense（ルンドの驚異の時計）と呼ばれる。ヨーロッパに3例しか現存していない珍しいもの。老朽化のため1837年に解体された。1923年に修理が開始され、15年がかりで完了した。

   3層から成る。上段は天文時計で、星、月、太陽の運行や星座を示す。頂上の馬に乗った人物は、光と闇、昼と夜、神と悪の永遠の戦いを表す。周囲を囲む4名の人物は天文学者だという説もあるが、詳細は不明。

   中段には幼児イエスを抱く聖母マリアが座っている。この部分は仕掛け時計で、12時と15時（日曜日は13時と15時）に仕掛けが動く。頂上の馬上人物が剣を交えて時を告げると、マリアの横の人物がラッパを吹き、扉が開いて「東方の三博士」がお参りをする。讃美歌102番「もろびと声あげ」（In Dulci Jubilo）が流れる中、三博士はマリアとイエスの前でお辞儀をしながら通り過ぎる。

   下段にはカレンダーがあり、現在は1923年から2123年までが提示されている。文字盤の中央には聖ラウレンティウス、その周りに年号、その外側のエリアに日付・曜日・月とその日の「名前」（☞ 14頁）、一番外側に12星座が描かれている。向かって左に時の神クロノスがおり、今日の日付を指している。四隅は、『新約聖書』の「福音記者」のシンボルで、左上の翼の生えた人物がマタイ、左下の牛がルカ、右下の獅子がマルコ、右上の鷲がヨハネ。

11\. 12. 13. 玄関間　階上部分には7000個のパイプがついたパイプオルガンがある。毎週土曜日の10時から10時30分まで演奏が行われ、誰でも無料で聞くことができる。

**◆地下祭室◆**

14\. 祭壇奥のステンドグラス　タイトルは「希望」(Hopp)。2023年、地下祭室の創設900年を記念し、スウェーデンのガラス作家エリカ・ラーゲルビェルケ（Erika Lagerbielke, 1960～／ノーベル賞晩餐会のガラス製品を手掛ける会社オレフォスのデザイナー）が制作。中央のオレンジ色は日の出、その周囲の薄い青は洗礼者ヨハネ、外側の濃い青は聖母マリアとマリア信仰を表している。

15. 地下祭室の主祭壇　1126年に奉献。使徒ヨハネとゼベダイの子ヤコブをまつる。

16. フィンの柱　地下祭室中央にフィンの柱、大聖堂内部と地下祭室を結ぶ階段のすぐそばに妻イェルダと息子セルヴェの柱がある。イェルダはフィンに比べて体が小さいため、紐を使って柱にしがみついている。

17. 墓碑　司教が埋葬されていたが、中世の洪水で流され、現在は石板だけがある。巨人フィンの背後には、最後のカトリック司教の石棺や、コインを入れると願いが叶う湧き水がある。

**◆聖ラウレンティウス（ラーシュさま）◆**

「聖ラウレンティウス」「ローマのラウレンティウス」と呼ばれるキリスト教の聖人。キリスト教がローマ帝国の禁教であった時代に、教皇シクストゥス２世より、「ローマの大助祭」に任命され、教会の財産管理と貧者への施しを任された。シクストゥス２世が処刑された後、ローマ皇帝ウァレリアヌスから教会財産の引き渡しを求められたが、拒否し、貧者、障碍者、病者を紹介し「この人たちが教会の真の宝物だ」と述べた。この結果、258年８月10日に熱した鉄格子で焼かれて殉教した。その際、「こちら側はよく焼けたのでひっくり返すように」と発言し、感銘を受けた人々が次々と改宗したと言われる。このため、現在では、貧者や資料管理に携わる職業と並び、料理人やコメディアンの守護聖人ともされている。絵画や彫刻において、人物を特定するための持ち物を「アトリビュート」といい、キリスト教の聖人は殉教のエピソードに因んだものと共に描かれることが多い。聖ラウレンティウスのアトリビュートは鉄格子である。

聖ラウレンティウスは実際にはスウェーデンには来ておらず、生きた時代もルンド大聖堂建築の数百年前、ルンドの町ができるよりずっと前である。このため、ルンド大聖堂の建設には尽力していない。現在のロマネスク様式のルンド大聖堂は11世紀末に建設が始まり、1145年に「献堂式」が行われて、聖母マリアと聖ラウレンティウスを記念した教会となった。ルンド大聖堂の各場所に鉄格子を持った聖ラウレンティウスの像や、聖ラウレンティウスを表す鉄格子の紋章がある。

教会前に立つラウレンティウス紋章旗。隣には、スコーネとルンド、デンマーク、スウェーデンの旗が立つ。

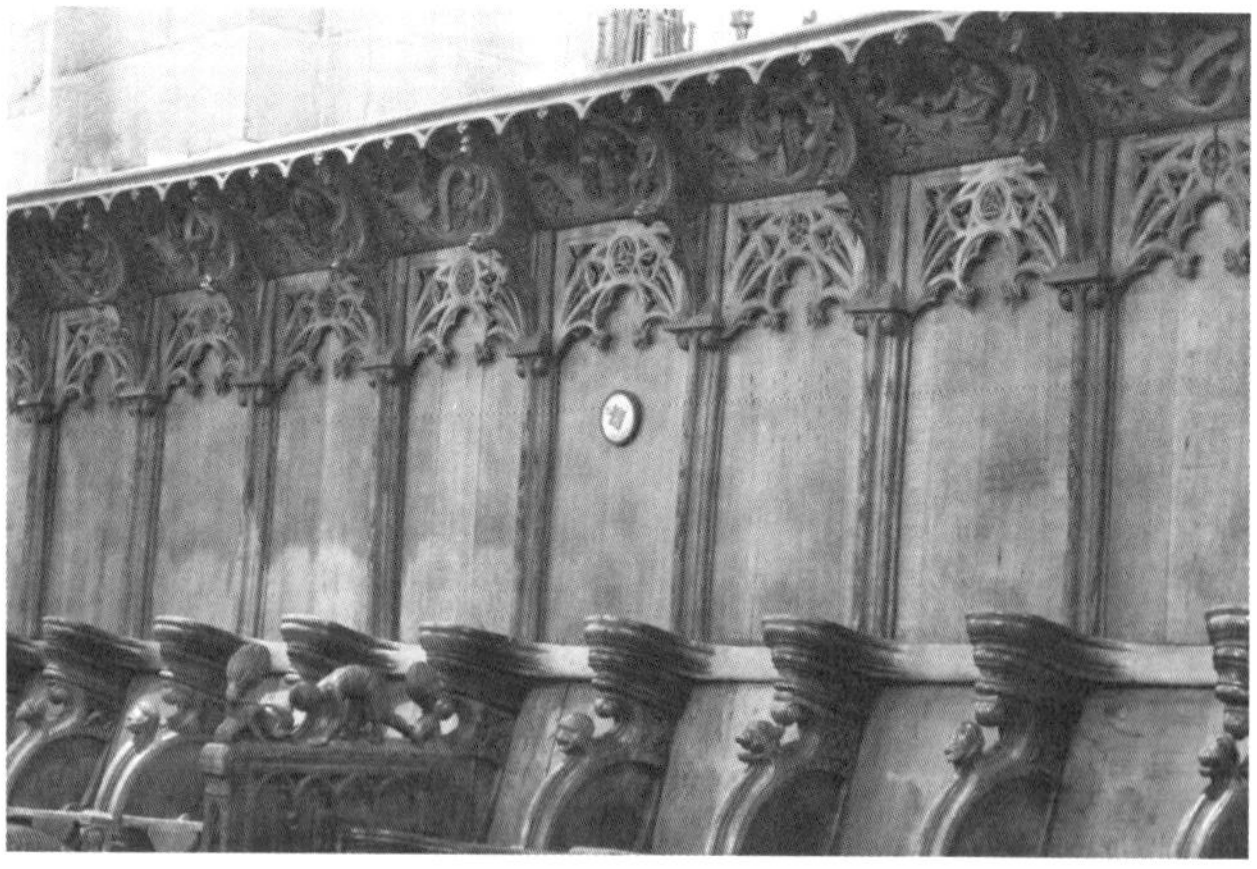

アプスにある、聖職者が座る内陣席。聖ラウレンティウスの紋章が描かれた席がある。

アプスに表されたモザイク画のキリストに向かい合う聖ラウレンティウス。内陣は立ち入り禁止のため、観光客は後ろ姿しか見ることができない。

教会への寄進者一覧の上に聖ラウレンティウスの紋章がある。

聖ラウレンティウスの生涯を再現した人形。

ルンド大聖堂の前には、「子どもを守る聖母像」がある。お腹に枝豆のようにかわいい子どもたちが並び、像は優しい顔をしている。

「ルンドの驚異の時計」中央にラウレンティウスがいる。時計は聖母子像、天文時計、時の神クロノスの造形も見事だ。

## ルンドの町

### ◆諸聖人の丘◆

ルンド大聖堂の北にある丘。絵本の中ではラーシュさまと巨人が初めて会った場所で、地下には巨人の棲家がある。「丘」といっても、麓から視認できるような高さはなく（スコーネ地方は平たい）、かつ広いので、「よく見ると上り坂になっているな」という坂道が続いている。丘の中腹には1000年代に「クリュニー派」により「諸聖人修道院」が建てられた。現在は、修道院のあった場所に記念碑、麓に「諸聖人教会」、丘の中腹に病院が建っている。

「諸聖人修道院」の跡地。現在は記念碑がある。テグネル『イェルダ』（☞ 103（16）頁）では、フィンの娘がこの修道院の院長になったという設定だ。

《諸聖人の丘》の麓に現在は「諸聖人教会」が建っている。朝早くから、教会の前を路面電車が走っていた。

### ◆アルケン◆

ルンド大聖堂の隣にある書店。キリスト教やルンドの本を扱っている。今回の翻訳で使用した『巨人フィンの物語』は、2018年9月にこの書店で購入したものだ。2023年9月に書店を再訪し、ルンドの本、ルンド大聖堂の本、教会建築の本などを購入した。わたしが『巨人フィンの物語』を訳していること、解説を書いていることを説明し、資料として写真を撮らせてもらってよいか店員さんに尋ねたところ、店長さんがお店の奥から出てきてくださった。渡された名刺に Kjel Blomberg（シェル・ブロムベルイ）とある。

外観。にぎやかな通りに面している。

わたしはこの名前に見覚えがあった。『巨人フィン』の著作権契約を結んだ出版社 Arcus（アルクス）の社長さんの名前だ。聞いてみたところ、出版社「アルクス」は、書店「アルケン」が所有する出版社なのだという。思いがけず社長さんとお会いでき、幸先の良い旅となった。

### ◆クルトゥーレン◆

ルンド大聖堂のすぐそばにある野外博物館。1882年創業、1892年に現在の場所で開館。中世から1930年代までのスウェーデン各地の建物が移築され、生活の様子が再現されている。

見どころ多数。どこから始めるか、迷うところだ。

鍵穴型のケースに鍵が展示されている。

中世展示コーナー。ものを展示するだけでなく、当時の暮らしが分かるようになっている。「紡ぐ、織る」というテーマで靴や手袋が展示されている。

サーミ展示コーナー。スコーネ地方はサーミの居住地域ではないが、一室が設けられている。

武器展示コーナーには日本の鎧も展示されている。

農村の建物展示。実際に使われていた建物を移築している。

漁村生活の展示

クルトゥーレンの写真は全て、クルトゥーレン（the museum Kulturen in Lund in Sweden）のご厚意により掲載。

## ルンドの町から飛び出そう

2023年9月、わたしはこの解説を書くためにルンドに赴いた。初めてフィンに出会った2018年以来、2度目の訪問である。2023年には、『巨人フィンの物語』で名前を知った土地に、時間の許す限り足を運んでみた。絵本では以下の文章で実在する地名が書かれている。

こうして巨人は、《諸聖人の丘》のふもとに、教会を建て始めました。巨人は、毎晩、現れました。北のヘーエルから山を半分、南のイースタッドからも山を半分、えっちらおっちらと運んできました。

ラーシュさまはルンドの町を飛び出して、初めて巨人に会った《諸聖人の丘》に登りました。ルンド平野一帯が見渡せました。エーレスンドの海と、ヘーエルの森が見えました。ソルビエールも、ダルビーの丘も、トロルが住むロメレクリントも見えました。

ラーシュさまが見ている間に、お日さまはシェランの岸辺の向こうへと沈み、エーレスンドの海は、熾火のように赤金色に輝きました。完成間近の教会が、空にそびえていました。

まさか名前を当てられるなど、巨人には、思いもよらないことでした。巨人は怒り狂い、強い〈巨人の力〉で、思い切り石を投げました。遥か彼方、エスターレーンまで飛んだ石は、今もそこに残っています。

このうち、《諸聖人の丘》とソルビエールはルンド市内、ヘーエル、イースタッド、ダルビー、ロメレクリント、エスターレーンはスコーネ地方、エーレスンドはスウェーデンとデンマークの間にある。シェラン島はデンマークの首都コペンハーゲンのある島だ。

今回は、ソルビエールとダルビーには行くことができなかった。イースタッドなど、通過するだけだった町もある。調査報告としては、フィンの作った教会に石が一つ欠けている‥‥どころか、いくつもの石が欠けている状態だが、それでも面白い話が色々入手できた。訪れることのできた土地を、写真を交えながら紹介したい。

**◆シェラン島◆**

デンマーク本国は、ヨーロッパ大陸から突き出たユトランド半島、フュン島、シェラン島が主な構成要素で、首都コペンハーゲンはシェラン島にある。シェラン島の東の海岸からは、スウェーデンがはっきりと見える。

コペンハーゲン。このすぐ近くに人魚姫像がある。

衛兵の交代式。数名の小規模な交代は2時間ごと、大規模な交代では、毎日11時30分に衛兵隊がローゼンボー宮殿を出発し、12時にアメリエンボー宮殿に到着する。2013年撮影

**◆エーレスンド（オーアスン）◆**

デンマークのシェラン島とスウェーデンの間の海峡をスウェーデン語でエーレスンド（Öresund）、デンマーク語でオーアスン（Øresund）という。2000年に海峡をまたぐ橋が開通し、鉄道や車で渡れるようになった。スコーネ地方の各地に行くには、ストックホルム空港よりもコペンハーゲン空港からの方が早い。たとえばコペンハーゲン空港からルンドへは、電車で46分だ。スコーネ地方とデンマーク東部は「エーレスンド地域圏」を構成している。

先頭車両の形から「ゴリラ」と呼ばれることもある電車。

エーレスンド大橋を渡る途中で国境を超える。左から、デンマーク国旗、スウェーデン国旗、「エーレスンド」と書いた旗。

**◆ヘーエル◆**

ルンドの北の町。大聖堂の柱の石はヘーエルのもの。

現在はリハビリ施設がある。庭には大きな石が置かれている。

**◆イースタッド◆**

電車で通過した。大きな港町。

**◆ロメレクリント◆**

ルンドから車で45分。公共交通機関で行くと3時間もかかる。絵本では「トロルが住む」と説明される。テグネル『イェルダ』（☞103（16）～）では、建築資材の供給地。「クリント」は「山頂」「崖」の意味。「ロメレクリント」と呼ばれる場所はいくつかあり、電波塔があるのとは別の丘もそう呼ばれている。その丘の上からは、小さく、ルンド大聖堂の二つの尖塔が見えた。

森の中はトロルが出てきそうな雰囲気だ。

頂上には電波塔。トロル伝説と文明が交差する不思議な光景。

スウェーデンの伝統的なお菓子「カルデムンマブッレ」。カルダモンを使った菓子パンで「カルダモンロール」とも呼ばれる。スウェーデンはコーヒーが美味しい国だ。ランチョンマットはこの地域の伝統的な模様で織られている。

◆エスターレーン◆

「フィンが投げた最後の石」の情報をずいぶん探したが、見つからなかった。一方、巨人伝説と石が結びついた場所は無数にある。教会の鐘の音が嫌いなフィンが「教会に向かって投げたが、教会を破壊できず近くに落ちた石」もいくつかある。巨人伝説がある二つの場所を訪ねてみた。

◆ステーンスフーヴッド国立公園◆

「ステーンスフーヴッド」は「石の頭」の意味。約 4㎢の公園で、難易度別にいくつかの遊歩道が設けられている。わたしが歩いたコースは、森の中、海岸の砂地、石ばかりゴロゴロしたところなど変化が楽しめる。公園全体が巨人の身体であるとされ、海岸沿いに「巨人の世界への入り口の門」がある。

「巨人の門」の先の海岸は砂浜ではなく石が広がる。説明板によれば、門の先は山に住む巨人ステン（Sten。意味は「石」）の果樹園で、海から門の中を覗くと、その船は湾の中で遭難する、という言い伝えがある。19 世紀には山から石を切り出しており、現在も鍛冶場の跡が残る。スイカズラ、ブルーベリー、シダがよく育ち、「恥ずかしがり屋のクサリヘビの日向ぼっこ」が見られることもある。

ほとんどのコースの起点。受付で地図をもらうことができる。コースはルートごとに色分けされている。わたしは北の「ヘッレ入り江《ヴィーク》」を目指す全長 4.2km の「ヘッレ入江コース」を歩き、途中で山頂に至る「ステーンスフーヴッドコース」（スタート地点からゴールまでで全長 2.2km）に立ち寄った。

西側にルートを取ると森が広がっている。大きな石や小さな石がごろん、ごろんと転がっており、「これも巨人フィンが投げたのかな」などと考える。

東側には山頂「ステーンスフーヴッド」を形成する傾斜がある。苔の生えた丸い石は、かわいらしいトロル(☞ 85(34)頁）の集団のようだ。

お目当ての「巨人の門」。この先は「巨人の世界」だ。

「巨人の門」の先の景色。積まれた石が巨人の家のようだ。

石でぼこぼこした地面に座っておやつを食べ、ピンクがかった小さな石を一つ拾ってリュックに入れた。帰国後、スウェーデン名物「ダーラヘスト」（ダーラナ地方の馬）と一緒に撮影。

「巨人の門」からしばらく南下すると、海岸沿いの道は砂地に変わる。靴の中に細かい砂が入ってくるが、石の道よりは歩きやすい。海水浴をする人も見かけた。霧の中に出発点の事務所の建物が見えた。ゴールだ。

**◆巨人の道◆**

ステーンスフーヴッド国立公園の情報を探しているとき、近くに「巨人の道」という遊歩道があることを知った。その付近の丘が、巨人の身体であるという言い伝えがあり、足、頭、心臓、男性器があるという。身体部位は先史時代の遺跡で、3時代の遺跡がすべて見られる珍しい場所だ。拠点となる「足」は、スコーネ地方を横断する「スコーネ交通」終着点のシムリスハムンから約2.5km。「足」から案内板が170m、案内板から「心臓」が170m、その通り道に「男性器」がある。再び案内板に戻り、「頭」までが385m。付近のタクシー会社にシムリスハムンから「足」まで行ってくれるか尋ねたが、このエリアにタクシーは出していないということで、シムリスハムンでレンタサイクルを借り、「足」までは自転車で出かけた。

スウェーデンの自転車の後輪は、ハンドル下のレバーを握るのではなく、ペダルを後ろに回すとブレーキがかかる。自転車はわたしにはやや大きく、途中、ペダルを少し後ろに引いてしまって、ブレーキがかかり、体が前に飛び出しそうだった。

車道沿いに大きな看板が立っている。「巨人の道へようこそ！」

看板の下にある「足」。唯一車道に面した場所にある。

「足」から道路を渡り、丘の麓に立つと「足へようこそ！」という看板が立っている。下には「巨人の道（Jätteleden）」を指す標識がある。ここが「巨人の道」のスタート地点だ。

「頭」こと「クヴェイサの丘」（Kvejsahöj）。「巨人の道」の案内冊子によれば、約3500年前＝青銅器時代の墳丘で、直径35メートル、高さ7メートル。青銅の原料となる銅と錫はヨーロッパとの交易でもたらされた。1877年に考古学者ニルス・ブルーセリウス（Nils Bruzelius, 1826–1875）が発掘。「クヴェイサ」は「笛」という意味のスコーネ方言「クヴェイス（kvejs）」に由来する。冊子は「耕作地の風景の中、この墳丘は笛かニキビのように見えたのではないか」と推測する。第二次世界大戦期には機関銃が設置され、現在もその跡が残っている。

「心臓」こと「石の小屋」（Stenstuan）。紀元前3350年ごろ＝新石器時代後期（漏斗状ビーカー文化期）の羨道墳。岩でできた墓を天板が覆う構造だったが、現在は半壊している。現在は土で埋もれた場所に5mほどの通路がある。埋葬者は農業者と見られる。墓であると同時に、儀式や祭儀の集会場として用いられる、周辺住民が家族・一族を示すメルクマールとなるなど、複数の機能を果たしたと考えられる。

「もっとも高貴な部分」こと「ピッチェ石」(Pittjesten)。Pittjeはスコーネ方言で男性器を意味する。紀元前150年～1050年＝鉄器時代後期に建てられたメンヒル（小石を詰めた穴に細長い石を刺した遺跡）だが、周辺の発掘がなされておらず、詳細は不明。材質は花崗岩。高さ1.5m、幅0.8m。

ルンド大聖堂の前には、赤地に白い十字のデンマーク国旗と、青地に黄色い十字のスウェーデン国旗の双方が立てられている。スコーネの旗は、デンマークとスウェーデンを組み合わせた、赤地に黄色い十字。ルンドの旗は、スコーネの旗に大聖堂をかたどったルンドの紋章を重ねたもの。

**◆スコーネ地方◆**

日本の1.2倍の面積を持つスウェーデンは、北部ノルランド（Norrland)、中部イェータランド（Götaland)、南部スヴェアランド（Svealand）に三分される。それよりも細かい地方区分は少し複雑で、公式には「レーン」という21行政区で構成されるが、伝統的・日常的に「ランドスカップ」という25の地域区分を用い、学校でも「ランドスカップ」を習う。「レーン」と「ランドスカップ」の境は一致しないが、どちらの区分でも、一番南の地方は「スコーネ」と呼ばれる。

スコーネ地方は面積1万1300km$^2$、人口は141万4324人(2022年統計)。1658年までデンマーク領、現在はスウェーデン領。

現在のスコーネは、「デンマーク時代が長かったため、スウェーデン領ではあるがデンマークの影響を受けた独自の文化がある」とされている。「デンマーク」や「スウェーデン」といった国単位の文化が意識されるのは18世紀以降なので、この説明がどこまで史実に即しているかは留保の必要があるが、たとえばスコーネ方言が独特のものとして知られていることは事実だ。スウェーデン語では、「日本語」は「ヤパンスカ（japanska)」、「英語」は「エンゲルスカ（engelska)」、「スウェーデン語」は「スヴェンスカ（svenska)」など、言語名は地名に「～スカ（ska)」という形容詞語尾をつけて呼ぶ。スコーネの言語は、「スコンスカ（skånska)」で、よく半分冗談で「独立言語だ」と言われる。確かに標準スウェーデン語との違いは顕著だ。たとえば標準スウェーデン語ではrsを「シュ」と発音するが、スコンスカでは「ルス」と発音する。有名な画家Carl Larssonは標準スウェーデン語で「カール・ラーション」だが、第一部「『巨人フィンの物語』ができるまで」で触れたルンド大聖堂の元案内人Anita Larssonさんは「アニタ・ラルソン」と発音する。ルンドの二つの尖塔は、地元の人たちには「ルンドの男の子たち」と呼ばれ親しまれている。標準スウェーデン語ならば「ルンズ・ポイカー（Lunds pojkar)」となるこの表現は、スコンスカで「ルンナ・ポーガー（Lunna pågar)」である。

「北欧に行ってきました」と言うと、「寒かったですか？」と聞かれるが、スコーネ地方は南部のせいか、それともわたしが行ったのが2回とも9月で、かつたまたま暖かい日だったのか、過ごしやすい天気だった。たとえば2023年9月の滞在で、ノルウェーのベルゲンではセーターの上に日本では冬に着るジャンパーを着たが、ルンドでは長袖のTシャツ一枚で、地元の人は手足を出して歩いていた。しかし、南だから豊かな地域かというとそうではない。案内してくれたカーリン・タフリン（Karin Taflin）さんによれば、石が多く（！！）農業に適さないので、19世紀末から20世紀にかけて、多くの住民がアメリカに移民したという。

**◆マルメー◆**

スコーネ地方の県庁所在地マルメーはスウェーデンで3番目、北欧で7番目に人口規模が大きい（32万5000人）。

マルメー中央駅は運河に面している。

サッカークラブチームのマルメーFFの本拠地で、ズラタン・イブラヒモビッチの出身地でもある。コペンハーゲン空港からは橋でつながっており、電車で50分程度。

**◆スコーネマメ知識◆**

スコーネ地方の西ヴェンメンヘーグは、『ニルスのふしぎな旅』（第1部1906年、第2部1907年）の主人公ニルス・ホルガションの出身地。すなわち、作品の出発点であり終着点である。小学校の読本として書かれた同作では、魔法で小人に変えられた少年ニルスが、空飛ぶガチョウのモルテンの背に乗り、ガンの群れと共に最北端ラップランドを目指す。ニルスの旅を通じてスウェーデンの地理と歴史を学ぶ本となっている。作者のセルマ・ラーゲルレーヴ（Selma Lagerlöf, 1858～1940）は、1909年、スウェーデン人初・女性初のノーベル文学賞を受賞した。

「ニルスの家」からスウェーデンの最南端スミーゲ岬まで約15キロ、徒歩4時間程度。

スミーゲ岬のアイスクリーム屋さん。ロゴはもちろんニルス。

セルマ・ラーゲルレーヴ像。ヴェルムランド地方カールスタッドにて。

スコーネ地方では、いたるところでニルスが「推されて」いる。スウェーデンとデンマークの文化が出会うこの場所は、小人と巨人が出会う場所でもある。

## トロンハイム

第一部「『巨人フィンの物語』ができるまで」にも書く通り、『巨人フィンの物語』は、ルンドで成立した説話ではない。ヨーロッパ大陸からノルウェーのトロンハイムにもたらされ、巡礼者を通じて北欧各地に伝播した。わたしは2023年9月にトロンハイムを訪れた。ノルウェー中部のフィヨルドに位置し、ニダロス大聖堂を中心に、ニデルヴァ川に隔てられたいくつかのエリアを橋で結んだ瀟洒な街だ。大正時代「ニダロス大聖堂を巨人（もしくはトロル）が作った」という昔話が、英語訳・ドイツ語訳を通じて日本に伝わり、水田光の手で翻案され、やがて、日本の民話『大工と鬼六』として定着した。（☞ 96(23)頁～）翻案の際、水田は、聖人を大工に、巨人・トロルを鬼に、そして、教会を橋に変更した。変更に際し、他の建物ではなく「橋」を選んだ理由は、日本の伝統的な架橋物語にしようとしたのかもしれないが、橋の街トロンハイムを歩いていると、たとえば「古い町橋」を巨人やトロルが作っていてもおかしくないと思えた。

トロンハイムは、ノルウェーにキリスト教を導入したオーラヴ・トリュグヴァソン（オーラヴ1世／960年代～1000；在位995～1000）により建設された。中世には大司教座が設置され、巡礼地として栄えた。2023年現在、首都オスロ、フィヨルドの町ベルゲンに次ぐ第3の都市で、人口は約20万人。

**◆ニダロス大聖堂◆**

1152年、トロンハイム（中世の呼称はニダロス）に建立。同地はノルウェーの守護聖人「聖オーラヴ」の埋葬地とされ、長きにわたり、ノルウェーの新国王の戴冠式が行われてきた。

「聖オーラヴ」とは、ノルウェー王オーラヴ2世（995頃～1030；在位1015～1028）。1030年にスティクレスタの戦いで没し、トロンハイムの教会に埋葬された。数年後、「エレヴァチオ」という儀式が行われ（聖人として「お迎え」するために墓から掘り上げられて再埋葬）、崇敬の対象となった。ニダロス大聖堂建設後、大聖堂前でオーラヴに捧げられた宗教詩の披露（1157）、教皇アレクサンドル三世による聖人としての言及（1160年代）、奇跡譚編纂（1170頃）など、「聖人」としての史料も残されるようになる。

聖オーラヴは民間で人気があり、数々の伝説が生まれた。その人気から、ニダロス大聖堂は中世には巡礼地として栄えた。

スティクレスタの聖オーラヴ像。撮影：成川岳大

ニダロス大聖堂。正面入り口には聖書の登場人物やノルウェーゆかりの聖人像が飾られている。（☞108（11）、97（22）頁）

中央にはキリスト磔刑図

2017年、初のサーミ議会の創立100年を祝って設立された祭壇。サーミの芸術家フォルケ・フィエルストレームがサーミの伝統技術を使って作成した。トロンハイムで開かれたサーミ議会は、サーミの権利獲得運動の口火を切り、1989年のサーミ評議会の設置につながった。

**◆歴史博物館◆**

ニダロス大聖堂の小型模型。下面に現在の平面図が描かれ、年代ごとに建物のレプリカが設置されている。

当時の鍛冶屋を再現するミニチュア

**◆橋の街トロンハイム◆**

トロンハイムの街はトロンハイム・フィヨルド沿いにある。

トロンハイムは中世の巡礼道の拠点の一つだった。巡礼道であることを示す道標や看板が立っている。

「古い町橋」（Gamle Bybro）は、1816 年まで市への入り口として使われ、通行料の徴収所・守衛所があった。一度取り壊されたが、1861 年にカール・アドルフ・ダールにより再建。シンガー・ソング・ライターのオスカル・ホド（Oskar Hoddø, 1916–1943）はこの橋の上で『ニデルヴァ、静かで美しいあなた』を作詞したとされる。「この橋を歩きながら私は夢を見る」と書き、橋を「幸せへの入り口」と呼んだホドは、ナチ・ドイツへのレジスタンス活動の末、他の 8 人と共にクリスティアンステン要塞で処刑された。

マンホールには、トロンハイムの市章が描かれている。1897 年に、13 世紀のものをモデルに制定されたこの市章は、司教帽と杖を持ち教会に立つ司教、王冠と正義の象徴である秤を手にする王、市議会を意味する 3 人の頭が描かれ、教会と国家のバランスを表している。

◆クリスティアンステン要塞◆

クリスティアンステン要塞の主塔（天守閣に相当する建物）。

ノルウェーは第二次世界大戦中にナチ・ドイツに占領された。対ナチレジスタンス活動はノルウェーの重要な近現代史の一幕だ。クリスティアンステン要塞には刑場があり、多くのレジスタンス・メンバーが射殺された。このことについての説明は、ノルウェー語、英語、ドイツ語で書かれている。

◆スヴェッレスボルク・トロンデラーグ民俗博物館◆

トロンハイム郊外の野外博物館。1909年に市民グループが始めた建物収集を母体に、1913年、スヴェッレ王の城跡周辺に開館された。最も古い建物（ハルトダーレンのスターヴ教会）は12世紀、他の多くの建物は18世紀・19世紀のもの。以下の写真は、スヴェッレスボルク・トロンデラーグ民俗博物館（Sverresborg Trøndelag folkemuseum）のご厚意により掲載。

ノルウェー王スヴェッレ（在位：1177 ～ 1202）の城砦跡。

城跡の麓で羊が放牧されている。

ハルトダーレンのスターヴ教会。「スターヴ教会」は中世の北欧で建設された木造建築教会で、『アナと雪の女王』の主人公姉妹が暮らすアレンデール城のモデルにもなっている。ハルトダーレンのスターヴ教会のオリジナルは1170年ごろに建てられ、1881年に解体されたが、残った部分を用いた教会が民俗博物館で再現された。

「デトリの住居」。「オップダール様式」の建物。農夫オーレ・ハールヴォルセンが息子に農場を継がせた後、自身と妻が居住するために1817年に作った。フロリダ・ディズニーランドのアトラクション「フローズン・エヴァー・アフター」のロイヤル・サマーハウスのモデルとなった。

## サーミ

トロンハイムは、北欧の先住民「サーミ」とキリスト教徒の接触地域でもあった。比較神話学者の水野知昭は、北欧神話や教会建設説話の「巨人」のモデルは、先住民サーミであるという説を唱えている（☞ 99(20)頁～）。

サーミは、スウェーデン北部（2万～4万人）、ノルウェー北部（5万～6万5000人）、フィンランド北部（約8000人）、ロシアのコラ半島（約2000人）などのサーミランド（ラップランド）地方に、合計約10万人が居住する。現在話されている言語には、話者人口1万5000～2万5000人の北サーミ語から20人程度のウメサーミ語まで、話者数も特徴も様々な9つの言語区分がある。（☞ 46頁～）

サーミは紀元前1万1000年頃にノルウェー北部の沿岸に到達し、紀元前1万年頃に現在の土地に住み始めた。13世紀以降はノルウェー王権、14世紀以降はスウェーデン王権により、サーミへの接触と統治が開始された。その過程で、キリスト教や言語の強制などの「同化政策」や、ノルウェー人やスウェーデン人と同等には扱わない「分離政策」がとられた。

サーミは近年、いくつかの映画で注目を集めた。『アナと雪の女王』（2013）では、オープニングでサーミの伝統音楽「ヨイク」を取り入れた歌『ヴェリィ』（Vuelie）が使われ、人物「クリストフ」はサーミをモデルにしている。

キルナ鉱山。スウェーデンのキルナは、サーミランドにある鉱山都市だ。スウェーデン鋼の原料となる鉄鉱石の産出で知られる。

キルナ教会。サーミの家を模して造られている。スウェーデン最大の木造建築のひとつ。1912年建立。

クリストフの描かれ方が一部で批判されたこともあり、『アナと雪の女王2』（2019）で、サーミをモデルとした集団「ノーサルドラ」を描くにあたり、ディズニーはスウェーデン、ノルウェー、フィンランドのサーミ議会、およびサーミ評議会と「合意書」を締結して、サーミ文化の尊重や、サーミ側からの協力・助言、利潤の分配などを約束した。同じ時期に、サーミの差別の歴史を扱った実写映画『サーミの血』（2016）が数々の映画賞を受賞した。

これらの映画で、サーミはトナカイ放牧をする民族として描かれるが、「サーミ情報センター」のHPでは、トナカイ産業との関わりは長い歴史の中の一部であること、現在は、トナカイ飼育、狩猟、漁業、「ドゥオジ」と呼ばれる手工業など伝統産業と、観光、メディア、食品工芸、デザインなどの新しい産業が併存することが書かれている。

ユッカスヤルヴィ教会。ラップランド地方最古の教会。17世紀初頭に建立が始まり、1785年に完成した。

犬橇から見た風景。2011年にオーロラを見るためにキルナを訪れた。昼に犬橇ツアーに参加。犬種はアラスカン・ハスキー。

## 巨人フィンを取り巻く世界

### 「北欧」の定義

巨人フィンの物語の源流は「北欧神話」の「山の巨人によるアースガルド城砦建設説話」である。この神話がキリスト教時代に、巨人が教会を建てる話へと変貌した。類似の話が「北欧」各地にある。それでは、「北欧」とはいったいどこを指すのだろう？

万国共通で確定した「北欧」の定義はないが、わたしは「北欧理事会」（Nordic Council）に理事を送る、アイスランド、スウェーデン、デンマーク、ノルウェー、フィンランドの5か国と、オーランド諸島（フィンランド自治領）、フェロー諸島（デンマーク自治領）、グリーンランド（デンマーク自治領）の3地域、併せて8つの国・地域を「北欧」と呼んでいる。なお、日本の外務省には「北欧」の区分はなく、上記5か国は「欧州局・西欧課」の管轄だ。「国連による世界地理区分」(United Nations geoscheme)では、グリーンランドが「アメリカ州・北アメリカ」に分類され、他の7つの国・地域の他、バルト三国やイギリスが「ヨーロッパ州・北ヨーロッパ」に分類される。

北欧各国・各地域の基礎情報は下で述べるが、全体に人口が少なく、一番多いスウェーデンも日本の1/10ほどだ。

緯度で比較すると、北欧最北端のグリーンランド・カフェクルベン島は北緯83度、南極に近いノルウェーのブーベ島(南緯54度)を除く最南端のデンマーク・ファルスター島は北緯54度。札幌市が北緯43度なので、北欧全体が日本の最北端よりかなり北にあることが分かる。他国と比べても、中国の首都北京が40度、モンゴルの首都ウランバートルが47度、ドイツの首都ベルリンが52度、ロシアの首都モスクワが55度と、北欧はその名の通り「北」にある。

経度で比較すると、北欧最東端のノルウェー・クレマーピンテン(スヴァールバル諸島)は東経33度、最西端のグリーンランド・キャリー諸島は西経72度。間に世界標準時を決定するイギリス・ロンドンのグリニッジ天文台を挟み、グリーンランド、アイスランド、フェロー諸島、ノルウェーの一部は西経、ノルウェーの大部分、スウェーデン、デンマーク、オーランド諸島、フィンランドは東経だ。日本の標準時を決定する兵庫県明石市は東経135度に位置し、北欧内で最も時差の少ないフィンランドより7時間、最も時差の大きいグリーンランド・チューレより13時間、日本の方が早い。

## 言語

北欧の言語は、大きく3つの系統に分かれる。

約80%を占めるのがインド・ヨーロッパ語族のゲルマン語派で、内訳はアイスランド語、スウェーデン語、デンマーク語、ノルウェー語、フェロー語。近い言語として、英語、ドイツ語、オランダ語がある。

約20%がウラル語族のフィン・ウゴル語派のフィンランド語とサーミ語。近い言語として、ハンガリー語やエストニア語がある。

グリーンランド語は、北欧の中で占める話者数の割合は0.2%だが、エスキモー・アレウト語族の東エスキモー諸語の話者の約60%を占める。

| 言語 | 巨人 | 石 | 目 |
|---|---|---|---|
| スウェーデン語 | jätte | sten | öga |
| デンマーク語 | jætte | sten | øje |
| アイスランド語 | jötunn | steinn | auga |
| フィンランド語 | jättiläinen | kivi | silmä |
| 北サーミ語 | gánda | geaðgi | chalbmi |
| グリーンランド語 | ummársaasut | ujarak | illuuppoq |
| ドイツ語 | Riese | Stein | Auge |
| 英語 | giant | stone | eye |

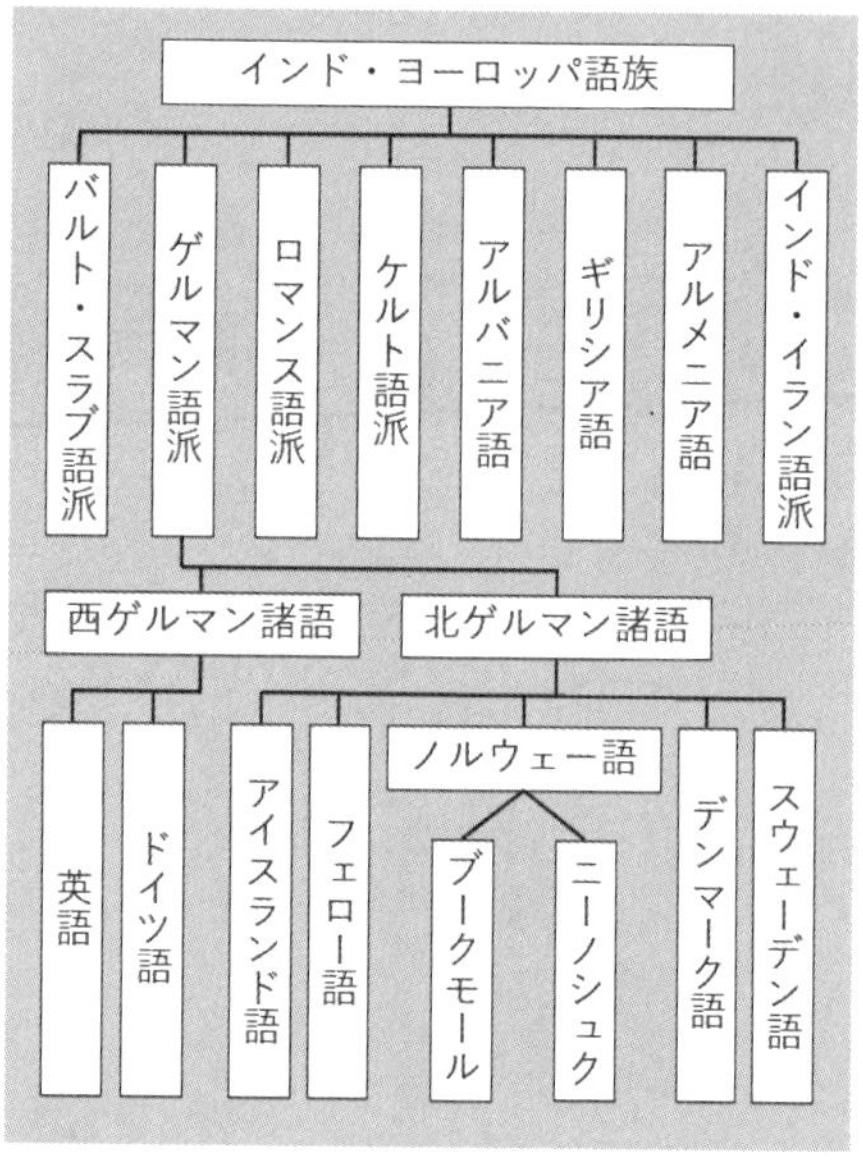

インド・ヨーロッパ語族系統図。CLMSウェブサイトに基づき、中丸が作成

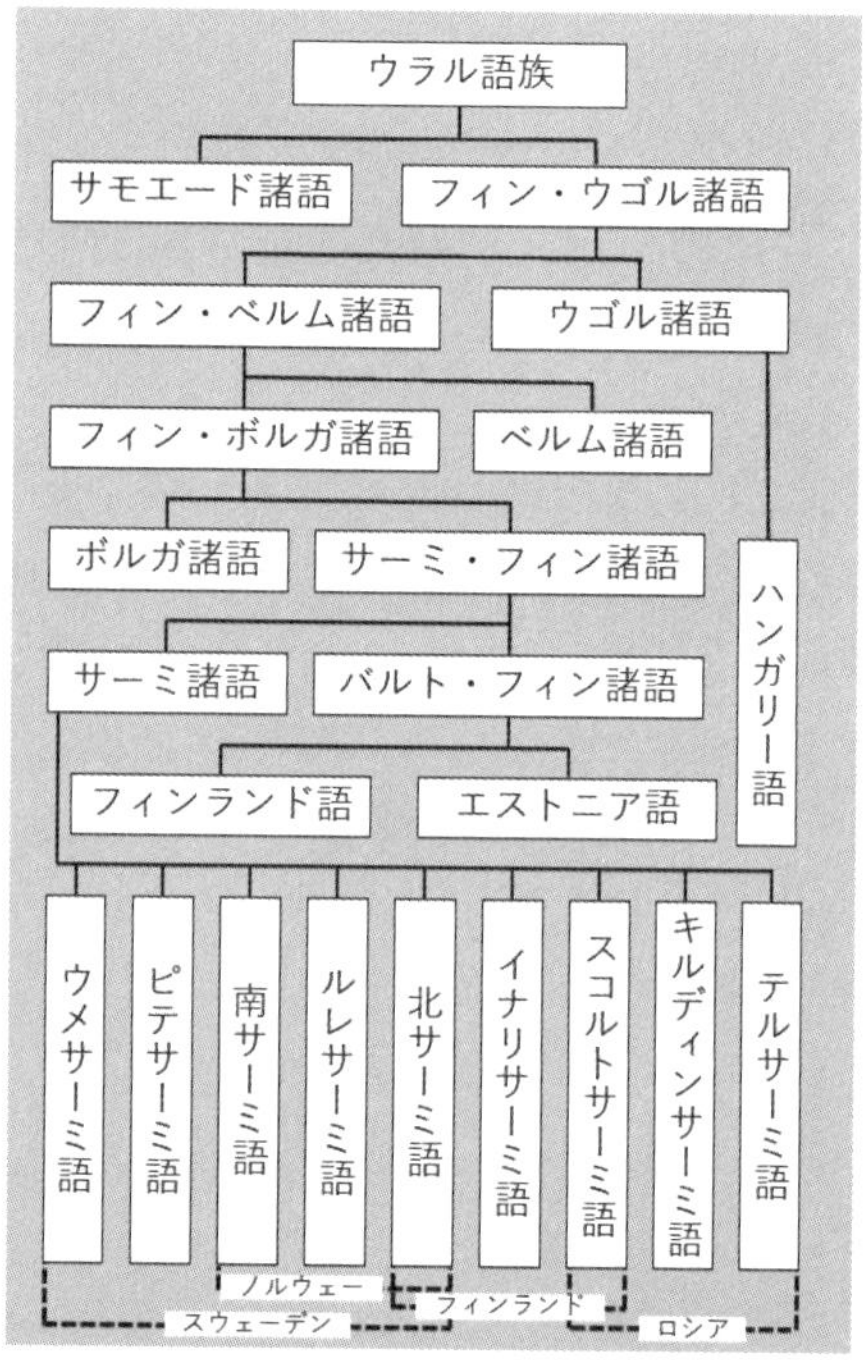

ウラル語族系統図。松村・Institutet för språk och folkminnenウェブサイトに基づき、中丸が作成

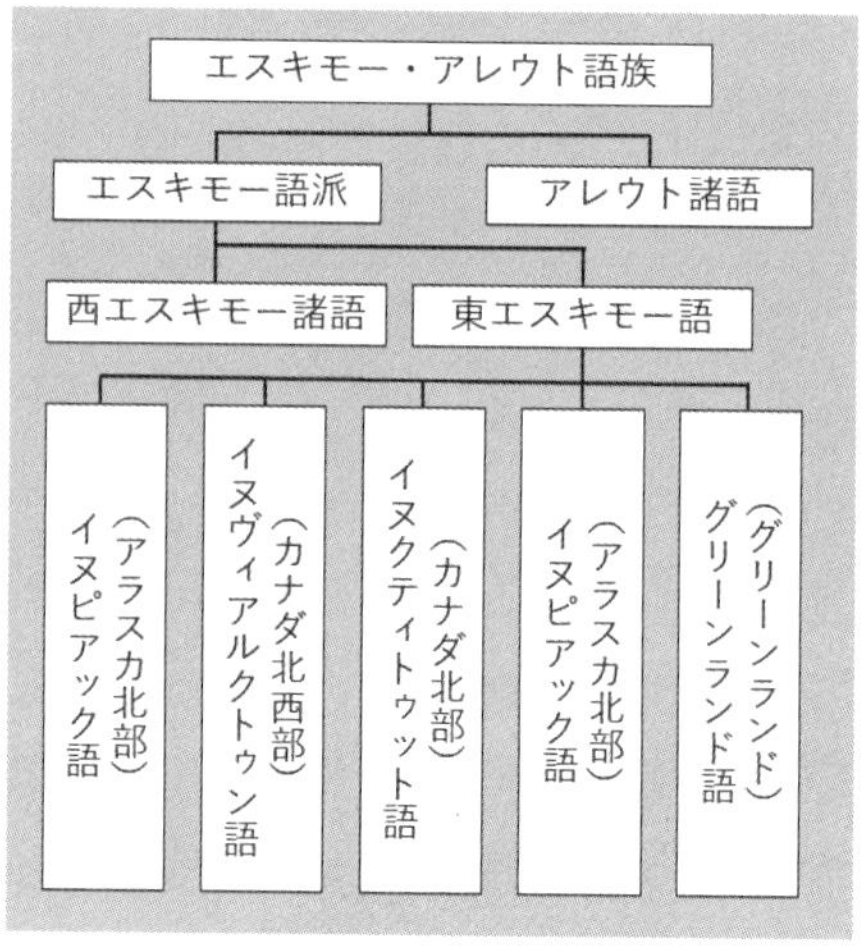

エスキモー・アレウト語族系統図。永井2016:312に基づき、中丸が作成

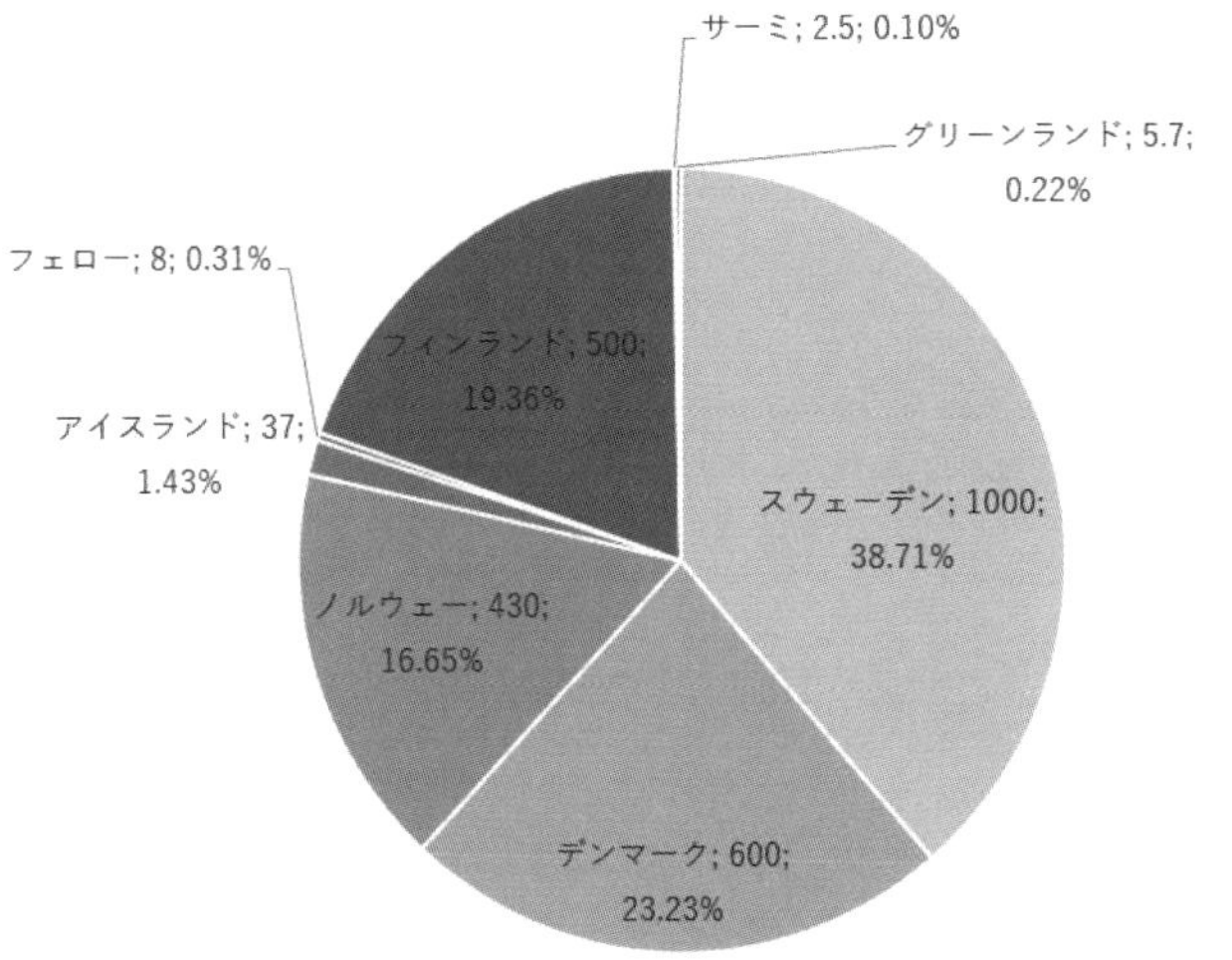


母語話者数（単位：万人）。

80％を占めるゲルマン語派の言語話者を合計すると約2000万人で、日本語話者の16％ほどである。

上記の言語名はいずれも公用語である。公用語の中にも方言の差異があり、また、近年、多くの国・地域に移民や「移民の背景を持つ人」（親の一人以上が外国生まれ）がおり、言語状況は多様である。

## 北欧基礎情報

**◆スウェーデン王国◆**

人　口　1052万3709人（日本の都道府県で2番目に人口が多い神奈川県より若干多い）2023年1月現在
面　積　44万7425㎢（日本の1.2倍）
首　都　ストックホルム（北緯59度19分46秒、東経18度04分07秒）
最北端　トレリクスレーセット　北緯69度03分36秒
最南端　スミーゲ岬　北緯55度20分13秒
最東端　カタヤ島　東経24度10分0秒（島の東端はフィンランド領）
最西端　大ドラメン島　東経10度57分27秒
最高峰　ケブネカイセ山　2097m
時　刻　GMT＋1　日本より8時間（サマータイム期間は7時間）遅い
公用語　スウェーデン語
国　王　カール16世グスタフ国王（1973年9月15日即位）
首　相　ウルフ・クリステルソン（穏健党、2022年10月18日就任）
通　貨　スウェーデン・クローナ
EU　1995年1月1日加盟
NATO　2024年3月7日加盟
北欧理事会による説明　北欧最大の面積・人口の国。多くの人にとって、フラットパック家具、イノベーション、鉄と鉄鋼の代名詞。GDPの3％を研究と開発に使用。

**スウェーデンマメ知識**

スウェーデンと言えばノーベル賞だ。物理学賞、医学・生理学賞、化学賞、文学賞、経済学賞の選考はスウェーデンの各機関が行い、スウェーデン国王が授与する。平和賞はノルウェーの国会が選考し、ノルウェー国王が授与する。スウェーデンで授与される賞の授与式はストックホルム市庁舎で行われる。晩餐会で提供される食器類は毎年同じ会社が提供しており、磁器はロールストランド（Rörstrand, レーシュトランド）、グラスはオレフォス（Orrefors）、テキスタイルはクレッスボル麻織物（Klässbols Linneväveri）、カトラリーは日本の山崎金属工業が担当している。

**◆デンマーク王国◆**

人　口　592万8364人（日本の都道府県で6番目に人口が多い千葉県と7番目の兵庫県の中間）2022年第4四半期現在
面　積　4.3万㎢（九州よりやや大きい）
首　都　コペンハーゲン（北緯55度40分34秒　東経12度34分06秒）
最北端　スケーエン　北緯57度44分32秒
最南端　ファルスター島　北緯54度33分36秒
最東端　ボーンホルム島　東経15度11分49秒
最西端　ブローバン岬　東経08度04分36秒
最高峰　ムレホイ丘　170m
時　刻　GMT＋1　日本より8時間（サマータイム期間は7時間）遅い
※以上はデンマーク本土のみのデータ
公用語　デンマーク語
国　王　フレデリック10世（2024年1月14日即位）
首　相　メッテ・フレデリクセン（社民党、2019年6月27日就任）
通　貨　デンマーク・クローネ
EU　1973年1月1日EC加盟
NATO　1949年4月4日原加盟
北欧理事会による説明　北欧でいちばん南に位置する、人口密度の高い小さな国である。美しい海岸に囲まれた多くの島から成る。

**デンマークマメ知識**

「ブルートゥース」の由来は、デンマーク王のハーラル青歯王（デンマーク語でBlåtand、英語でBluetooth）。ロゴはルーン文字のHとBを組み合わせたものである。クヌート大王の祖父にあたる。

**◆フェロー諸島◆**

人　口　5万3653人（グリーンランドと同程度）2022年現在
面　積　1399㎢（日本で3番目の面積の北見市、4番目の静岡市、5番目の足寄町よりやや小さい）
首　都　トースハウン（北緯62度00分42秒　西経06度

46分03秒）
最北端　エニ山　北緯62度23分27秒
最南端　アクラバリ　北緯61度23分50秒
最東端　スタピ岬　西経06度18分00秒
最西端　ミュキネ島　西経07度40分50秒
最高峰　スラッタラティンドゥル山　882m
時　刻　GMT±0　日本より9時間（サマータイム期間は8時間）遅い
公用語　フェロー語、デンマーク語
国　王　フレデリック10世（2024年1月14日即位）
自治政府首相　アクセル・ヴィルヘルムソン・ヨハネセン（社民党、2022年12月22日就任）
通　貨　フェロー・クローネ（為替レートはデンマーク・クローネと同じ）
EU　非加盟
NATO　1949年4月4日原加盟（デンマークとして）
北欧理事会による説明　漁業と厳しい景観が特徴。北大西洋のアーキペラゴ。

**フェロー諸島マメ知識**
フェロー諸島には捕鯨文化がある。この縁で、2018年に日本の和歌山県太地町と姉妹都市提携をした。

**◆グリーンランド◆**
人　口　5万6696人（東京ドーム収容人数と同程度）2023年10月1日現在
面　積　217万㎢（日本の約6倍、世界第12位のサウジアラビアと同程度）
首　都　ヌーク（北緯64度10分53秒　西経51度41分39秒）
最北端　カフェクルベン島　北緯83度39分59秒
最南端　ファーベル岬　北緯59度47分13秒
最東端　ノードーストランディンゲン　西経11度54分33秒
最西端　キャリー諸島　西経72度50分00秒
最高峰　グンビョワン山　3694m
時　刻　西部　GMT－3　日本より12時間（サマータイム期間は11時間）遅い
デンマークシャウン　GMT±0　日本より9時間遅い（サマータイムなし）
南東部　GMT－10　日本より10時間（サマータイム期間は9時間）遅い
チューレ　GMT－4　日本より13時間（サマータイム期間は12時間）遅い
公用語　グリーンランド語
国　王　フレデリック10世（2024年1月14日即位）
自治政府首相　ムテ・イーエゼ（イヌイット・アタカチギート党、2021年4月23日就任）
通　貨　デンマーク・クローネ
EU　非加盟（1973年1月1日にデンマークとしてEC加盟、1985年2月1日脱退）
NATO　1949年4月4日原加盟（デンマークとして）
北欧理事会による説明　5000年前から北米とヨーロッパの人々が居住している。北米大陸に属すが、地政学的にはヨーロッパに属する。

**グリーンランドマメ知識**
約4600年前にロシア・チュコトカ半島の人々がアラスカ、極北カナダを経由して到達した。その後、北米から何度も人の移動があった。現在のグリーンランド・イヌイットの祖先は1000年前に定着したパレオ・エスキモー。前後してヴァイキングもノルウェーからアイスランドを経由して到達した。名前の由来は「赤毛のエリク」というヴァイキングによる「緑の国」。

**◆ノルウェー王国◆**
人　口　548万8984人（兵庫県と同程度）2022年12月現在
面　積　38万4483㎢（日本よりやや大きい）
首　都　オスロ（北緯59度54分48秒　東経10度44分20秒）
最北端　ロスエイヤ（スヴァールバル諸島・スジュオヤネ）北緯80度49分44秒
最南端　パイセン島　北緯57度57分31秒
最東端　クレマーピンテン（スヴァールバル諸島・クヴィトヤ島）　東経33度30分59秒
最西端　ヤンマイエン島　西経09度04分39秒
最高峰　ガルヘピッゲン山　2469m
時　刻　GMT＋1　日本より8時間（サマータイム期間は7時間）遅い
公用語　ブークモール、ニーノシュク（どちらもノルウェー語だが、2種類ある）
国　王　ハーラル5世（1991年1月17日即位）
首　相　ヨナス・ガール・ストーレ（労働党、2021年10月14日就任）
通　貨　ノルウェー・クローネ
EU　非加盟（1994年1月1日EEA加盟）
NATO　1949年4月4日原加盟
北欧理事会による説明　多くの人にとって、ノルウェーは、石油と、南部の海岸や断崖、中部の山脈、ノールカップのミッドナイト・サンなどドラマチックで美しい景観を伴う山々の代名詞だ。広大な山、森、荒野を特徴とし、耕作可能な土地は3%ほどである。

**ノルウェーマメ知識**
ノルウェーは南極にほど近い南大西洋の無人島ブーベ島を属領としている。南緯54度、東経3度。

**◆フィンランド共和国◆**
人　口　556万3970人（日本で7番目に人口が多い兵庫県と同程度）2022年12月現在
面　積　33万8478㎢（日本よりやや小さい）

首　都　ヘルシンキ（北緯 60 度 10 分 15 秒　東経 24 度 56 分 15 秒

最北端　ヌオルガム　北緯 70 度 04 分 57 秒

最南端　ボーグ岩礁（オーランド諸島）　北緯 59 度 30 分 30 秒

最東端　ヴィルマヤルヴィ湖　東経 31 度 35 分 11 秒

最西端　メルケット（オーランド諸島）　東経 19 分 08 分 07 秒

最高峰　ハルティ山　1324m（ハルティ山最高峰はノルウェー領、1365m）

時　刻　GMT ＋ 2　日本より 7 時間（サマータイム期間は 6 時間）遅い

公用語　フィンランド語、スウェーデン語

大統領　サウリ・ニーニスト（2012 年 3 月 1 日就任）

首　相　ペッテリ・オルポ（国民連合党、2023 年 6 月 20 日就任）

通　貨　ユーロ

EU　1995 年 1 月 1 日加盟

NATO　2023 年 4 月 4 日加盟

北欧理事会による説明　フィンランドには湖と森がたくさんあり、教育制度、アングリーバード、ムーミン、デザインで有名である。

**フィンランドマメ知識**

フィンランドは数百年にわたりスウェーデン領であったことから、現在も人口の 5％程度がスウェーデン語を母語とする。『ムーミン』は、フィンランドの作品だが、執筆言語は作者トーベ・ヤンソンの母語であるスウェーデン語。

**◆オーランド諸島◆**

人　口　3 万 344 人（MAZDA Zoom-Zoom スタジアム広島の収容人数と同程度）2022 年現在

面　積　1581㎢（日本で最も小さい香川県の 8 割程度）

首　都　マリエハムン（北緯 60 度 05 分 35 秒　東経 19 度 56 分 21 秒）

最北端　ストークリンダン　北緯 60 度 39 分 03 秒

最南端　ボーグ岩礁　北緯 59 度 30 分 02 秒

最東端　スカータ岩礁　東経 21 度 19 分 06 秒

最西端　メルケット　東経 19 度 08 分 02 秒

最高峰　オルダール山　129m

時　刻　GMT ＋ 3　日本より 7 時間（サマータイム期間は 6 時間）遅い

公用語　スウェーデン語

自治政府首相　ヴェロニカ・テルンルース（2019 年 11 月 25 日就任）

通　貨　ユーロ

EU　1995 年 1 月 1 日加盟

NATO　非加盟

北欧理事会による説明　オーランド諸島は 6757 の島で構成され、スウェーデンとフィンランドの間に位置する。フィンランドの一部だが、住民はスウェーデン語を話す。

**オーランド諸島マメ知識**

フィンランドが 1917 年にロシアから独立すると、スウェーデンとフィンランドの間で帰属問題が起こった。この問題を調停したのは、国際連盟の事務次官・新渡戸稲造だった。オーランド諸島をフィンランドの自治区とし、スウェーデン語・文化の権利保障を定めたこの調停は「新渡戸裁定」と呼ばれている。

**◆アイスランド共和国◆**

人　口　37 万 6248 人（日本で最も人口が少ない島根県の 6 割程度。長野市と同程度）2022 年 1 月 1 日現在

面　積　10 万 3000㎢（韓国と同程度）

首　都　レイキャビク（北緯 64 度 08 分 48 秒　西経 21 度 56 分 24 秒）

最北端　グリム島　北緯 66 度 32 分 40 秒

最南端　スルツェイ島　北緯 63 度 18 分 15 秒

最東端　ハバルバクル島　西経 13 度 14 分 00 秒

最西端　ビャルク岬　西経 24 度 32 分 02 秒

最高峰　クバンナダールス山　2110m

時　刻　GMT ± 0　日本より 9 時間遅い（サマータイムなし）

公用語　アイスランド語

大統領　グズニ・Th.・ヨハネソン（2016 年 8 月 1 日就任）

首　相　カトリーン・ヤコブスドッティル（左派緑運動党、2017 年 11 月 30 日就任）

通　貨　アイスランド・クローナ

EU　非加盟（1994 年 1 月 1 日 EEA 加盟）

NATO　1949 年 4 月 4 日原加盟

北欧理事会による説明　北大西洋に浮かぶ火山島。温泉とドラマチックな景色で有名。

**アイスランドマメ知識**

最南端スルツェイ島は 1963 年秋から 3 年半続いた火山活動でできた新しい山だ。名前の由来は炎の巨人スルト。2008 年にユネスコ世界遺産に登録された。

## 時代を超える巨人フィン

### 歴史

北欧に人が住み始めたのは、たとえば、デンマークは 9 万年前、スカンディナヴィア半島は 1 万 3000 年前、グリーンランドは 4600 年前など古い時代にさかのぼる。『巨人フィンの物語』に直接関係するのは、750 年ごろから始まる「ヴァイキング時代」である。「ヴァイキング」といえば、「海賊」のイメージが強く、実際に西欧各地で略奪行為も

行っていたとされるが、一方では、農業、漁業、商業、工芸、植民など、多様な活動を展開していた。（なお、「海賊」と聞いて連想する「カリブの海賊」は、もっと後の時代のもので、活動地域も、使用する船も、航海の目的も、「ヴァイキング」とは異なる。）「ヴァイキング時代」はキリスト教の定着をもって終わりを告げ、次に「中世」が始まる。

キリスト教は1世紀に発生し、4世紀にローマ帝国の国教となった。北欧には、ヨーロッパ大陸よりは遅くキリスト教（カトリック）が導入された。デンマークは9世紀頃から伝道が開始され、ハーラル青歯王（？～986年頃）がキリスト教に改宗、息子のスヴェン双叉髯王（960～1014）や、その息子で「北海帝国」を築いたクヌート大王（995～1035）による布教活動が行われた。ルンドとルンド大聖堂はこの過程で建設された。ノルウェーは、オーラヴ1世（960年代～1000）以降、キリスト教化が行われた。スウェーデンは、ウーロヴ・シェートコヌング（～1022?）がスウェーデン王初のキリスト教徒となるが、11世紀まで土着信仰とキリスト教が併存していた。三つの王権は、デンマークはイングランド方面、ノルウェーはアイスランドやグリーンランドなど西方面、スウェーデンはフィンランドやロシアなど東方面へ進出した。デンマークとノルウェーは1380年に同君連合となり（ノルウェーの貢納地であったアイスランドもここに組み込まれる）、1397年にスウェーデン（フィンランドはこの時、スウェーデンの一部だった）が合流して「カルマル連合」が成立した。この体制は、1523年にスウェーデンが離脱するまで続くことになる。

16世紀になると、これらの国はルター派プロテスタントを導入する。ロシア、ポーランド、ドイツといった周辺の大国との緊張関係や文化交流、三十年戦争やフランス革命といったヨーロッパ史の大きな出来事を経て、1905年にノルウェーがスウェーデンから独立、1917年にフィンランドがロシアから独立、1921年にオーランド諸島が自治権を獲得。第二次世界大戦と冷戦構造の中、1944年にアイスランドがデンマークから独立、1948年にフェロー諸島が自治権を獲得、1979年にグリーンランドが自治権を獲得して、現在の政治的な枠組みが成立した。

## 北欧神話

キリスト教導入よりも前に、北欧の人々が信仰していた土着宗教にまつわる伝承やテクストの総称。キリスト教における聖書のような聖典はない。現在、「北欧神話」の根拠として使われる資料には、土着信仰の時代のみならず、キリスト教導入後に成立したり、筆記されたりしたものが多い。それらの資料は断片的であったり、相互に矛盾した内容を含んだりしている。現在の日本で「北欧神話」として知られる内容は、断片をつなぎ合わせたり、補ったり、取捨選択により矛盾をなくしたりすることで、天地創造から世界の終末までを時系列と整合性のある物語にしたものだ。キリスト教導入前の期間は長く、北欧は広いため、当時の人たち全員が同じ認識を共有していたわけではない。「信仰」の形も、現在のわたしたちがイメージする信仰とは異なる。

**◆ルーン石碑◆**

「ルーン文字」で書かれた石碑。パピルスにペンで書く南方地域の文字とは対照的に、石や木に刻む直線で構成される。最初の6文字ᚠ、ᚢ、ᚦ、ᚨ、ᚱ、ᚲがf、u、th、a、r、kに相当することから、ルーン文字の文字列を「フサルク（futhark）」と呼ぶこともある。

ルーン文字は、2世紀ごろのユトランド半島南部で、隣接するローマ帝国の文字「ラテン・アルファベット」（英語などで用いる、わたしたちが普段目にするアルファベット）の影響を受けながら成立したと考えられている。ゲルマン世界で広く用いられたが、ラテン・アルファベットが広まるにつれ、使用地域が北欧とその周辺に限定されていった。北欧においては、ヴァイキングの活動開始とほぼ同時期に、24文字を16文字に縮減した新しいルーン文字が成立した。2種類のルーン文字を区別するため、24文字を「古フサルク」、16文字を「新フサルク」もしくは「ヴァイキング・ルーン」と呼ぶ。8世紀から11世紀にかけて、ルーン文字を刻んだ石碑などが多く作成され、現在、ルーン文字を記した数千の遺物が確認されている。キリスト教時代にラテン・アルファベットが導入されて使用範囲は狭まったが、その後も商業の場などで使われ続けた。「ヴァイキング・ルーン」で書かれた「ルーン石碑」は、ヴァイキングの考え方や文化を知るための、重要な手がかりである。（小澤 2023：87-92；小澤「ルーン文字の遍歴1」）

ルンド・クルトゥーレンの野外の庭に展示してあるルーン石碑（本物）。

**◆写本◆**

羊皮紙（羊など動物の皮をなめして紙状にしたもの）に、ペンとインクで文字を書いたもの。石に彫るルーン文字と異なり、まとまった長い文章を書くことが可能である。カラーの挿絵が入った美しい写本もたくさん現存する。写本に書かれた北欧神話の資料には、サガ、スカルド詩、エッダと呼ばれるものがある。なお、「サガ」と「スカルド詩」は普通名詞で、『サガ』『スカルド詩』というタイトルの一冊の本があるわけではなく、「小説」や「詩」のような文学分野概念として理解したい。逆に『エッダ』は固有名詞で、『スノッリのエッダ』『古エッダ』といった本がある。サガ、スカルド詩、エッダの内容は多岐に渡り、キリスト教導入以前に成立して伝えられ、キリスト教時代に書き留められたものもあれば、キリスト教導入後に作られたものもある。

様々なサイズの写本。出典：Gísli Sigurðsson, Vésteinn Ólason (eds.), p. 49

**◆サガ◆**

「サガ」（saga）は、「語られたこと」を意味する。語源は古ノルド語の「言う」（segja）で、歴史的事実（当時「歴史的事実」とされ、現代では「神話」とされるものも含む）を扱った散文作品である。ジャンル分けの確定的な定義はないが、たとえば以下のようなジャンルが知られている。(Bampi 2017：4-5)

- 王のサガ（konungasögur）：スカンディナヴィア諸国の王侯の生涯を扱う。12 世紀から 14 世紀にかけて作成された。スノッリ・ストゥルルソン『ヘイムスクリングラ』など。
- アイスランド人のサガ（Íslendinga sögur）：植民（870 頃）からキリスト教改宗（1000 頃）までのアイスランドの出来事を扱う。『ニャールのサガ』『ラクスデーラ・サガ』『グレティルのサガ』など。
- 同時代サガ（samtíðarsögur）：12 世紀・13 世紀のアイスランドを舞台に、出来事の直後に書かれたサガ。『ストゥルルンガ・サガ』など。
- 古代のサガ（fornaldarsögur）：アイスランド植民以前のノルド人の伝承や英雄譚を描く。「アイスランド人のサガ」より後で成立した。一部の題材は「騎士のサガ」と共通する。『ヴォルスンガ・サガ』『ヘイズレクのサガ』など。
- 騎士のサガ（þýddar riddarssögur）：ラテン語やフランス語の宮廷ロマンスの翻訳・翻案。外国作品のノルド語訳は 13 世紀前半に始まった。
- アイスランドの騎士のサガ（frumsamdar riddarasögur）：「騎士のサガ」を模して書かれたアイスランド語作品。アイスランドの詩人によるオリジナルの作品は、13 世紀末に制作開始、14 世紀に全盛期を迎え、19 世紀まで続いた。
- 聖人のサガと司教のサガ（heilagra manna sögur, bisukpa sögur）：アイスランドのキリスト教化の歴史と聖職者の生涯を描く。

レイキャヴィークのトルフィン・カルルセヴニ像。エイナル・ヨンソン作。撮影：永井真美

**ヴィンランド・サガ**

「アイスランド人のサガ」のうち、『赤毛のエイリークのサガ』と『グリーンランド人のサガ』は、赤毛のエイリーク（赤毛のエリク）、その息子のレイヴ・エイリークソン（レイフ・エリクソン）、商人のソルフィン・カルルスェヴニ（トルフィン・カルルセヴニ）らが、ノルウェーからアイスランド、グリーンランドを経て、ヴィンランド（現在のアメリカ大陸）へ入植する経緯を書いている。二つの話はまとめて「ヴィンランド・サガ」と呼ばれている。幸村誠の漫画『ヴィンランド・サガ』（月刊アフタヌーン）は、サガの「ヴィンランド・サガ」に題材を取り、史実を丁寧に踏まえながら、大胆にアレンジした作品である。

◆スカルド詩◆

「スカルド」は北欧語で一般的に「詩人」を意味するが、「スカルド詩」の「スカルド」は、800 ～ 1200 年頃にノルウェー宮廷などに仕えた吟遊詩人を言う。ノルウェーやアイスランドの出身者が多く、特に資源の少ないアイスランドでは、スカルドは重要な産業の一つだった。「スカルド詩」は、スカルドが自分の主人である王の活躍を歌ったもので、上記のサガや、後述する古エッダと異なり、作者名を記すことが特徴である。「ヘイティ」（heiti）というスカルド詩だけに使われる単語や、「ケニング」（kenning）という独特の表現を用いる。「ケニング」とは、2 語以上の組み合わせで表す比喩のことを言う。古英語にもあるが、「クジラの道」が「海」を表すなど、背景知識がなくても連想できる。スカルド詩のケニングは、たとえば、「狼の敵の恋人」が「大地」を意味する。「狼」は北欧神話のフェンリル、「狼の敵」はフェンリルと戦ったオーディン、「オーディンの恋人」でもっとも有名なのは「大地」の女神ヨルズだからだ。つまり、「狼の敵の恋人」＝「大地」というケニングを理解するためには、北欧神話の知識が必要である。

キリスト教時代になり、土着宗教のエピソードが忘れられると、スカルド詩の理解は難しくなった。次に紹介する「エッダ」のうち、『スノッリのエッダ』は、スカルド詩の理解を助けるために執筆された。（伊藤 2016：312-316）

◆エッダ◆

エッダは、『スノッリのエッダ』と「古エッダ」の 2 種類に分類される。

『スノッリのエッダ』（「新エッダ」「散文エッダ」と呼ばれることもあるが、韻文もある）は、13 世紀にキリスト教徒のスノッリ・ストゥルルソンによって書かれた、キリスト教時代に難しくなったスカルド詩の理解を助けるための解説・論考だ。北欧神話の天地創造から終末までを書いた「ギュルヴィたぶらかし」、詩学入門書「詩語法」「韻律一覧」から成る。「ギュルヴィたぶらかし」は、スカルド詩の理解を助けるための北欧神話のエピソードであり、北欧神話の内容を今に伝える貴重な資料である。ただし、キリスト教徒のスノッリによって過去の物語として書き留められたため、キリスト教化以前の人たちの把握内容と異なる可能性がある。

長い間、「エッダ」は、『スノッリのエッダ』を意味していたが、1643 年に『王室写本』が発見されると『スノッリのエッダ』と『古エッダ』という分類が成立した。『王室写本』には、『スノッリのエッダ』に引用されているような内容の詩が多く掲載されていた。当初はこれらの詩も「エッダ」と呼ばれていたが、『スノッリのエッダ』と区別するため、『王室写本』掲載の詩を『古エッダ』「韻文エッダ」と呼ぶようになった。『古エッダ』は 900 ～ 1200 年頃に成立し、作者は不詳。『巫女の予言』（☞ 77(42)頁～）は、『古エッダ』の中でもっとも有名な作品である。

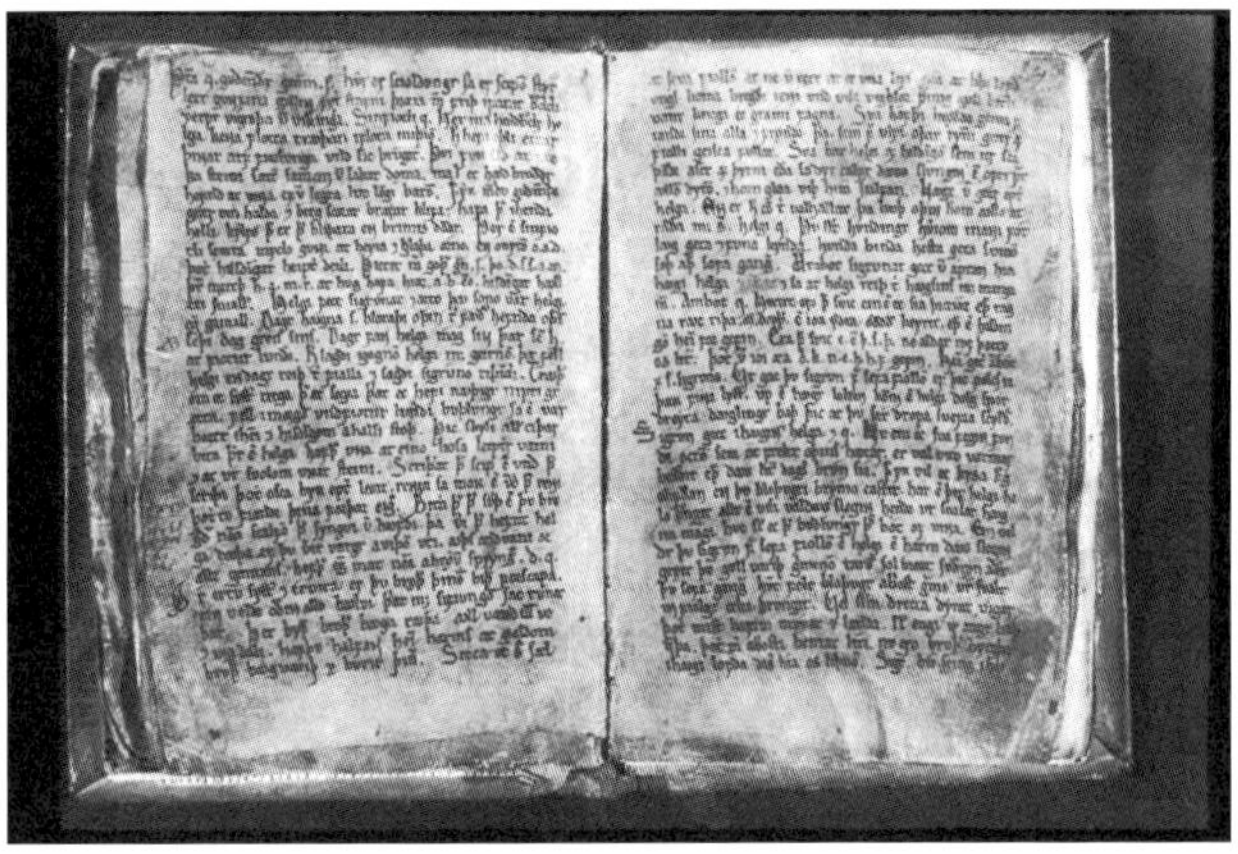

『王室写本』。
出　典：https://upload.wikimedia.org/wikipedia/commons/5/50/Codex_Regius_of_Eddaic_Poems.jpg

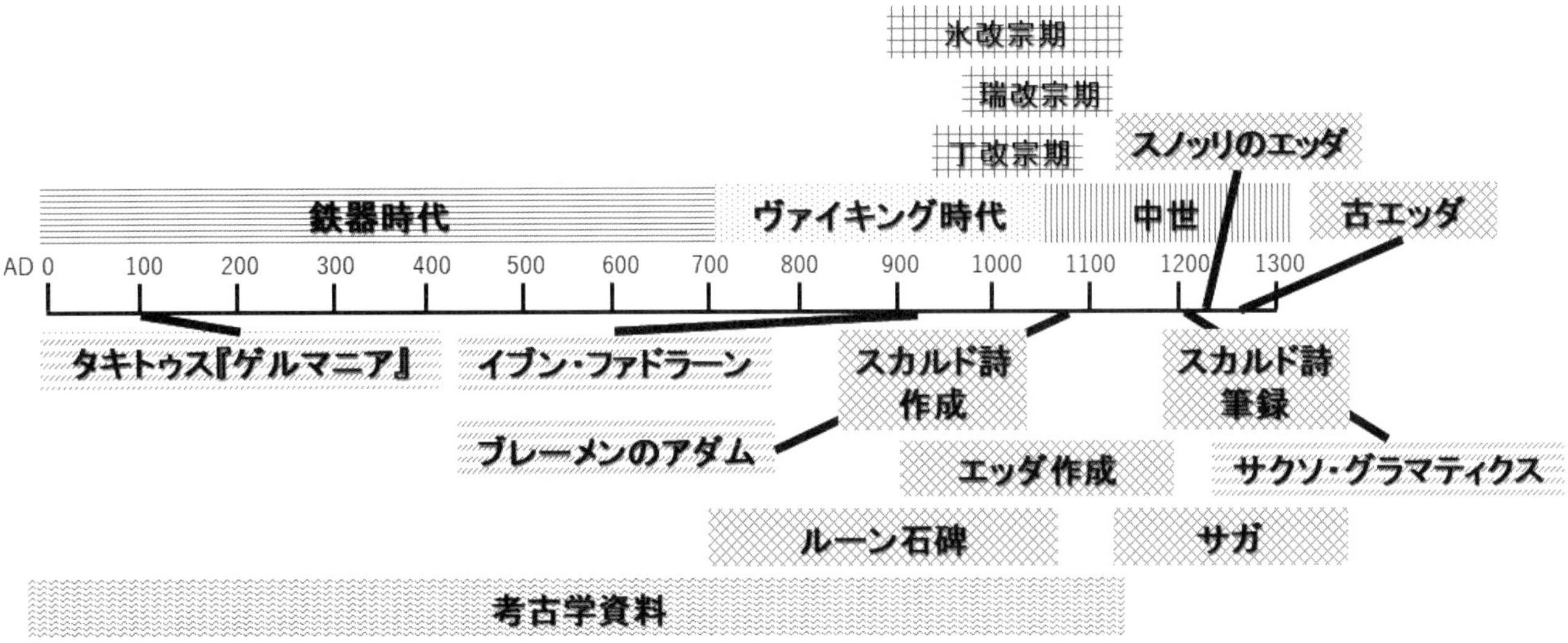


北欧神話の資料と年代の関係。
Ch. Abram, Myths of the Pagan North: The Gods of the Norsemen, 2011, p.3 より松本涼が作成、中丸が加筆。「氷」はアイスランド、「瑞」はスウェーデン、「丁」はデンマーク。

## 【参考文献】

部ごとに、日本語文献、欧語文献、日本語ウェブサイト、欧語ウェブサイトの順に記載。

日本語は姓の五十音順、欧語は同アルファベット順、執筆者未記載の文献・ウェブサイトはタイトルの五十音順・アルファベット順。ただし、アイスランドの人名・中世の人名は名の五十音順に配列し、必要に応じて父称・出身地を記載。

欧語文献の出版地は現代英語表記で記載。

欧語文献の最後に、（ ）に入れて著者の姓・タイトルの日本語訳と言語名を記載。「英」＝英語、「独」＝ドイツ語、「瑞」＝スウェーデン語、「丁」＝デンマーク語、「諾」＝ノルウェー語、「羅」＝ラテン語。

URL はウェブ情報のみ記載し、紙媒体文献のオンライン・アーカイヴについては、個別の URL は記載しない。

### 〈はじめに〉


Mogensen, Lone: Finnsägen finns i...: *Jätten Finn.* Lund: Arcus, 2017


### 〈第 1 部〉


飯郷友康「石臼　聖書と説話学」『ペディラヴィウム』第 68 号、ペディラヴィウム会出版部、2013、29 ～ 40 頁

石川光庸「シーズレクのサガ 84 ～ 136 章 ヴェーレントの物語（その 1）」『ドイツ文學研究』第 32 巻、京都大學教養部ドイツ語研究室、1987、96 ～ 120 頁、「シーズレクのサガ 84 ～ 136 章 ヴェーレントの物語（その 2）」『ドイツ文學研究』第 35 巻、京都大學教養部ドイツ語研究室、1990、1 ～ 25 頁

タキトゥス『ゲルマーニア』泉井久之助訳註、岩波書店、1979

成川岳大「一二世紀スカンディナヴィア世界における「宣教大司教座」としてのルンド」『史学雑誌』第 120 巻 12 号、史学会、2011、1 ～ 35 頁

水野知昭「北欧教会建立伝説の成立背景」『人文科学論集』第 34 号、信州大学人文学部文化コミュニケーション学科、2000、89 ～ 114 頁

百瀬宏・熊野聰・村井誠人編『北欧史』、山川出版社、1998〔新版：百瀬・熊野・村井編『北欧史　デンマーク・ノルウェー・スウェーデン・フィンランド・アイスランド』（上下巻）、山川出版社、2022〕

Afzelius, Arvid August: *Svenska folkets sago-häfder, eller, Fäderneslandets historia. Sådan hon lefwat och till en del ännu lefwer i sägner, folksånger och andra minnesmärken.* Vol. 2. 2nd Ed. Stockholm: Zacharias Hæggströms förlag, 1845（アフセリウス『スウェーデン民族の物語冊子』（第 2 巻・第 2 版）瑞）

Aukrust, Knut: “Troll, kirker og St. Olav.” Jørgen Haavardsholm (ed.): *Nytt lys på middelalderen.* Oslo: Sypress forlag, 1977, p. 235 - 253（アウクルスト「トロル、教会、聖オーラヴ」諾）

Eenberg, Johan: *Kort Berättelse af de märkvärdigaste saker som för de Främmande äre at Besee och Förnimma Uti Upsala Stad.* Upsala: Kongl. Acad. Booktr, 1704（エーベルイ『ウップサラの町で来訪者が見聞する最も注目すべきことについての概説』瑞）

Hofberg, Herman (ed.) : *Svenska folksägner samlade samt försedda med historiska och etnografiska anmärkningar. Med teckningar af svenska konstnärer.* Stockholm: Fr. Skoglunds förlag, 1882（ホフベルイ『スウェーデンの民話』瑞）

Mogensen, Lone: *Himlasagor och stjärnmyter.* Stockholm: Alfabeta, 1996（モーゲンセン『天の伝説、星の神話』瑞）

Larsson, Anita/ Ulvros, Eva Helen/ Andersson, Björn: *Domkyrkan i Lund. En vandring genom tid och rum.* Lund: Historiska Media, 2012（ラルソン、ウルヴロス、アンデルソン『ルンドの大聖堂』瑞）

Puhvel, Martin: “The Legend of the Church-Building Troll in Northern Europe.” *Folklore.* Vol. 72, No. 4. London: Taylor & Francis, Ltd, 1961, pp. 567 - 583（プーヴェル「北欧における教会を建築するトロルの伝説」英）

Schottin, Reinhold (ed.): *Tagebuch des Erich Lassota von Steblau: nach einer Handschrift der von Gersdorff-Weicha'schen Bibliothek zu Bautzen herausgegeben und mit Einleitung und Bemerkungen begleitet von Reinhold Schottin, Dr. ph.* Halle: G. Emil Barthel, 1866（ショッティン編『エーリッヒ・ラソタの日記』独）

Sjöborg, Nils H. : *Samlingar för Nordens Fornälskare, innehållende Inskryfter, innehållende Inskryfter, Figurer, Ruiner, Verktyg, Högar och Stensättningar i Sverige och Norrige: Med Plancher.* Vol. 2. Stockholm: Nestius, 1824（シェーボルイ『北欧愛好者のための作品集』第 2 巻／瑞）

Sydow, Carl Wilhelm von: ”*Studier i Finnsägnen och besläktade byggmästarsägner.*” *Fataburen: Kulturhistorisk tidskrift.* Stockholm: Nordiska museets förlag. 1907, pp. 65 - 78（シドウ「フィン伝説と関連する大工伝説の研究」瑞）

Tegnér, Esaias: “GERDA (Fragment).” Carl Wilhelm Böttiger (ed.): *Esaias Tegnérs Samlade Skrifter.* Vol.1. Stockholm: P. A. Norstedt & Söner, 1847, pp. 199 - 240（テグネル「イェルダ（断片）」瑞）

Thomson, Edward: *Prophecy, Types, and Miracles, the Great Bulwarks of Christianity: Or a Critical Examination and Demonstration of Some of the Evidences by Which the Christian Faith Is Supported.* London: Hatchard & Son, 1838（トンプソン『預言、類型、奇跡』英）

Weibull, Lauritz: “Den lundensiska Finnsägnen.” *Fataburen: Kulturhistorisk tidskrift.* Stockholm: Nordiska museets förlag, 1908, pp. 28 - 41（ウェイブル「ルンドのフィン伝説」瑞）

Wolf, Jens Lauridsen: *Encomion regni Daniæ, Det er:*

*Danmarckes Riges Loff, oc dets høyloflige Konge Riges tilhørige Provinciers, Øers, Kongelige Slotters oc Festningers, Herre-Sæders, oc andre Præctige Bygningers Beskriffvelse.* Copenhagen: Peter Hake, 1654（ヴォルフ『デンマーク王国称揚』丁）
Kulturportal Lund（「ルンド文化ポータル」瑞・英）
https://kulturportallund.se/
※北欧神話関連は第３部にまとめて記載

〈第２部〉
「新しい女」研究会編『『青鞜』と世界の「新しい女」たち』翰林書房、2011
伊藤盡「北欧語から英語への借入語としての Troll」『人文科学論集 文化コミュニケーション学科編』第 46 巻、信州大学人文学部、2012、69 ～ 83 頁
大塚勇三編訳『ノルウェーの昔話　アスビョルンセンとモー編から』、福音館書店、2003
岡田英己子「福祉職の職業倫理にみるドイツ優生学・優生思想の特徴」、中村満紀男編著『優生学と障害者』、明石書店、2004、346 ～ 434 頁
織田秀雄を顕彰する会『土の唄　織田秀雄作品集』(全５集)、2021
語り手たちの会編『語りの世界』第 51 号（櫻井美紀さんの逝去を悼む)、2011 (大島広志「櫻井美紀さんの昔話研究」16 ～ 19 頁、酒井董美「櫻井さんと『大工と鬼六』にかかるエピソード」20 ～ 21 頁、櫻井真理夫「櫻井美紀 年譜」74 ～ 77 頁)
鹿野政直『近代日本思想案内』、岩波書店、1999
『熊本商大論集』第 28 巻１号（松村武雄教授・甲斐弦教授退職記念号)、熊本商科大学、1981（北古賀勝幸「松村武雄・甲斐弦両先生の退職記念号の発行に寄せて」巻頭、「松村武雄教授　略歴・業績」197 ～ 198 頁)
粉川光葉「北欧文化圏に伝承される超自然的存在“トロル”像の変遷―ノルウェーとアイスランドの民間説話を中心に―」、東北大学国際文化研究科修士論文、2013
国立国会図書館国際子ども図書館編『平成 17 年度国際子ども図書館 児童文学連続講座講義録「日本児童文学の流れ」』、国立国会図書館国際子ども図書館、2006
坂井榮八郎「第四章　十八世紀ドイツの文化と社会」「第五章　改革と解放の時代」、成瀬治・山田欣吾・木村靖二編『世界歴史大系　ドイツ史２　1648 年～ 1890 年』、山川出版社、1996、141 ～ 219 頁
酒井董美「櫻井さんと『大工と鬼六』にかかるエピソード」、語り手たちの会編『語りの世界』第 51 号、2011、20 ～ 21 頁
櫻井美紀「「大工と鬼六」の周辺」、『民話の手帖』第 33 号、日本民話の会、1987、108 ～ 125 頁
櫻井美紀「「大工と鬼六」の出自をめぐって」、『口承文芸研究』第 11 号、日本口承文芸学会、1988、30 ～ 44 頁
櫻井美紀「解説」、水田光『お話の研究　復刻・普及版』、久山社、1992、7 ～ 11 頁
佐藤秀昭編『織田秀雄作品集』第１巻、青磁社、1980
高橋宣勝「昔話「大工と鬼六」翻案説への道」、『文学』第 56 巻２号、岩波書店、1988（1988a）、27 ～ 40 頁
高橋宣勝「「大工と鬼六」は日本の民話か」、『口承文芸研究』第 11 号、日本口承文芸学会、1988（1988b）、27 ～ 29 頁
『The northern review』第 30 号（故高橋宣勝先生追悼号）、北海道大学英語英米文学研究会、2002（「高橋宣勝先生の略歴と業績」61 ～ 64 頁、栗原豪彦「高橋宣勝さんを偲ぶ」65 ～ 66 頁）
トールキン、J. R. R.『ホビットの冒険』、瀬田貞二訳、岩波書店、2000
松居直『だいくとおにろく』、赤羽末吉絵、福音館書店、1967
松村一男「なぜ私は印欧語族研究を止めたか」、竹沢尚一郎編『宗教とファシズム』、水声社、2010、349 ～ 367 頁
松村武雄『神話学論考』、同文館、1929
水田光『お話の研究』、大日本図書、1916
水田光『お話の実際』、大日本図書、1917
水田光『お話の研究　復刻･普及版』､櫻井美紀解説､久山社､1992
平藤喜久子「海外における日本神話研究　ファシズム期の観点から」、阪本是丸責任編集『昭和前期の浸透と社会』、弘文堂、2016、511 ～ 529 頁
柳田国男『日本昔話名彙』、日本放送協会、1948
米田佐代子『平塚らいてう―近代日本のデモクラシーとジェンダー』、吉川弘文館、2002
米本昌平・松原洋子・橳島次郎・市野川容孝『優生学と人間社会―生命科学の世紀はどこへ向かうのか』、講談社現代新書、2000
らいてう研究会編『「青鞜」110 人の群像』、大修館書店、2001
Afzelius, Arvid August: “Åtskilliga Sagor om märkwärdigare Kyrkors uppbyggande…” *Iduna. En Skrift för den Nordiska Fornålderns Älskare.* No. 3. Stockholm: Henrik A. Nordström, 1812, pp. 60 - 61（アフセリウス「注目すべき教会の建設に関するいくつかの物語は…」瑞）
Afzelius, Arvid August: *Svenska folkets sago-häfder, eller, Fäderneslandets historia. Sådan hon lefwat och till en del ännu lefwer i sägner, folksånger och andra minnesmärken.* Vol. 3. 2nd Ed. Stockholm: Zacharias Hæggströms förlag, 1845（アフセリウス『スウェーデン民族の物語冊子』(第３巻･第２版) 瑞）
Craigie, William Alexander: *Scandinavian folk-lore. Illustrations of the traditional beliefs of the northern peoples.* Paisley [Scot.]: A. Gardner, 1896（クレイギー『スカンディナヴィアの民話』英）
Faye, Andreas: *Norske Sagn.* Arendal: C. Walds Bogtrykkerie, 1833（ファイエ『ノルウェーの伝説』諾）
Finnur Magnússon: *Priscae veterum borealium mythologiae lexicon. Cuncta illius cosmologica, theosophica & daemonica numina, entia et loca ordine alphabetico indicans, illustrans et e magna parte cum exteris, ista contingentibus, comparans. Accedti septentrionalium Gothorum, Scandinavorum*

*aut Danorum gentile calendarium, ex Asia oriundum, jam primum expositum et cum variis cognatarum gentium fastis, festis et solennibus ritibus vel superstitionibus collatum.* Copenhagen: Gyldendal, 1828（フィンヌル・マグヌッソン（マグヌッセン）『北欧神話辞典』羅）

Golther, Wolfgang: *Handbuch der germanischen Mythologie.* Leipzig: S. Hirzel, 1895（ゴルター『ゲルマン神話ハンドブック』独）

Grimm, Jacob: *Deutsche Mythologie.* Göttingen: Dieterichische Buchhandlung, 1835（グリム『ドイツ神話』独）

Thorpe, Benjamin: *Northern mythology. Comprising the principal popular traditions and superstitions of Scandinavia, North Germany, and the Netherlands.* Vol. 2. London: E. Lumley, 1851（ソープ『北欧神話』英）

Uhland, Ludwig: *Der Mythus von Thôr nach nordischen Quellen.* Stuttgart/ Augsburg: Cotta, 1836（ウーラント『トールの神話』独）

「真城ゆかりの人物　詩人・児童文学者　織田 秀雄」（奥州市真城地区振興会ホームページ内）
http://users.catv-mic.ne.jp/shinjou-shinkou/index9-1.html

Motorsagkunst med Arne Askeland（「アルネ・アスケランドのチェーンソー芸術」諾） https://www.motorsagkunst.no/

Mattsson, Jesper: "Pedagogiska pionjären Ellen Keys idéer om rasbiologi granskas i ny avhandling." Örebro universitetet.（マッツソン「教育学の先駆者エレン・ケイの人種生物学思想、新しい学位論文から」瑞）
https://www.oru.se/nyheter/nyhetsarkiv/nyhetsarkiv-2021/pedagogiska-pionjaren-ellen-keys-ideer-om-rasbiologi-granskas-i-ny-avhandling/

### 〈第３部〉

諫山創『進撃の巨人』（全 34 巻）、講談社、2010 ～ 2021

伊藤盡「漫画に描かれる北欧神話　視覚芸術との差違と共通性」、『日本アイスランド学会会報』第 39 号、2020、1 ～ 29 頁

コラム、パードリック『北欧神話』尾崎義訳、岩波書店、2001

相良守峯訳『ニーベルンゲンの歌』（前編・後編）、岩波書店、1975

菅原邦城訳・解説『ゲルマン北欧の英雄伝説　ヴォルスンガ・サガ』、東海大学出版会、1979

谷口幸男編訳『エッダ　古代北欧歌謡集』新潮社、1973（「巫女の予言」9 ～ 26 頁、「ブリュンヒルドの冥府への旅」162 ～ 163 頁、「ギュルヴィたぶらかし」224 ～ 280 頁）

トールキン、J.R.R.『トールキンのシグルズとグズルーンの伝説＜注釈版＞』、クリストファー・トールキン編、小林朋則訳、原書房、2018

シーグルズル・ノルダル『巫女の予言　エッダ詩校訂本』、菅原邦城訳、東海大学出版会、1993

ハイド、ルイス『トリックスターの系譜』、伊藤誓、磯山甚一、坂口明徳、大島由紀夫訳、法政大学出版局、2005

松本涼「ヴァルハラは理想か？現代日本のフィクションと北欧神話」、『立命館言語文化研究』第 31 巻 1 号、2019、189 ～ 202 頁

Cole, Richard: “Snorri and the Jews.” Hermann, Pernille/ Mitchell, Stephan A./ Schjødt, Jens Peter/ Rose, Amber J. (ed.): *Old Norse Mythology. Comparative Perspectives. The Milman Parry Collection of Oral Literature.* Washington, DC: Center for Hellenic Studies, 2017, pp. 243 - 268

Simek, Rudolf: *Lexikon der germanischen Mythologie.* Stuttgart: Kröner, 2018

Tolkien, J.R.R.: *The Legend of Sigurd and Gudrun.* Christopher Tolkien (ed.). New York: Harper Collins, 2009

松本涼（出演）「アイスランド専門家と見る『ゴッド・オブ・ウォー ラグナロク』」#01、『ライブドアニュース ゲームさんぽ YouTube』、2023 年 3 月 31 日　https://www.youtube.com/watch?v=p5aUqDVdBSc

同 #02、2023 年 4 月 5 日　https://www.youtube.com/watch?v=0PhHt946OWg

同 #03、2023 年 4 月 12 日　https://www.youtube.com/watch?v=KhnXHvTNrUY

Kawanabe, Asuka/ Kawachi, Hideko「『女性による犯罪』をアートで伝える理由とは？ ベルリンのグループ展キュレーターに聞く」、『ART news Japan』2023 年 1 月 19 日
https://artnewsjapan.com/article/697

対象展覧会「Guilty, guilty, guilty!」（「有罪、有罪、有罪！」タイトル英、本文独）
https://www.kunstraumkreuzberg.de/programm/guilty-guilty-guiltytowards-a-feminist-criminology/

### 〈巨人フィンに会いに行こう〉

伊藤盡「エッダとスカルド」、小澤実・中丸禎子・高橋美野梨編著『アイスランド・グリーンランド・北極を知るための 65 章』、明石書店、2016、312 ～ 318 頁

小澤実「イヌイット×ノース人　中世における異文化接触とレジリエンス」、高橋美野梨編著『グリーンランド』、藤原書店、2023、71 ～ 110 頁

谷口幸男訳『アイスランド　サガ』新潮社、1979

永井忠孝「グリーンランド語（東エスキモー語）　もっとも活力あるエスキモー語」、小澤実・中丸禎子・高橋美野梨編著『アイスランド・グリーンランド・北極を知るための 65 章』、明石書店、2016、302 ～ 306 頁

日本アイスランド学会編『サガ選集』、東海大学出版会、1991

「2022 - 2023 年の北ヨーロッパ５カ国」、『北ヨーロッパ研究』第 19 巻、北ヨーロッパ学会、2023、91 ～ 95 頁

*Det astronomiska uret i Lunds Domkyrka.* Lund: Lunds domkyrkoförsamling, 2011（『ルンド大聖堂の天文時計』瑞）

Ármann Jakobsson & Sverrir Jakobsson (ed.): *The Routledge Research Companion to the Medieval Icelandic Sagas.* London & New York: Routledge, 2017（アルマン・ヤコブスソン＆

スヴェリル・ヤコブスソン『中世アイスランド・サガの比較研究』英）
Ekroll, Øystein: *Nidarosdomen. Vestfrontens skulpturer.* 2nd Ed. Trondtheim: Nidaros Domkirkes Restaurerigsarbedier, 2006（エクロル『ニダロス大聖堂　西側正面の彫刻』諾）
Gísli Sigurðsson, Vésteinn Ólason (eds.): *The Manuscripts of Iceland.* Reykjavík: Ární Magnússon Institute in Iceland, 2004
Larsson, Anita/ Ulvros, Eva Helen/ Andersson, Björn: *Domkyrkan i Lund. En vandring genom tid och rum.* Lund: Historiska Media, 2008（ラルソン、ウルヴロス、アンデルソン『ルンドの大聖堂』瑞）
Mogensen, Lone (ed.): *Det underbara uret i Lund.* Lund: Historiska Media, 2008（モーゲンセン『ルンドの驚異の時計』瑞）
*Nidaros domkirke.* Trondheim: Nidaros Domkirkes Restautrringsarbeiders forlag, 2014（『ニダロス大聖堂』諾）
Ruona, Kenneth (photo): *Lunds Domkyrka. Lund Cathedral.* Gunhild Winqvist (text), Charles Hodgdon (translation). Lund: Arcus, 2009（ルーナ『ルンド大聖堂』瑞・英）
DVD『アナと雪の女王』、ウォルト・ディズニー・スタジオ・ジャパン、2013
DVD『アナと雪の女王２』、ウォルト・ディズニー・スタジオ・ジャパン、2020
DVD『サーミの血』、アップリンク、2017
小澤実「ルーン文字の遍歴 1」 https://www.kenkyusha.co.jp/uploads/lingua/prt/20/runes2010.html
松村一登「ウラル諸語系統図」 http://www.kmatsum.info/uralic/maps/sukupuu.html
Agreement（サーミ諸団体とディズニーの「合意書」英） https://www.samediggi.fi/wp-content/uploads/2019/09/Agreement_WDAS_SAMI.pdf
ARKEN（「アルケン」瑞） https://www.arken.se
Erika Lagerbielke（「エリカ・ラーゲルビエルケ」瑞） https://www.erikalagerbielke.se/index.html
The Indo-European Language Family Tree（リンチ「インド・ヨーロッパ語族系統図」英）https://www.jacklynch.net/language.html
Institutet för språk och folkminnen (Isof): De samiska språken（言語・民間伝承研究所「サーミの言語」瑞） https://www.isof.se/nationella-minoritetssprak/lar-dig-mer-om-nationella-minoritetssprak/sveriges-nationella-minoritetssprak/lar-dig-mer-om-samiska/de-samiska-spraken
Jätteleden（「巨人の道」瑞） https://www.simrishamn.se/kultur/osterlens-museum/hallristningar-och-andra-fornlamningar
Nidarosdomen（「ニダロス大聖堂」諾・英） https://www.nidarosdomen.no/
The Nordic Council（「北欧理事会」英） https://www.norden.org/en/nordic-council
The Saami Council — Sámiráđđi（「サーミ評議会」英） https://www.saamicouncil.net/en/the-saami-council
Samer（「サーミ」瑞） http://www.samer.se
Samerna i Sverige（「スウェーデンのサーミ」瑞・英・北サーミ・ルレサーミ・南サーミ） https://www.sametinget.se/samer
The Skaldic Project（「スカルド詩プロジェクト」英） https://skaldic.org/
Stenshuvuds nationalpark（「ステーンスフーヴッド国立公園」瑞・独・英・サーミ）https://www.sverigesnationalparker.se/park/stenshuvuds-nationalpark/
Sverresborg Trøndelag folkemuseum（「スヴェッレスボルク・トロンデラーグ民俗博物館」諾・英）https://sverresborg.no/
Tidslinje – Domkyrkan（「大聖堂タイムライン」瑞） https://kulturportallund.se/category/historia/tidslinjer-historia/tidslinjer-domkyrkan/

このほか、以下のオンライン・アーカイヴで、著作権の切れた書籍を閲覧した。

Google Books（グーグル・ブックス） https://books.google.co.jp/
Hathi Trust（ハーティトラスト・デジタルライブラリ） https://www.hathitrust.org/
Internet Archive（インターネット・アーカイヴ） https://archive.org/
Litteraturbanken（スウェーデン文学アーカイヴ） https://litteraturbanken.se/
Münchner Digitalisierungszentrum（ミュンヘンデジタル図書館） https://www.digitale-sammlungen.de/de
Projekt Gutenberg（プロジェクト・グーテンベルク） https://www.projekt-gutenberg.org/
Projekt Runeberg（プロジェクト・ルーネベルイ） https://runeberg.org/

また、以下の辞典を参照した。

尾崎義・田中三千夫・下村誠二・武田龍夫『スウェーデン語辞典』、大学書林、1990
森田貞雄監修、福井信子・家村睦夫・下宮忠雄共編『現代デンマーク語辞典』、大学書林、2011
Frühneuhochdeutsches Wörterbuch（『初期新高ドイツ語辞典』） https://fwb-online.de/
Store Norske Leksikon（『ノルウェー大事典』） https://snl.no/
Svenska Akademiens Ordbok（SAOB）（『スウェーデン・アカデミー辞典』） https://www.saob.se/

**【画像引用元ウェブサイト】**

9 https://da.wikipedia.org/wiki/Anders_Sørensen_Vedel
10 https://www.solivagus.de/publication/kreuz-und-quer-durch-europa/　出版社 HP
12 https://sv.wikipedia.org/wiki/Nils_Henrik_Sjöborg
13 https://snl.no/Carl_Wilhelm_von_Sydow　ルンド大学図書館所蔵。
14 https://sv.wikipedia.org/wiki/Esaias_Tegnér
15 https://en.wikipedia.org/wiki/Saxo_Grammaticus
16 https://commons.wikimedia.org/wiki/File:Johan_Herman_Hofberg.JPG
19 https://ja.wikipedia.org/wiki/file:Thor's_hammer,_Skåne.jpg
26 https://de.wikipedia.org/wiki/Ludwig_Uhland
28 https://ja.wikipedia.org/wiki/ヤーコプ・グリム
31 https://en.wikipedia.org/wiki/Esbern_Snare
34 http://www.goethezeitportal.de/index.php?id=3857 ゲーテ時代ポータル提供。
35 https://commons.wikimedia.org/wiki/Category:1900s_cartoons#/media/File:Kleine_COHN.jpg
37 https://litteraturbanken.se/föfattare/KeyE　スウェーデン文学バンク提供。
41 https://da.wikipedia.org/wiki/Freja#/media/Fil:Ring5.jpg
46 https://ja.wikipedia.org/wiki/テュール#/media/ファイル:SÁM_66,_78v,_Fenrir_and_Týr.jpg
50 https://myndir.uvic.ca/RagRokEnBil-1929-UVic-003-01.html
54 https://en.m.wikipedia.org/wiki/File:Lokistone.jpg
56 https://myndir.uvic.ca/RagRokEnBil-1929-UVic-109-01.html
95 https://www.katarite.com/gaiyo01.html


## 謝辞

スウェーデン語では、「巨人フィン」を Jätten Finn（イェッテン・フィン）と言います。jätte（イェッテ）は「巨人」のことですが、形容詞につけると「とても」という意味になります。また、綴りは違いますが Finn と同じ発音の fin（フィン）という形容詞は、「すてきな」という意味です。

次の皆様とお名前を書ききれなかったたくさんの方々のご協力により、絵本『巨人フィンの物語』（Jätten Finn）は、「とてもすてき」（jättefin）な本になりました。ありがとうございました。

**絵本『巨人フィンの物語』翻訳**
杜岩
塘内彩月
西崎明美
萩野聡子
福原遙彦
山田慎太郎

**解説**
カーリン・タフリン
シャスティン・タフリン
アニタ・ラルソン
エヴァ・ヘレン・ウルブロス

飯郷友康
伊藤尽
大谷哲
小澤一郎
小澤実
加藤磨珠枝
塩田潤
高橋美野梨
塘内彩月
成川岳大
萩野聡子
ペーターセン　エスペン
松本涼
福原遙彦
山田慎太郎

**画像提供**
織田佐規雄
学校法人熊本学園
桜井真理夫
宍戸春雄
高橋健一郎

永井真美
中谷久子
中丸麻衣子
成川岳大
福原遙彦
北海道大学
満留久美子
矢部みゆき
山崎和男
山崎芳男
渡辺洋子

**speciellt tack till**
吉田智恵

**助成**
スカンジナビア・ニッポン　ササカワ財団
JSPS 科研費　19K00532


Jätten Finn är jättefin!　巨人フィンはとてもすてき！

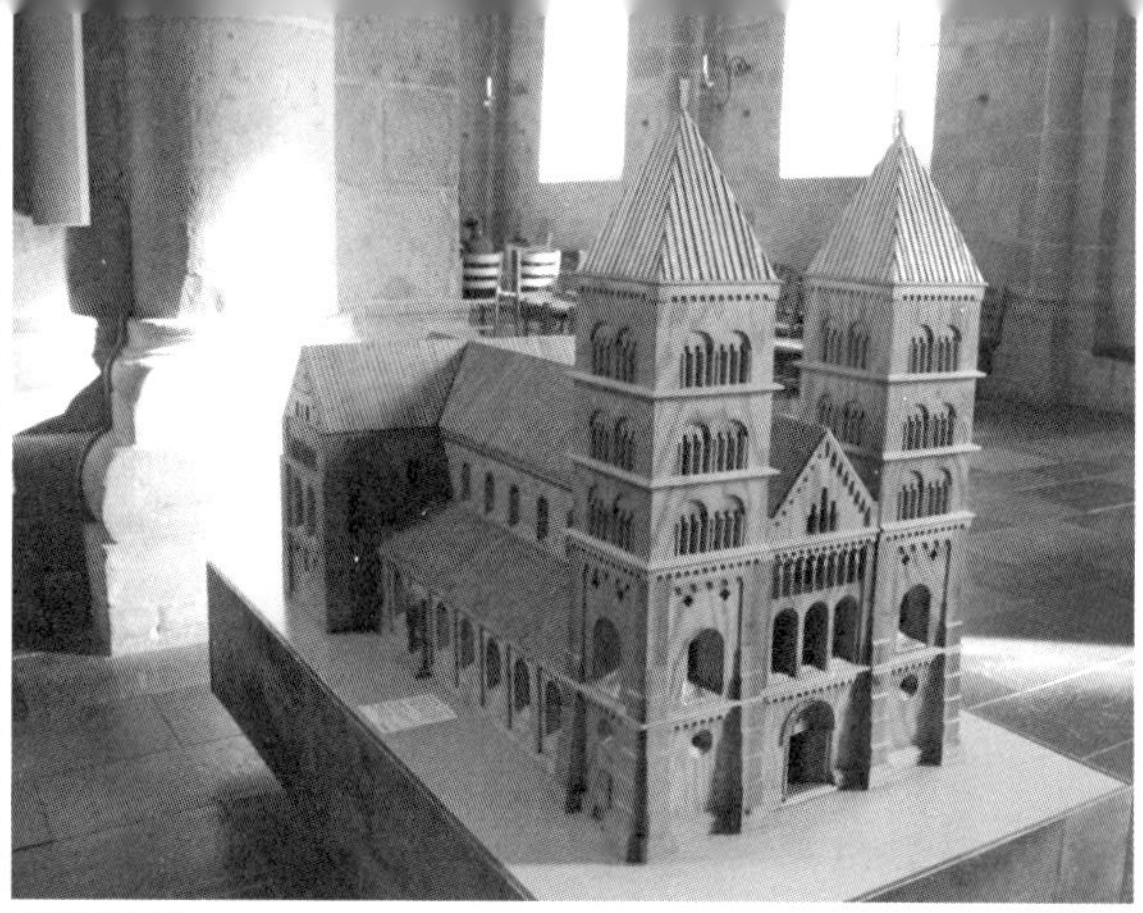

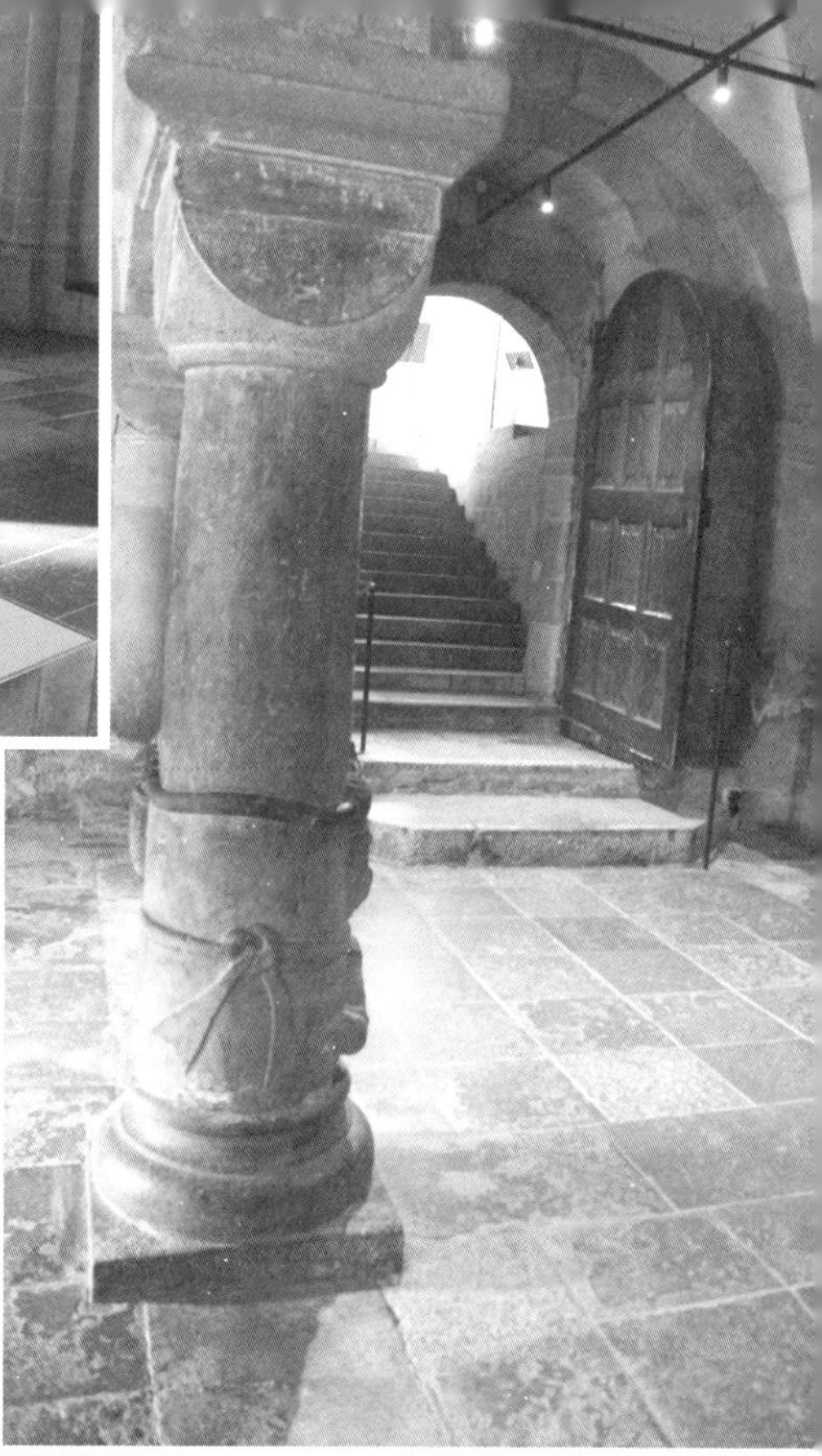

解説

# 北欧・日本　巨人伝承の時空

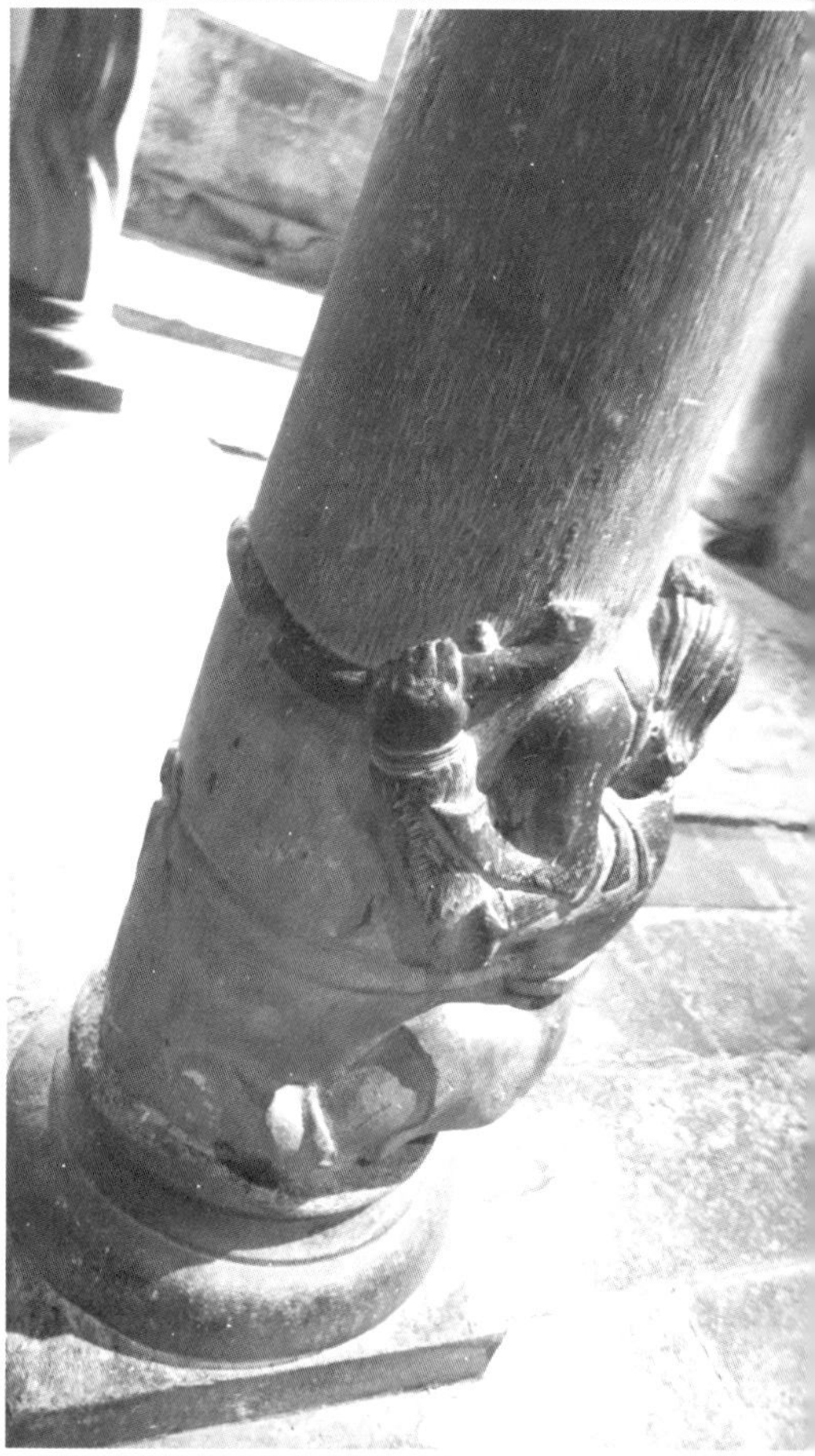

扉の写真は 2018 年、2023 年に撮影。ルンド大聖堂のご厚意により掲載

## はじめに　『巨人フィンの物語』との出会い

わたしがフィンと出会ったのは、二〇一八年九月のことだ。ルンド大聖堂の地下祭室で、巨人フィン、妻イェルダ、息子セルヴェの像を目にし、説明を聞いた。巨人が聖人と取り引きして教会を建てたが、完成直前に聖人に名前を当てられ、報酬をもらえないことに怒って教会を壊そうとし、石化したという。

北欧神話には、巨人が神々と取り引きをして城砦を作るが、完成直前に神々に殺される、というエピソードがある。諫山創の漫画『進撃の巨人』の「巨人でできた壁」は、おそらくこの話を下敷きにしている。『巨人フィンの物語』と北欧神話の城砦建設について、敵対者のための建築、太陽と月と身体という条件、巨人との知恵比べ、あと少しで建築物が完成しないと言ったストーリーのほか、巨人の身体が新しい世界の礎となるという物語の構造の共通性に興味を引かれた。ルンド大聖堂の隣にある書店アルケン（☞35頁）で、巨人フィンの関連書籍を探していると、一冊の絵本が目に入った。今回訳出した『巨人フィンの物語』の原著である。美しい絵はもちろん、巨人が服を着ていることに興味を覚えた。『ジャックと豆の木』やギリシア神話など、これまでわたしが見たことのある巨人は、腰巻きや簡単な布だけをまとっている。武器を持つ場合にも、作成・使用に高度な技術を要する剣や槍ではなく、棍棒のような単純な武器を持つ、非文明的な姿だ。『巨人フィンの物語』の表紙の巨人は、ボタンのついた服に、ポケットのついたジャケットを着、靴を履き、帽子まで被っている。

絵本『巨人フィンの物語』のスウェーデン語原著の表紙を開くと、解説が掲載されていた。

フィン伝説は、様々な物語の伝統の中にある。その大半が書き留められたのは、一六〇〇年代のことだ。フィン伝説は、ヨーロッパ各地の中世の教会について語られる古い「大工伝説」のスコーネ版である。「大工伝説」の源流は、さらに古い建設神話にさかのぼる可能性がある。こうした神話では、古い世界の支配者たちが、新しい時代の神と、新世界の支配権をめぐって競争する。そのような神話の一つがエッダ（☞52頁）にある。エッダでは、巨人がアースガルドを囲む壁を建設しようとする。もしも壁が夏までに完成したならば、報酬として、フレイア、太陽、月をもらい受けるという条件だ。しかし最後の最後に、ロキによって、期限内の教会完成は阻止される。

「ルンド大聖堂」は、一〇〇〇年代の終わりに建設が開始された。その頃ルンドは、既にキリスト教の町であり、多くの教会があった。大聖堂は、聖母マリアと聖ラウレンティウス（ラーシュさま）を記念して作られた。

「聖ラウレンティウスの涙」と呼ばれるのは、ペルセウス座流星群である。ペルセウス座流星群が地球に近づくのは、毎年、聖ラウレンティウスの祝日である八月一〇日、すなわち「ラーシュ」の「名前の日」の頃である。

ルンド大聖堂の「地下祭室」には、今日もなお、石化した巨人フィンが立ち、円柱を抱きしめている。いつか教会が完成し、欠けている石が一つもなくなったとき、巨人は目を覚まし、再び生き返ると言われている。（Mogensen 2017／訳：中丸）

解説の神話についての記述を補足すると、北欧神話では、巨人が神々と敵対し、最終的にはお互いに殺し合って世界が滅びる。この滅びの運命を「ラグナロク」という。敵対しているがラグナロクには至っていないある時期に、山の巨人が、巨人という正体は隠したまま、神々に巨人の侵入を防ぐための城砦を作ることを提案する。夏が来るまでに城砦が完成したら、太陽、月、美しい女神フレイヤを報酬としてもらい受ける、という条件だった。神々は、夏までの完成は無理だと踏み、山の巨人に城砦建設を依頼する。しかし、山の巨人はスヴァジルファリという牡馬を連れていた。牡馬は資材をどんどん運び、城砦はみるみるできていった。知恵の回る神ロキは一計を案じ、男性神ながら雌馬に変身して牡馬を誘惑した。牡馬は雌馬を追って行ってしまった。資材を運ぶ牡馬がいなくなり、城砦建設は止まった。怒った山の巨人が正体を現すと、雷神ソールは巨人をハンマーで撃ち殺した。

その後、折に触れてもう少し詳しく調べるうち、『巨人フィンの物語』は、上記の北欧神話が、キリスト教時代に、『旧約聖書』のサムソン伝説と融合してできた伝説だとする説を見つけた。怪力の勇士サムソンが、柱を倒して建物を倒壊させ、敵を道連れにする物語である。また一方で、『巨人フィンの物語』には類話があることを知った。類話では、トロルがノルウェーの聖人である聖オーラヴと取り引きをして、トロンハイムのニダロス大聖堂を建設する。そして驚くべきことに、ニダロス大聖堂建設物語は、岩手県の民話『大工と鬼六』の「原典」となっていた。『大工と鬼六』では、鬼が橋を作り、大工が名前を当てる。『大工と鬼六』は、大正時代に、水田光がニダロス大聖堂建設物語を翻案して書いた『鬼の橋』を源流とする。櫻井美紀は、水田が、神話学者である義弟の松村武雄がドイツ語書籍から得た知識を元にして『鬼の橋』を書いたと推測する。翻案にあたり、水田は、元の話が聖オーラヴと巨人の教会建築の物語であること、日本の児童向けに設定や名前を変更したことを明記している。しかし、『鬼の橋』はやがて「口演童話」

の題材として全国、特に東北地方に広まった。櫻井は、この口演童話が、各地の山や川の伝承として定着したと推測している。つまり、『大工と鬼六』は、北欧神話がキリスト教時代に変容し、様々なバージョンが成立し、その一つがヨーロッパの民話研究を経て日本に導入され、やがて日本の民話として定着した歴史を表している。このこと自体が、一つの壮大な物語であると感じられた。

　巨人の城砦を建設したという北欧神話の日本への導入を考えるとき、もう一つ言及したいのが、冒頭でも挙げた諫山創の漫画『進撃の巨人』である。『進撃の巨人』では、巨人との戦いが続く世界観や、登場人物の名前や特徴など、多くの設定が北欧神話を踏まえている。「巨人の侵入を防ぐための壁を巨人自身が作る」という設定もまた、『進撃の巨人』を構成する重要な要素である（ただし同作では、巨人が壁を建築するのではなく、壁が巨人の身体でできている）。もちろん『進撃の巨人』は、北欧神話そのものの漫画化ではない。ドイツの近現代史をはじめ北欧神話とは異なる多様なソースに着想を得たと推察される設定や、作者のオリジナリティが融合し、結末も北欧神話と共通する部分と異なる部分がある。わたしは、そのことを、北欧神話の設定の一部借用ではなく、現代日本における北欧神話の語り直しであり、再解釈であると捉えている。そしてそれは、『進撃の巨人』のみならず、これまで北欧神話が語られる過程で、繰り返されてきたことなのだ。

　先ほど訳出した解説には、史実と絵本の違いがいくつも書かれている。絵本『巨人フィンの物語』ではヴァイキング時代とされているルンド大聖堂の建設は、史実ではキリスト教化後の一〇世紀に行われた。ルンド大聖堂は実際にはルンド初の教会ではない。物語の原型はルンドで発生したのではなく、ヨーロッパ各地の教会建設説話のヴァリエーションとして成立した。書き留められたのはルンド大聖堂の建築よりずっと遅い一六〇〇年代である。ルンド大聖堂は聖ラウレンティウスが作った（巨人に作らせた）教会ではなく、聖母マリアと聖ラウレンティウスを記念して作られた教会である。わたしの方で付言すると、八月一〇日を祝日とする聖ラウレンティウス（ローマのラウレンティウス）は、一度もスウェーデンを訪れることなく、三世紀に――ルンドにキリスト教が導入される七〇〇年前に、ローマで殉教した。つまり、史実の聖ラウレンティウスは、地理的にも時間的にも、ルンド大聖堂の建築に関わることはできず、ルンドのヴァイキングたちに「ラーシュさま」と呼ばれることもなかった。

　これらのことを書いたのは、『巨人フィンの物語』や『進撃の巨人』、あるいは『大工と鬼六』を、「史実・原典と違うのでダメだ」「不正確だ」「嘘が流通している」と非難するためではない。神話や伝説は、史実をそのまま伝えるものではなく、一度成立した原典が形を変えずに残るものでもない。伝えられる時代や地域や文化の影響下で変容し、何度も書き直され、語られ直されながら、未来へと伝えられていくものだ。変容は時に、「嘘」や「間違い」と呼ばれるが、それが事実として受け容れられる土壌があるからこそ、それらは事実として定着し、物語に生命を与える。同時に、ある物語が伝えられるとき、あるいは、変容するときには、必然的に、消えていく要素や失われる物語もある――ちょうど、巨人フィンが石化し、橋を作った鬼が消え、水田光の名前が忘れられたように。語り伝えられるものの背後には消えていくものがあり、一度消えたが再発見されたものの背後には、発見されず消えたままの無数のものがある。ルンド大聖堂と巨人フィンの物語もまた、その背後に消えたものをまといながら、時代の流れの中で変容し、現在に生き続けている。北欧民話を岩手県の民話として伝えていくこと、『進撃の巨人』を描くこと・読むことや、あるいは北欧神話の設定や素材をゲームや漫画のコンテンツとして用いることもまた、現代日本の文脈で物語を語り直すこと、神話や伝説を作り続けていく営為である。

　解説の中で、わたしが最も好きなのは、いつか教会が完成したら巨人が蘇るというくだりである。語り伝えることは、まだ見ぬ遠い未来を予感することでもあるのだ。

　『巨人フィンの物語』を起点にして、北欧神話とキリスト教、消えたものと残ったもの、北欧と日本、過去と現在と未来のつながりが見える。以降の解説では、第一部「『巨人フィンの物語』ができるまで」で『巨人フィン』がどのような変遷を経て現在のような形になったのか、元になった北欧神話や聖書の物語、第二部「教会建設説話から『大工と鬼六』へ」でニダロス大聖堂建設説話が『大工と鬼六』へと変容する過程、第三部「北欧神話と『進撃の巨人』」では、北欧神話、特に城砦建設説話の受容について書く。「巨人フィンに会いに行こう」には、絵本に出てくる地名や教会建築の見取り図、現在のルンドやその周辺での巨人フィンにまつわる伝承、その背景となった北欧の地理、歴史、文化について書いたので、第一部～第三部でわからない用語があれば、ぜひ参照してほしい。

ルンド大聖堂の外に置かれた椅子。「フィンよ、フィンよ、最後の石を置け！」と書かれている。

次頁の木の年表の写真は、クルトゥーレン（the museum Kulturen in Lund in Sweden）のご厚意で掲載

BIRGER
MAGNUS NILSSON

100

1020

E SKIL

# 第一部　『巨人フィンの物語』ができるまで

## 1.『巨人フィンの物語』の源流

### (1) ルンドの歴史と宗教

『巨人フィンの物語』の舞台は、スウェーデン南部スコーネ地方の町ルンドである。ルンドには六〇〇〇年前ごろに人が住み始め、一〇〇〇年ごろに町が作られた。（絵本の中では）フィンが作ったルンド大聖堂は、町の中心に位置する。

大聖堂の北に、野外博物館「クルトゥーレン」（☞35頁～）がある。色々な時代や地域で実際に人が暮らしていた建物を移築した博物館だ。初めてルンドに行った二〇一八年九月は、屋外に設置された建物に入り、中をじっくり見ていると、あっという間に時間が過ぎた。二〇二三年九月、この解説を書くためにクルトゥーレンを再訪し、ルンド大聖堂が建設・増築された時代を知るために、まずは屋内の中世展示コーナーに行った。入口に、大きな木彫りの年表（☞隣頁）が置かれている。日本やスウェーデンの他の場所では、見たことのないタイプの年表だ。最初に目に飛び込んできたのは、やはりルンド大聖堂の部分だ。地下祭室の柱に、巨人フィンがちゃんとしがみついている。カメラをフォーカスして細部を見ると、鑿《のみ》で丁寧に彫られた小さな彫刻のフィンが、実にかわいらしい。左側には「ラーシュさま」こと聖ラウレンティウスが、自分が殉教した際に用いられた鉄格子を持って厳かに立っている。……ラーシュさまの下にいる、小さい建物をかついだ人物は誰だろう。ヴァイキング風の建物の間に立つ十字架は、キリスト教導入を表すのか。船が二つあるが、ヴァイキングの船ではなさそうだ、何という種類の船だろう……。解説がないので、どの部分が何を指しているか、今でもわからない部分もあるのだが、もともと持っていた知識と併せ、帰国後に本を読んだり、歴史研究者の小澤実さん、成川岳大さんに聞いたりした。こうして知ったルンドの歴史と宗教を、以下の通り概説する。

スコーネ地方は一六五八年までデンマーク領だった。この年表には、ルンドとスコーネ地方におけるデンマークとスウェーデンの覇権争いとキリスト教の歴史が刻まれている。年号は一一〇〇年から始まり、一〇〇年刻みに一八〇〇年まで記載されている。デンマークは、ドイツやイングランドの宣教師により、北欧の中では早い時期にキリスト教を導入した。最初に宣教の拠点「司教座」が設置されたのは、ドイツと地続きのユトランド半島にあるシュレスヴィヒ、リーベ、オーフスだが、キリスト教はさらに東へ伝播し、一〇六〇年前後にルンドに司教座が設置された。スコーネは、中世のデンマーク王国の版図の中で唯一、スカンディナヴィア半島に属し、デンマーク王権が王国外の宣教に強い関心を示す中、ヨーロッパ大陸の宣教師が北欧の遠隔地に向かうための中継地点として重視された。ルンドはスコーネ南端トレレボリに通じる街道上にあり、南東のブレーキンゲを経てバルト海に通じる、陸上交通・海上交通の要所だった。北欧の司教座はドイツの「ハンブルク＝ブレーメン大司教座」が管轄していたが、一一〇四年（もしくは一一〇三年）、「ルンド司教座」は、ハンブルク＝ブレーメン大司教座から離脱して「ルンド大司教座」に昇格し、デンマーク、スウェーデン、ノルウェー、アイスランド、グリーンランドなど北欧全体を管轄するに至った。この体制は、一一五二年にニダロス大司教座（ノルウェーや北大西洋諸島を管轄）、一一六四年にウップサラ大司教座（スウェーデンを管轄）が離脱するまで続いた。

左側に並んでいる丸い肖像画は、貨幣をかたどったものだろうか（中世のルンドは銀貨の流通拠点だった）、主要なデンマーク王が示され、横には影響力のあった司教が彫られている。下から見ていこう。一番下の貨幣は「デーン人の王クヌート」（Cnut Rex Danoru(m)）で、世界史の教科書では「クヌート大王」として知られる。一〇一六年にイングランド王、一〇一八年にデンマーク王、一〇二八年にノルウェー王となり、「北海帝国」を築いた。ルンドの建設時期は説に幅があるが、木の年表ではクヌート大王の左下に「一〇二〇」と書かれ、クヌート大王の治世下でルンドの町が建設されたという説を採用している。周囲には世界樹や雷神ソールの鎚、ルーン石碑（《諸聖人の丘》（☞35頁）の諸聖人教会に置かれていた「第一ルンド石碑」）など土着宗教を思わせるモチーフや、キリスト教を象徴する十字架、土着宗教とキリスト教の融合として提示されることが多いスターヴ教会（☞44頁）が置かれ、土着宗教がキリスト教と混然一体となり、やがてキリスト教の時代が始まったことを示している。

クヌート大王の右上に、小さな教会堂を担いだ人物がいる。大王の甥スヴェン・エストリズセンは、一〇五〇年ご

ろにルンドに石造教会を建てた（現存していない）。下から二つ目の貨幣（Cnut Rex）はクヌート四世、通称はクヌート聖王。一〇八〇年代ごろに、より大きな新教会の建設を始めた。これが現在のロマネスク様式のルンド大聖堂で、一一二三年に地下祭室を含む一番古い部分が完成し、一一四五年に大司教エスキルが大聖堂を聖母マリアと聖ラウレンティウスに捧げるための「献堂式」を行った。柱にしがみついたフィンと聖ラウレンティウスが彫られているのは、この一一〇〇年代の大聖堂だ。

下から三つ目の貨幣が表すヴァルデマー一世、四つ目の貨幣が表す次男のヴァルデマー二世勝利王は、大司教アブサロンや大司教アナス・スーネセンを顧問として十字軍遠征を行い、「コッグ船」を駆使してバルト海東岸に進出した。コッグ船の横にあるのは、一一三四年に建設されたルンドの城壁だろうか。

下から五つ目の貨幣が表すクリストファ一世は、親族による王権争いや農民反乱などデンマーク国内問題、他国との折衝で頭を悩ませた。下から六つ目の貨幣が表すマグヌス・エリクソン（スウェーデン王マグヌス四世）は、デンマーク領であったスコーネをスウェーデン領として購入した。下から七つ目の貨幣が表すマルグレーテは、デンマーク・ノルウェー・スウェーデンの「カルマル連合」を摂政としてまとめた。マグヌス・エリクソンとマルグレーテの間には横一列に板が貼られている。よく見ると人間に混ざって骸骨が踊り（このような絵を「死の舞踏」と言う）、一三〇〇年代の黒死病流行を表している。右にある大きな貨幣は、一三〇〇年代半ばから現在まで使われるルンドの市章だ。

一五二三年、スウェーデンはカルマル連合から離脱する。上から二番目の貨幣に「二」という数字があるのは、カルマル連合がデンマーク＝ノルウェーの「二」国の同君連合になったことを表しているのかもしれない。一五〇〇年代には宗教改革が起こり、ルンドの宗教のトップの役職名は「大司教」から「監督」に変わる。これを受け、一番上の聖職者だけ、これまでとは違う装束をまとっている。

一番上の貨幣は「C」「L」「X」などの文字が見え、位置も他の貨幣とは異なる。スウェーデン王カール一〇世だろうか。ロシアとの「北方戦争」やスウェーデンの絶対王政の確立で知られる王だ。カール一〇世の治世下で、ルンドはスウェーデン領になった。続くカール一一世（年表中にはいないが、二〇一七年までスウェーデンの五〇〇クローナ（約七〇〇〇円）紙幣の顔だった）の治世下、一六六八年のルンド大学創立は、「叡智」「学問」を象徴するフクロウの姿で年表に現れている。一番上で馬に乗って戦う二人の人物の横には「一六七六」の数字がある。デンマークとスウェーデンの間のスコーネ戦争（一六七五〜一六七九）における「ルンドの戦い」を表しているが、モチーフの由来は、ルンド大聖堂の時計の一番上に彫られた騎馬の二人にありそうだ。（情報提供：成川岳大、小澤実／参照：成川二〇一一：百瀬・村井・熊野一九九八：五一〜一一八頁、ウェブサイト Kulturportal Lund）

ルンド大聖堂はその後も増改築を繰り返し、一八三〇年から一八八〇年にかけての大改築で二つの尖塔やアプス（☞32頁〜）に装飾が施されるなどし、現在の外観となった。最後の大きな改築は、二〇世紀に成されたモザイク画の形成である。二〇二三年には、最も古い部分の完成九〇〇年を記念し、地下祭室に新しいステンドグラスがはめられた。

以上のように、ルンドも、ルンド大聖堂も、最初から現在の形だったのではなく、時代の流れに応じて変遷してきた。『巨人フィンの物語』もまた、支配する国や宗教や文化とともに変遷してきた。ここでは、『巨人フィンの物語』がどのようにして現在の物語になったのか、その足跡をたどってみよう。

## （２）北欧神話　巨人の城砦建設

序文で紹介したとおり、『巨人フィンの物語』の源流は北欧神話にさかのぼる。北欧神話は、キリスト教導入前に、北欧の人々が信仰していた土着宗教にまつわる伝承やテクストの総称である。気をつけておきたいのは、現在わたしたちが「北欧神話」と呼ぶ物語は、土着信仰の時代のみならず、キリスト教導入後に書き留められた様々な性質の、時に断片的な資料を基に、現代人にも分かりやすく時系列順・体系的にまとめたものだということだ。北欧の土着宗教には、キリスト教の聖書に相当するような聖典もない。キリスト教導入前の長い時代の、広い地域の人たち全員が共通して信仰する対象があったわけではなく、わたしたちが「北欧神話」として認識する世界観を、その人たちがそのままの形で共有していたわけでもない。そのことは踏まえたうえで、『巨人フィン』のもとになった北欧神話を見てみよう。

山の巨人が神々の住む世界の城砦を作る話は、スノッリ・ストゥルルソン（Snorri Sturluson, ?–1241）の手になる不思議なタイトルの作品『ギュルヴィたぶらかし』第四二章に書かれている。第四二章の主題は城砦建設自体ではなく、スレイプニルという八本足の馬の出自であり、城砦建設は

アイスランド・レイクホルトのスノッリ・ストゥルルソン像。撮影：成川岳大

その前日譚だ。以下に全文を引用するが、この部分は、ガングレリ（正体は人間の王ギュルヴィ）とハール（正体は神オージン）という二人の人物の問答によって展開する。タイトルの「たぶらかし」は、話の内容が嘘という意味ではない。魔法に通じた賢明な王ギュルヴィが神々の住むアースガルズを訪ねるが、一枚上手の神々がギュルヴィに幻術をかけ、「たぶらかす」ことに由来する。ギュルヴィは自分がどこにいるのか、相手が誰か分からないまま、神オージンと言葉を交わす。オージンが語るのは、天地創造から終末までの世界の真実である。以下の引用の「ミズガルズ」は神々が作った人間の住む世界、「ヨーツンヘイム」は巨人の世界、「ニヴルヘイム」は冷たい死の世界を意味する。「フレイヤ」は美しい女神、「ロキ」は知恵の回る神、「トール」は力の強い雷神である。（☞98(21)頁〜、76(43)頁〜、63(56)頁〜）


　すると、ガングレリがたずねた。

「そのスレイプニルという馬は誰が所有しているのですか。何かその馬に関する話はありませんか」

　ハールは答えた。

「スレイプニルについて何も知らんのだな。どんなきっかけで、この馬が生まれたかも知らんわけだな。では話してやる値打があるだろう。その昔、神々がミズガルズをおき、ヴァルハラを作られた、定住の初め頃、一人の鍛冶屋がやってきて、山の巨人や霜の巨人が、ミズガルズに攻め入っても、彼らにたいして安全で信頼のできる立派な砦を一年半で造りましょうと申し出た。ところで彼は、報酬に、フレイヤをいただきたい、太陽と月も欲しいといった。そこでアース神たちは集まって相談し、鍛冶屋に関して、こういうとり決めができた。もし、一冬でその砦を仕上げたら、望みのものをとらせる。だが、夏の最初の日がめぐってきて、まだ砦の工事に仕残しがあったら、このとり決めは無効になり、誰からも仕事の援助はうけられない、と。さて、神々が彼にこの条件を告げると、彼は、スヴァジルファリという自分の馬の助けを借りることを認めて欲しいといった。そして、ロキのすすめで、この件は認められた。

　冬の第一日から、彼は砦の建設にとりかかった。夜のうちに彼は馬で石を運んだ。神々は、馬がどんなに大きな岩を運んでくるかを見て、肝をつぶした。それに、馬は鍛冶屋の倍もの仕事をやるのだ。ところで、彼らの取決めは、多くの証人と誓いで固められていた。というのは、今は、怪物を退治に東の方へ行っているが、トールが帰ってきたら、巨人どもは、アース神たちと休戦を結ばなかったら、おちおちできないだろうからな。さて、冬も過ぎて行ったが、砦の仕事は大いに進んで、今や、何者もそれを攻撃することはできないほど、高く頑丈に造られていた。そして、夏のはじまる三日前には、砦の門にとりかかっていた。

　そこで神々は法廷について、協議し、互いに、いったい誰がフレイヤをヨーツンヘイムに嫁がせ、太陽と月を奪って巨人に与え、空と天を破壊しようとすすめたのか、とたずねた。そして、こんなことをすすめたのは、悪いことといえばたいていすすめるラウフェイの子のロキに違いない、ということに衆議一致した。そこで、もしあの鍛冶屋との取決めが破談になるような策を考え出さなかったら、ろくな死に方はできないぞ、といって、ロキにつめよった。そこで、彼は怖くなって、どんな犠牲を払っても、鍛冶屋の件が破談になるよう努力すると誓った。さて、同じ晩、鍛冶屋が馬のスヴァジルファリをつれて、石をとりに出かけたとき、森の中から一頭の牝馬がかの馬にむかって駆け出してきて嘶《いなな》いた。スヴァジルファリはそれがどんな馬であるかがわかると暴れ出し、手綱を引きちぎって牝馬の方へ駆けていった。牝馬は森へ逃げ、鍛冶屋は後を追って馬をつかまえようとした。だが、馬どもは一晩中駆け廻っていて、その夜は工事が停滞した。そして、翌日も、これまでのようには仕事がはかどらなかった。鍛冶屋は工事が終わりそうもないと見て取ると、巨人の怒りに燃えた。さて、アース神たちは、ここにやってきたのが山の巨人だったということをはっきり知ると、誓いを破って、トールを呼んだ。すぐにトールはやってきて、槌ミョルニルを高々と振り上げ、報酬を支払った。太陽も月も支払わなかった。それどころか、鍛冶屋がヨーツンヘイムに住むことも拒んだ。最初の一撃で彼の頭蓋骨を粉々に砕き、ニヴルヘイムの下に投げこんだ。

　ところで、ロキはスヴァジルファリのところに通っていたが、その後しばらくして仔馬を生んだ。色は灰色で足は八本あり、神々と人間のなかで最もすぐれた馬なのだ。『巫女の予言』のなかでこういわれている。

さて裁き治める神
いと尊き神々はこぞりて
裁きの庭に出で
協議をこらす
害毒を空中にまき散らし
巨人族にオーズの妻を
与えんとせしは何者ぞと

誓い　約束　誓言
互いに交わされしすべての
意味深き取決めは破らる
トール一人は怒りにまかせ
打ってかかる
かかることをきくとき

座視しうる彼にはあらず（巫女の予言［二五～二六］）（谷口一九七三：二五八～二五九頁）

以上のように、『ギュルヴィたぶらかし』第四二章は、オージンが所有する八本足の馬スレイプニルの出自を語る過程で、山の巨人の城砦建設を語る。『巨人フィンの物語』との大きな違いは、巨人自身ではなく馬が強力であること、鍛冶屋が太陽・月と共に要求するのが女神フレイヤであること、神々が巨人との約束を破ること、その結果、巨人が石になるのではなく殺害されることだ。また、巨人が作る建造物は、絵本『巨人フィンの物語』の解説では、「壁」（mur）と書かれているが、こちらでは「城塞」（borg）である。フィンは自分で作った教会を壊そうとするが、『ギュルヴィたぶらかし』の鍛冶屋はそうではない。

「城砦」とは、山頂に建てられた砦。写真はドイツの「ザクセン・スイス」と呼ばれる地域の山頂に16世紀に建てられた城砦。2007年撮影

では、『ギュルヴィたぶらかし』はいかにして『巨人フィンの物語』になったのか。物語の変遷は、一方的に進むわけではない。一度加えられた要素が消えずに全て残るわけではなく、その逆もしかりである。とは言え、長い年月で見れば定着する変化もある。以下では、『ギュルヴィたぶらかし』を絵本『巨人フィンの物語』と比べたときに、どのような要素が、いつ、どのような媒体で加わったのかを検討してみたい。

### （3）『旧約聖書』　サムソンの物語

二〇二三年九月のルンド再訪で、かつて大聖堂のガイドをしていたアニタ・ラルソンさん（Anita Larsson）に話を聞くことができた。（1）「ルンドの歴史と宗教」でも触れた通り、ルンド大聖堂は、何度も増改築を繰り返して現在の姿になった。地下祭室は現在の大聖堂の中で最も古い部分で、一一二三年から存在する（二〇二三年は九〇〇年記念年だった）。しかし、地下祭室の像が巨人フィンだと考えられるようになったのは、ずっと後のことだ。では、もともと誰をかたどったものだったかは、諸説ある。その中でラルソンさんが紹介してくれたのが、『旧約聖書』の「士師記《ししき》」一三章から一六章に登場する勇士サムソンという説だった。

サムソンは、ペリシテ人に虐げられるイスラエルの民の救済者として生まれた。強いサムソンは多くのペリシテ人を打ち殺し、士師（指導者）としてイスラエルの民を導いた。サムソンの力の秘密は、髪の毛にあった。妻のデリラはペリシテ人に買収されてサムソンの力の秘密を探りだし、その髪をそり落とした。力を失ったサムソンは、ペリシテ人たちに捉えられ、両眼をえぐられて臼を引かされた。ある時サムソンは、群衆の前に引き出されて見世物にされた。フィンと重なるのは、サムソンが柱を倒す次の場面だ。

サムソンは主に呼ばわって言った、「ああ、主なる神よ、どうぞ、わたしを覚えてください。ああ、神よ、どうぞもう一度、わたしを強くして、わたしの二つの目の一つのためにでもペリシテびとにあだを報いさせてください」。そしてサムソンは、その家をささえている二つの中柱の一つを右の手に、一つを左の手にかかえて、身をそれに寄せ、「わたしはペリシテびとと共に死のう」と言って、力をこめて身をかがめると、家はその中にいた君たちと、すべての民の上に倒れた。こうしてサムソンが死ぬときに殺したものは、生きているときに殺したものよりも多かった。（『士師記』一六章二八～三〇節）

わたしが興味深く思ったのは、サムソンが失われた目の代償としてペリシテ人たちの死を願っていることだ。言われてみれば、ルンドの地下祭室の像は目がないようにも見える。巨人フィンがラーシュさまの目玉を求めたのは、サムソンが失った目玉を求めていたのかもしれない。そして、ラーシュさまが目玉を失わなかったことで、地下祭室に光が差し、巨人は石になったのかもしれない。

ラルソンさんは、サムソンをイエスの「類型」と捉える説も教えてくれた。「類型論」「予型論」（Typologie）と呼ばれる異なる物語や説話・神話に登場する同じ類型《タイプ》（Type）の人物同士を関連づける考え方だ。たとえば北欧にキリスト教が導入された際、北欧神話の太陽神バルドルはイエスの類型とされた。光の神としての性質や、殺害され蘇る経歴から、バルドルとイエスを重ね、バルドル崇拝にイエス信仰をなじませようとしたのだ。（類型論自体を論じたものではないが、谷口二〇〇一：三二三頁、ハイド二〇〇五：一五六頁を参照）キリスト教は広い地域に浸透するにあたり、ユダヤ教や北欧神話など他宗教

の人物をイエスの「類型」として説明していった。その一方、「異教徒」とされ排除される存在もある。柱に抱き着いた石像については、帰国後に、人柱の代わりだとする説も見つけた。（Sydow 1907：72-; Weibull 1907: 39 -; Ulvros&Larsson&Andersson 2008：37）

サムソンについて、ユダヤ説話・ヘブライ古典学者の飯郷友康さんは、次のようなことを話してくれた。サムソンは建物を壊す人物だ。そんな人物を建築家が柱に彫ったとは考えにくい。日本の仏像が踏む邪鬼や、キリスト教の聖像が踏む悪魔に近いのではないか。一方、人々が像の由来を考えていく中でサムソン説が出たことは興味深い。というのは、サムソンは旧約聖書の中で異質な英雄だからだ。旧約聖書には、怪力を行使し、力任せに物事を進める英雄は少ない。「英雄の持つ意外な弱点」が「髪の毛」という身体的な弱点であることも珍しい。サムソンが髪の毛を切らないのは、生まれたときに母によって神に捧げられたためで、こうした人物のことを「ナジル人《びと》」と呼ぶ。サムソンはナジル人として蓬髪の誓いは守るが、他のナジル人と違ってしばしば禁欲を破り、色欲に溺れて破滅する。

そんな破天荒なサムソンは、ユダヤ・キリスト教以前の「異教」の姿を色濃く残していると考えられる。たとえば、「サムソン」という名前は、「太陽（シェメシュ）」に由来するヘブライ語の名前「シムション」の変形だ。サムソンの蓬髪は、太陽の顔が描かれるときに髪の毛として表される光線を彷彿させる。サムソンは、もともとは神のように民を守り、裁く者だったのかもしれない。一九世紀には、サムソンをイエスの類型と見る解釈も登場した。生まれた経緯、サムソンの獅子退治とイエスの悪魔退治、銀貨と引き換えに裏切りに会うこと、サムソンは目を抉られ、キリストは目隠しをされて奴隷として侮辱されるなど、類似点が多いからだ（Thompson 1838：299-300）。長らくなされてこなかったこの解釈は、よく探せば古くからある。たとえば初期には短髪の羊飼いとして描かれていたイエスが、現在は長髪で描かれることや、サムソンの「ナジル人」とイエスを意味する「ナザレ人」の類似から、両者を類型的にとらえる見方があった。サムソンはまた、力が強いだけでなく、身体も大きいとされており、巨人伝説ともつながる。（情報提供：飯郷友康）

太陽神、巨人、イエスという、一見すると異なるイメージの者たちが、サムソンを通じてつながるのが不思議な気がした。だが絵本『巨人フィンの物語』の序文の「古い世界の支配者たちが、新しい時代の神と、新世界の支配権をめぐって競争する」という文言を思い出すと、これらがつながることもうなずける。太陽神も、巨人も、ユダヤ教・キリスト教以前の支配者であり、サムソンはそうした時代の面影を残す最後の英雄として、敵を道連れにして自分も死に、新しい世界の礎となった。キリスト教の世界では、罪人として死んだイエスが救世主として称えられる。古い世界の者たちを人柱とすることで、新しい世界が成立し、存続していく。

### （4）ヨーロッパの「大工伝説」とニダロス大聖堂建設説話

絵本の解説（☞116(3)頁）にあったように、巨人が教会を建てる話は、ヨーロッパ各地に存在する。北欧では、ルンド大聖堂のほか、ノルウェー・トロンハイムのニダロス大聖堂がよく知られている。より正確に言えば、ヨーロッパで成立した教会建設説話は、北欧ではまず、ニダロス大聖堂の建設説話として定着し、巡礼者らによってルンドを含む各地にもたらされたと考えられている。大正期に日本に伝わって『大工と鬼六』の原型となったのもニダロス大聖堂建設説話である。「聖オーラヴ」ことノルウェー王オーラヴ二世は、ノルウェーでとても人気のある聖人で、様々な伝説がある。ニダロス大聖堂は聖オーラヴの死後一〇〇年以上が経った一二世紀に、オーラヴの遺体を「お迎え」

「聖オーラヴ」こと
ノルウェー王オーラヴ二世

して建設された（ため、ルンド大聖堂と同様、実際には聖オーラヴが建てたわけではない）。（☞42頁）聖オーラヴは、歴史上はノルウェーの統一王権確立を目指し、デンマークのクヌート大王と結んだノルウェー豪族たちに攻められて没したのだが、その直後からキリスト教の守護者として、近代以降はノルウェーの守護者として人気を博した。民話において、聖オーラヴの「異教徒」との戦いは、しばしばトロルとの戦いとして表象される。たとえば、一五九一年に、デンマークの歴史家アナス・ソアンスン・ヴェーゼル（Anders Sørensen Vedel, 1542-1616）は、「聖オーラヴが、トロルと関連するようになったのは、ノルウェーやアイスランドで、素朴な民を悪い霊で誘惑するサタンの言葉を防いだからだ」（Vedel 1591：15章）という趣旨の記録を残している。

教会建設の初出としては、一七〇四年に、「聖オーラヴがトロンハイムに大きな教会を建てようとしたが、資材が足りなかった。そこにトロルが現れ、聖オーラヴのために教会を建てることを申し出た。トロルは代償として、太陽と月、あるいは聖オーラヴ自身を要求した。条件を免除するためには、聖オーラヴはトロルの名前を当て

アナス・ソアンスン・ヴェーゼル

なければならない。」(Eenberg 1704) という記録が残っている。トロルの名前には、いくつかのヴァリエーションがある。古い記録では、「デイグ」という名もあり、ルンドと同じ「フィン」もある。現在広く知られているのは「スカッレ」(Skalle) という名前だ。(Aukrust 1977：235-253／情報提供：成川)

ニダロス大聖堂も増改築や破損・修復を繰り返して現在の形になったが、少なくとも現在、ニダロス大聖堂にはトロルの痕跡として提示できそうなものは何もない。そのためか、ニダロス大聖堂はスカッレを「売り」にはしておらず、職員さんに尋ねてみても知っている人は僅かだった。そのことと関連するのだろうか、ルンド大聖堂建設説話ではフィンは石となって残るが、ニダロス大聖堂建設説話では、名前を当てられたスカッレが教会の屋根から落ち、粉々に砕けて火打ち石になる。「スカッレ」は、一般的には「禿げ頭」のことを指すが、「頭蓋骨」も意味する。この名前を聞くと、わたしは『ギュルヴィたぶらかし』で、雷神ソールが山の巨人の頭蓋骨を粉々に砕いたことや、後述する北欧神話の天地創造において、神々が最初の巨人ユミルを殺し、その頭蓋骨で天を覆うアーチを造ったことを思い出す。

## 2．『巨人フィンの物語』の成立と発展

### (1) 最初の記録

巨人フィンの伝説の成立については、スウェーデンで多くの研究がなされている。この解説では、二〇世紀初頭に書かれた二本の論文をもとに、その成立過程を追いかけてみたい。ただし、ここでは研究の詳細の紹介ではなく、できる限り多くのフィン伝説を訳して提示することを目的とする。

(2) で書いたとおり、「ルンドの地下祭室の巨人フィン」は当初、巨人として認識されていなかった。では、いつから巨人と見られるようになったのか。一七世紀・一八世紀の歴史を専門とする、ルンド出身の歴史研究者ラウリッツ・ヴェイブル (Lauritz Weibull, 1873-1960) によれば、巨人フィンの最初の記録は、士官にして外交官のシュテーブラウのエーリッヒ・ラソタ (Erich Lassota von Steblau, 1550頃-1616) がドイツ語で書いた、一五九三年五月一九日の日記である。ラソタはこの日、ルンド大聖堂を訪れ、地下祭室について次のような記録を残している。なお、この時期のルンドはデンマーク領である。

> その場所の一本の柱には、一人の男が彫刻されている。男は柱を抱いているようにしっかりとつかんでいる。別の柱には一人の女が子どもと一緒に彫刻されており、やはり柱にしっかりとしがみついている。周囲の人が言うには、男は巨人で、人々がその地に教会を建てるのを望まず、そのために神に罰せられて石になった。(Schottin (ed) 1866: 181／訳：中丸。以下、ただし書きがない限り、訳は全て中丸による)

ラソタの記述は地下祭室にいる石の巨人の最初の文字記録だが、日記であり、当時は公開されていない。公開された初めての記録は、一六五四年にコペンハーゲンで出版された、イェンス・ラウリズスン・ヴォルフ (Jens Lauridsen Wolf, 1583頃-1660) の『デンマーク王国称揚』(Encomion Regni Daniæ) である。ヴォルフはデンマークのロスキレおよびコペンハーゲンの出版業者であり、作家でもあった。この文章の原文は古いデンマーク語である。ラソタの記録には巨人が教会を建てたという記述がないのだが、ヴォルフ版には現代と同じ要素がほぼそろっている。

ラソタの本は、現在も刊行され続けている。写真はドイツのゾーリヴァグス出版から2021年に『ヨーロッパ縦断横断』というタイトルで刊行されたバージョン。500ページの大著。

> かの地下祭室は頑丈な石柱の上に建っており、そのうち一本はトロルの彫刻が施されたユニークな柱である。トロルは柱に抱きつき、あたかも教会を倒壊させ、破壊しようとしているようだ。別の柱には、トロルの妻が腕に子どもを抱いている彫刻がある。なぜトロルがこのように柱を抱き、教会を脅かそうとしているのか、その背景には次のようなストーリーがある。
>
> かの教会の建設中、聖ラウレンティウスは、思い悩みながら歩き、どのような手段を用いれば、かの教会を完璧に立てることができるか、考えを巡らせた。その建設には足りない資材が大量にあり、誰にもその蓄えがなかったからだ。こうして今や、聖ラウレンティウスが苦労し落ち着かない気持ちで歩いていると、一人のトロルが現れ、教会をあっという間に建ててやろうと申し出た。その状況と条件は次のものだ。聖ラウレンティウスはトロルにトロルの名前を言うこと。もしできなければ、太陽と月を取って、彼に与えなければならない。それができないと悟ったら、トロルは聖ラウレンティウスの両目を刺して抉り取る。これに聖ラウレンティウスは同意し、承諾した。
>
> それからどうなっただろう？トロルは消え去らず、急速に教会を建てていった。聖ラウレンティウスはそれを見て悲しくなった。というのは、彼には三つの悪条件が突き付けられていたからだ。トロルの名前を明かすことは不可能で骨の折れることだった。天の太陽

と月を引き下ろすこと、それはさらに不可能だ。すると三つ目の条件、聖ラウレンティウスはしぶしぶ両目を差し出すほかない。そのようにして立ち尽くし、物思いにひしがれながら、彼はルンドの外をさまよい歩いた。くたびれて丘の上で横になり、休息を取り、そのようにして休んでいる間にトロルが《トロルの怒り》を発し、子どもたちが叫び、泣くのが聞こえた。中にいる母親が、子どもの一人にこんな言葉で話しかけた。

おしゃべりおしまい、わたしの坊や、
すぐにお前のフィン父さんがやってくる、
お前にくれるよ、遊びに使える日と月を、
それとも聖なるラウレンティウスの両目玉。

悲しみにくれる聖ラウレンティウスは女トロルと子どもたちの会話を聞いて、断片の中から言葉を認識した。「フィン」はトロルの名前であり、彼は大いに喜び、急いでルンドへと駆け下りた。喜びと大きな胆力を持って。

聖ラウレンティウスはその日、教会に赴いた。教会の完成は目前に迫っていた。とくと御覧じろ、トロルは聖ラウレンティウスの姿を見ると、報酬を払え、仕事の支払いをしろと詰め寄った。聖ラウレンティウスは答えて言った。

「フィンよ、お前に報酬はやらないぞ、まだ教会は完成していない、分かるだろう。」

その言葉「フィン」を聞いた時、聖ラウレンティウスが自分の名前を知ったと分かり、トロルは大いに怒って残酷になり、一つの柱を両方の腕で抱き、教会をすべて破壊しようとした。しかし、聖ラウレンティウスはトロルの持つ力を禁じ、その力はトロルよりも強く、大きかった。その後、トロルも、妻も、子どもたちも、柱に固定されたまま立ち、彼らは今もそこにいる。この物語を信じるかどうか、それは、各人の意志による。（Wolf 1654: 568–571. 同じものが Sydow 1907: 65–66 および Weibull 1907 : 29–30 に掲載。／翻訳：ペーターセン エスベン、中丸。原文は韻文。文の区切り、段落分けはペーターセン、中丸による。）

一五九三年のラソタの日記と、一六五四年のヴォルフの書籍を比べると、五〇年の間に内容が大きく変わり、ヴォルフ版には、聖人と巨人の取引、太陽と月もしくは両目という報酬、子守唄による巨人の名前の判明、巨人と妻の石化の経緯と、現在の『巨人フィンの物語』の要素が多くそろっている。歴史研究者ヴェイブルは、ヴォルフ版は伝説をそのまま書き留めたものではなく、ヴォルフが「バロック式」の文飾を施し、描写を豊かにしたと予測している。ヴォルフ版刊行から四年後の一六五八年、ルンドはスウェーデン領になる。

次にヴェイブルは、ヴォルフ版とルンド大聖堂の牧師ハンス・エルンストソン・バーデン（Hans Ernstson Baden）の記録〔Gamle Graffschriffter och andet mindevdr. (manuscript in Vitterhetsakademien in Stockholm).〕を比較する。バーデンは、一六六七年九月二一日に、ルンド大聖堂地下祭室にある柱についての「民衆の言い伝え」を記録している。

通路は地下祭室に続いており、ドアを開けて中に入ると印象的な光景が飛び込んでくる。丸い石柱の上に、一人の女のような姿が彫られている。彼女は両手に持った組紐で柱を抱きしめている。北側に行くと、別の石柱があり、男の像が柱を抱きしめ、肩越しに女の方を振り返っている。顔つきは非常に厳しく、大きな目、長い髪、あごひげを備えている。庶民の間では、次のような話が伝えられている。

聖ラウレンティウス〔註：大聖堂は彼の栄誉と記念のため、大司教アッサーによって一一四五年九月に献堂された〕は、ある日、歩きながら、どのようにしてこの教会の建設に着手し、完成することを保証できるか、思い悩んでいた。その時、大男が近づき、あんたの望みをかなえてやろう、どんな手を使っても、まったく完璧なすばらしい教会をあんたに建ててやる、と申し出た。条件は、男の大変な苦労に対して、聖ラウレンティウスが太陽と月、もしくは両目を支払うことだ。あるいは、聖ラウレンティウスが男にその名前を言えば、男はすべてを無償で行う。聖ラウレンティウスは、仕事に満足したら、男が三つのうち一つを得ることに同意した。

この後、建物の建設は進行し、あと少しで完成となった。聖ラウレンティウスは建築家に約束した支払いに悩み、自分自身の目を失うことを恐れた。男の名前は知らず、知るすべもなく、天から太陽と月を取り去るのも不可能だ。このような悩みから、彼はルンドの野に分け入り、悲しみに沈んで丘の上に横たわった。しばらく横たわっていると、丘の中の洞穴《ほらあな》で、子どもの泣き声のような物音と叫びが聞こえた。対する母親はゆったりと答えた。

おしゃべりおしまい、愛するぼうや、
今すぐにでも、お前のフィン父さんがやってくる、
遊びに使えるお日さまとお月さまをお前にくれるよ、
それとも聖ラウレンティウスの目を両方。

これを聞いて、聖ラウレンティウスは嬉しくなり、建築家の名前はフィンに違いないと結論づけ、そして彼のところへ行った。男は厳しく仕事の報酬を求め、聖ラウレンティウスは彼に言った。「お前に平安を与

えよう、フィンよ、私はお前の仕事に報酬を支払った。」するとフィンは、妻とともに、この石柱のところへ降りて行き、このように柱をつかんだ。柱も教会全部もぶるぶる震えた。しかし二人は、瞬時に石に変わり、柱にしっかりと固定されてしまった。（Weibull 1907：31-32／翻訳：ペーターセン&中丸。文の区切りと段落分けは訳者による。なお、バーデンによる註「大司教アッサーによって一一四五年九月に献堂された」は、事実誤認。大司教アッサーは一一三七年に死去し、二代目大司教エスキルが一一四五年に献堂式を実施した。）

歴史研究者ヴェイブルはバーデンによる記録の構成要素がヴォルフと同じであることから、ヴォルフが文字として書かれたものが口承で伝わり、「民話」として定着したものをバーデンが記録したと考えている。ヴェイブルはこのことを「一六〇〇年代には、一人の作家の一つの文学テクストが、より根源的な物語の形式へと逆輸入された」（Weibull 1907: 33）と説明している。

ヴォルフ版が刊行されてからバーデンの記録までの一三年間の間に、創作は口承で伝えられ、「民話」として定着したことになる。第二部では、教会建設説話が大正期に水田光によって『鬼の橋』という作品に翻案され、それが日本の民話『大工と鬼六』として定着したという説を紹介するが、一七世紀の北欧でも同じ現象が起こっていた。

### （2）伝説の展開

一九世紀の北欧では、民話や伝説や民族への関心が高まり（☞83（36）頁〜）、関連書籍が多く出版された。こうした中、「民話」として定着した『巨人フィンの物語』は、民話の本の中でルンドの民話として紹介された。歴史研究者ヴェイブルが挙げる二つの民話本を見てみよう。

ニルス・ヘンリク・シェーボルイ（Nils Henrik Sjöborg, 1767-1838）の『北欧愛好者のための作品集』（一八二四）は、図説入りだ。

ニルス・ヘンリク・シェーボルイ

泉〔中丸註：地下祭室内の湧き水〕よりも北に、「図一一六」の柱を見ることができる。装飾の施された柱頭の下に像があり、大変醜いので、建設者がトロルを表現することを選んだことが分かる。このトロルは、巨人フィンと呼ばれているが、大きさは人間よりも少し大きい程度である。巨人や小人は最古の英雄時代に属する存在で、僧はトロルと悪霊について語り、ここで見ているものはアレゴリー〔中丸註：概念を擬人化したもの。たとえば「自由の女神」は「自由」のアレゴリー〕である。柱頭は天を表し、柱はキリストの教会と地と天を結ぶ会衆であり、この結合をトロルはひっくり返そうとするがうまくいかない。南の前側には、床から浮かび上がるように、「図一一七」を見ることができる。ここでは、トロルの妻が体の周りにベルトを巻き、腕に息子を抱き、柱の根本に這いずるように座っている。（Sjöborg 1824: 180-181）

シェーボルイはこの後、巨人フィンの物語の出自として『ギュルヴィたぶらかし』を紹介し、ルンド大聖堂の伝説について、以下のように続けている。

〔『ギュルヴィたぶらかし』と〕類似した展開がルンドにあり、聖ラウレンティウスが大聖堂を立てようとして、トロルの助けを得る。トロルは《諸聖人の丘》に棲み、仕事の報酬として太陽と月、もしくは聖ラウレンティウスの目玉を欲するが、この物語では、トロルの掟に従い、トロルの名前は、山を統治する際の秘密のうちで最も重要である。これを超自然的な方法で発見された場合、トロルは死なければならず、人間は、自分が与えたくびきと約束から解放される。

今や教会は完成し、ラーシュは目を失うことを恐れ、祈りに救いを求めた。丘の地下のトロルの妻が息子に話しかけるのを聞いたが、それは、次のような詩の一節であった。人口に膾炙したものは、ヴォルフの『デンマーク王国称揚』五七〇ページの詩だが、これは間違っている。トロルが韻を踏むのをためらうことは決してなく、正しい形は次のものだ。

図一一六

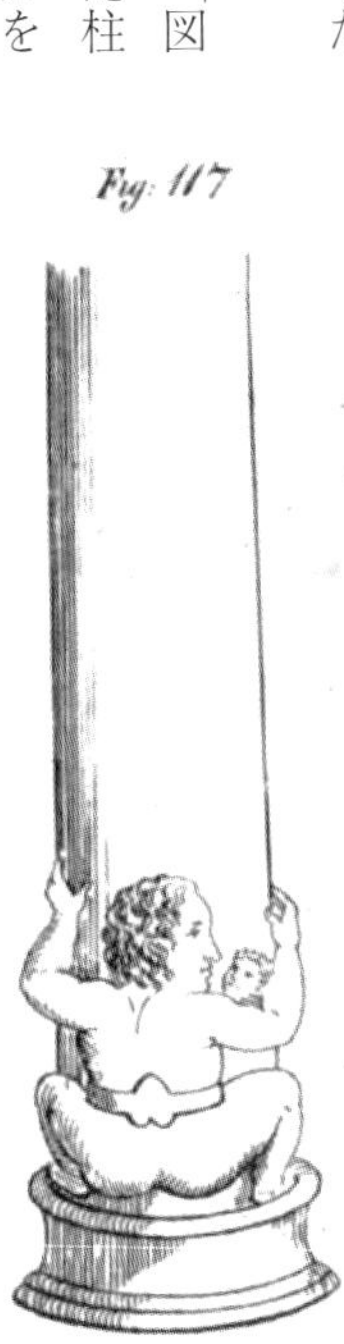

図一一七

おしゃべりおしまい、**わたしの**坊や
Tig stille sönen **min**.
フィンが来るよ、**お前の**父さん、
Finn kommer, fadren **din**

太陽と月、聖ラーシュの**目玉を**
Sol, måne, S:t Lars **öyen**
あの人は**この丘に**運んでくるよ
Han bringer hid i **höjen**. （太字強調、中丸）

一つだけ大切な石が教会の建物に欠けているというときに、トロルは来て、太陽と月を求めたが、ラウレンティウスは答えた。「フィンよ、お前に報酬はやれないぞ。まだ教会は完成していない、分かるだろう。」

教会の地上部分が地下部分の上に建つことを知っており、フィンは、怒り悲しみながら、妻とともに地下祭室へ行き、そこで二人はそれぞれの柱にしがみついて、すべてを引き倒そうとした。――この場所で、ラウレンティウスは、地上にも地下にも力を持つ者の名のもとに、彼らを石に変えた。この物語における彼らを、今、ここで、見ることができる。欠けている石がはめられたかどうか、物語の作者は述べていないが、しかしながら確かなことは、わたしが記憶する限り、人はこの教会を常に修理し続けてきたということだ。

(Sjöborg 1824：181)

歴史研究者ヴェイブルがシェーボルイを紹介したのは、先行研究を踏まえてのことだ。先行研究の執筆者は、民俗学研究者のカール・ヴィルヘルム・フォン・シドウ（Carl Wilhelm von Sydow, 1878 – 1952／俳優マックス・フォン・シドウの父）である。民俗学研究者シドウは、シェーボルイがヴォルフの名前を挙げていること、さらに、ヴォルフの示す子守唄に異議を唱えていることを特に指摘する。

「子守唄の修正」はわたしにとっても面白いトピックだったので、補足しておきたい。シェーボルイの子守唄の太字部分は一行目が「ミン」、二行目が「ディン」、三行目が「エイエン」、四行目が「ヘイエン」と発音する。一行目と二行目、三行目と四行目のように、詩行の末尾を異なる子音かつ同じ母音で構成することを「脚韻を踏む」という。これを踏まえて、ヴォ

カール・ヴィルヘルム・フォン・シドウ

ルフ版を原文と共に見てみよう。なお、ヴォルフ版はデンマーク語のため、同じ意味であってもスウェーデン語のシェーボルイ版とは綴りが違ったり、同じ綴りでも発音が違ったりする。

おしゃべりおしまい、**わたしの**坊や
Tijg stille Sønnen **min**
すぐにフィンが来るよ、**お前の**父さん
i Sted kommer Find Faderen **din**
そしてお前にくれるだろう、**使って**遊べる太陽と月、
oc skal giffve dig Soel oc Maane at lege **med**
それとも聖ラウレンティウスの二つの**目**
eller begge S. Lauritzes **Øyen**.
（太字強調・下線、中丸。原語との対応を分かりやすくするため、106（13）頁とは違う訳をした）

ヴォルフ版の三行目「メド」と四行目「オイエン」は脚韻を踏んでいない。一行目・二行目は、語彙選択・意味内容共にシェーボルイ版とほぼ同じで、一行目「ミン」と二行目「ディン」は脚韻を踏んでいる。ただし、一か所だけ違うところがある。シェーボルイはヴォルフの二行目冒頭にあった「すぐに」を削除している。これはおそらく、「音節」数を一行目とそろえるためだろう。日本の俳句や短歌が五音・七音で構成されるのに対し、欧米の詩においては、「音節」の数が考慮される。音節数は文字数ではなく、母音の数で決まる。シェーボルイの子守歌は、一行目と二行目が六音節、三行目と四行目が七音節になっている（三行目の母音の数は六個に見えるが、S:t は Sankt の略なので、七音節となる）。シェーボルイの巨人は、音節数をそろえ、リズムの良く脚韻を踏んだ子守唄を歌う、知的で芸術的な巨人なのだ。

スウェーデンの民話収集家として著名なアルヴィド・アウグスト・アフセリウス（Arvid August Afzelius, 1785 – 1871）も、『スウェーデン民族の物語冊子』（一八四一）で、ヴォルフ由来の民話を再話している。

この時代のゴシック建築の名品と言えば、ルンド大聖堂で、建物は大変大きく、古い時代の記念的な物が多く存在している。**巨人フィン**は、この教会を建てたと言われており、巨人、巨人の妻、小さい赤子の石に彫られた像が素晴らしいアーチ群の中にある。ここは**地下祭室**と呼ばれている。それに関する伝説は次のものだ。聖なるラウレンティウスが山と森の中を歩き回り、考えていた。どのようにすれば、主の栄光のために、真に大きく素晴らしい神の寺院を建設することができるのか。そのとき、見たこともないような巨人が森の中からやってきて、彼の望みを満たすことを約束したが、その条件は報酬として、「太陽と月と聖ラーシュの両眼」を差し出すことだった。短い時間での申し出で、この仕事を完成させるのは不可能に思えた。しかし、神に仕える男は建物が完成に近づいているのを目の当たりにし、苦悩のうちに、トロルがやってきて報酬を要求する日が近づいているのを目の当たりにした。こうして彼は悩みながら再び町の外へ出ていき、

山と森の中を歩き回った。そして急に彼は山の中で、赤子が泣き、母、つまり巨人の妻がそのために歌っているのを聞いた。

「おしゃべりおしまい、わたしの息子！
明日になったらフィンが、お前の父さんが帰ってくるよ、
そうすればお前は太陽と月で遊べるよ
そして聖ラウレンティウスの目玉が両方だ」

今や、聖ラーシュは巨人の名前を知り、彼を支配する力を得た。トロルはそのことに気づくと、妻と二人でアーチから滑り降り、それぞれ柱をしっかり持って、教会全体を崩そうとした。しかしその時、聖ラーシュは叫び、それと同時に聖なる十字を切った。「審判の日まで石になってそこに立っていろ！」――そしてすぐに彼らは石に変身し、それは今もそこに残っている通りである。巨人は一つの柱を抱き、巨人の妻は腕の中の子どもとともに、もう一つの柱を抱いている。
（Afzelius 1841: 98）

民俗学研究者シドウは、ヴォルフ版で教会完成前に巨人が報酬を要求する不自然さ、アフセリウス版で聖人が名前を知ったことを巨人が知る経緯が書かれていない不自然さなどを挙げ、これらは人為的に創作されたものであるため、民俗資料としての価値を認められないと評価している。
それに代わり、シドウは民間調査により三種類の「真正版」の収集に成功した。

一．一人の僧（名前はない）がルンドに教会を建てようとし巨人と接触する。子守唄：眠れ、眠れ、わたしの息子！／明日に来るよ、フィンが、お前の父さんが／そうすれば太陽と月で遊べるよ／それとも坊さんの二つの目玉で。巨人は、教会は永遠に完成しないと言って消える。その妻については語られない。

二．一人の男（名前はない）がルンドに教会を建てようとし、巨人と接触する。子守唄：眠れ、眠れ、わたしの息子！／明日に来るよ、フィンが、お前の父さんが／あの男の心臓の血を持って／それとも太陽と月を持って。巨人が最後の石を置こうとしたとき、男は言う。「フィンよ、最後の石はもっとうまく置け！」フィンはその石を投げ、教会は完成しないと言い、消える。その妻については語られない。

三．一人の男（名前はない）が教会の建物（語り手女性はどの建物か覚えていなかった）を依頼するために巨人と接触する。男が巨人の名前を当てられなければ、巨人は男の片目（太陽と月ではない！）を手に入れる。（語り手女性は子守唄は忘れた。）巨人に対する男の言葉は「フィンよ、この石はもっとうまく置け！」巨人の妻については述べられない。（Sydow 1907: 69）

シドウは、「真正版」では、巨人にかける言葉が、民間伝承にふさわしいものに「入れ替えられている」と主張する（これを敷衍すると、シドウの主張は、フィン伝説そのものは人為的だが、民話として定着する過程で、民話らしい表現が付け足されたことになる）。比較対象として挙げられるのが、デンマークの民話である。「なあ、フィンよ、わたしのために最後の石を置いてくれ」（ドロニングルンド）、「フィンよ、石を置け」「おお、フィンよ、わたしのために石をもう少し奥に詰めてくれ」（ヴィンほか）、「なあ、フィンよ、最後の石はうまく置け」（シェドストループ）、「フィンよ、わたしのために石は曲げて置いてくれ」（オールスゥ）などの台詞が挙げられている。

「真正版」の民話で巨人の石化に言及されないことから、シドウは巨人の教会建設説話は、地下祭室のフィンの像から生じたのではなく、ヨーロッパの教会建設説話の一つとして成立し、人為的にフィンの像と結びつけられたと主張している。

### (3) 創作

（1）「最初の記録」、（2）「伝説の展開」で紹介した物語は、（実際には作者による創作である場合にも）「伝承」の筆記として提示されていた。一方、一九世紀には、フィン伝説をもとにした創作作品も登場する。スウェーデン文学史を代表する詩人エサイアス・テグネル（Esaias Tegnér, 1782 – 1846）の未完の詩『イェルダ』だ。テグネルはルンド大学で学び、ギリシア語教員として長く教鞭をとった。

エサイアス・テグネル

『イェルダ』は、『巨人フィンの物語』を描くプロローグと、それに続く四つの歌から成る。一一四八年のルンドを舞台に、フィンの娘イェルダとデンマーク史上の人物アクセル・ヴィーゼ（後のルンド大聖堂の大司教アブサロン）の恋愛を描いた作品だ。アブサロンが仕えたデンマーク王ヴァルデマー一世や、彼らのことを『デーン人の事績』に記録した歴史家サクソ・グラマティクスも登場し、農民反乱や「デーシェブローの戦い」といった同時代の出来事も盛り込まれる。残された草稿から分かるストーリーの構想は、次のようなものだ。

サクソ・グラマティクス（ルイス・モー筆）

コペンハーゲンにあるアブサロン像。2013 年撮影

二〇歳のアクセルは、巨人イェルダを愛し、巨人のイェルダが魂の至福を得られるよう、イェルダとの結婚を諦めて聖職に就く。一〇年後にフランスから帰国したアクセルは、デンマークのロスキレ司教、のちにルンド大司教に任命され、イェルダと兄のセルヴェの改宗と洗礼を成し遂げる。セルヴェはブレーキンゲの境界に城を立てる。イェルダは父が住んでいた《諸聖人の丘》に修道院（☞35頁）を立て、壁に囲まれた修道院の院長として人生最後の日々を迎える。

『イェルダ』は、プロローグと第一歌のみが完成している。テグネルは晩年に執筆を再開したが、作品全体を完成することはできなかった。ただ、以下のような締めくくりの二行が残されている。

サクソは塵と化し、アブサロン自身もイェルダもまた同じ。

彼女が築いた壁は、もう廃墟すら残らない。

以下に、プロローグを訳出する。なお、原文は韻文だが、紙幅の関係から改行は反映しない。

ルンドの《諸聖人の丘》の上、娘と妻は薫る空気の中を散歩した。ここには昔、巨人の一族出身の一人の戦士が住んでいた。彼はその地下の洞穴に住居を構えていた。

聖ラウレンティウスが、サクソン人の国からやってきた。キリスト教の教えを携え、天国のことを教えた。あらゆる丘は、主の太陽で照らされた説教壇だった。しかし、教会は、彼が持っていないものだった。

その時、巨人が嘲笑を込めて言った。「白いキリストさんが、神殿で祀られるような神様だってのは間違いない。俺が、俺が教会を建ててやろう、お前さんはただ、言えばいい。俺がどんな名前なのかを。――そうすりゃ教会は、壁に囲まれて完璧だ。だがな、名前を言えなけりゃ、賢者さんよ、俺の罰に注意しな。お前さんは俺に、うちのガキんちょたちに、松明を二本くれなきゃならない。天国の平原を歩き回れるように。」

「汝、異教徒の愚か者よ、神のおわす天の原は、太陽と月が行くところ。善きも悪しきも青を見上げ、賢者も愚者も照らすもの」

「賢明な答えだ」と巨人は行った。「太陽と月がなければスコーネは真っ暗になるな、それは俺にも分かる。いいだろう、俺はお前自身が持っているものが欲しい。お前の両目だ。太陽と月からは手を引こう」

「教会が建設されるなら」と敬虔な男は答えた。「私の両目を報酬として、お前に喜んで与えよう。天国の光景はそんなことで消えはしない。天にいます神様、神の称揚は盲人にも知らせることができるのだから」

今やその区域は聖別され、祈りが捧げられ、基礎が築かれる。巨人は仕事を急ぐ。最初に地下祭室のアーチを作る。彼の住居の似姿だ。昼から切り離し、まるで天国のようにしっかりとしたアーチをつける。

それからロメレクリントに向かう。木の根を解きほぐして山を運ぶ、しっかりとした足取りで。そして踏みつけ粉々にする、鉄の靴を履いた足で。

石の塊よ、横になれ、鉄の鎹《かすがい》よ、支えろ。トロルが築いた壁よ、トロルのようにでっかく育て！坊さんは俺の名前を知らない。生まれたばかりの娘は、奴の目玉で遊ぶんだ、月が丸くなる前に。

大きな壁が急速に立ち上がる。大地のようにしっか

りと、巨人が作った教会は地面から立ちあがる。力強い両肩の上に柱の列があり、高くそびえたアーチを支えている。

　高く小尖塔に巨人は嬉しく座り、笑い、歌う。「教会に欠けているのはほんの少しだけ、俺は壁また壁を積み上げる。太陽が沈む前に、坊主は俺に与えるんだ、俺の名前を——さもなきゃ目玉を。」

　《諸聖人の丘》では、悲しい勇気をもって聖ラウレンティウスが立っていた。そして真昼の星を見上げた。「あなたはわたしに目を与えた、父であり友である神よ、それを再び取り去ってください！あなたは知っておられる、私が喜んで目玉を犠牲にすることを。あなたの天はなんと青く、地はなんと緑なのか、あなたの太陽はなんと美しいのか！しかし——わたしはあなたと争うことはできない。おお、私にそれを見せてください——私の視力はもう長くないのです——あともう一度、最愛の時に、最後の時に！ご覧ください、父なる神よ、あなたの天から地上の私を、哀れな盲人を。言葉と霊で私に力を与えてください。夜の道を歩こうと、私はあなたに不満を述べません。あなたを讃えます。そして光あふれる国を待ち望みます。」

　その時彼は歌を聞いた。奇妙な歌で、枝から来たのではなく、空から来たのでもなく、大地から来ていた。それはざわめいた、島の地下の嵐のように、遠くの海のように。——しかしついに、彼はその言葉を理解した。

眠れ、小さなセルヴェ、眠れ、わたしの息子！
お前のフィン父さんが、
あそこの上に座って壁を作っているよ。
眠れ、小さなイェルダ、わたしの美しい娘！
お前のフィン父さんが、
夕方までにお土産を持ってくるよ。

教会に向かい、聖ラウレンティウスは喜んで出発した。

　フィンよ、フィンよ、高いところから降りてこい！塔の上に欠けているのは石がたったの一つだけ。それはこれから置かれるが、神様は私の目を守ってくださった。


「そうだ、俺の名前はフィン、巨人の一族だ。簡単には置けないぞ、この石は——お前に呪いをかけてやる。お前の教会は、永遠に廃墟のままだろう。外側も、内側も、決して完成しない。だが——、俺の名前はフィン」彼は怒って続けた。「壊してやるぞ、このバカげた、スカスカの穴っころを」——こうして彼は怒り狂ったまま駆け下りて、地下祭室に根付いた基礎柱をつかむ。

　彼は揺すぶり、また揺すぶる。建物全部が崩れ始めたその時、力が突如、彼から失われる。石になったフィンはふたたび命を得られない。——それでも彼は立ち、大きな柱を抱きしめる。

　そしてその時から長い時間、何百年もの間、寺院は立っている。いつも何かが欠けたまま、何年も何年も、建設はされるが完成しない。それが故にフィンは罪がある。——大聖堂評議会にはない罪が。（Tegner 1818:203-208）

　詩人の創作は、その後、民話の中に取り入れられる。たとえば、テグネルの創作したフィンの娘「イェルダ」は、現在の伝承において、フィンの妻「イェルダ」として伝えられている。

　ヘルマン・ホフベルイ（Herman Hofberg, 1823-1883）の『スウェーデンの民話』（一八八二）に掲載された「巨人フィンとルンドの大聖堂」は、テグネル『イェルダ』の巨人と聖人の会話を織り込んで（そこに註も付けて）民話として提示されている。全文を見てみよう。

ヘルマン・ホフベルイ

　ずっと前に消えてしまった時代の話。ルンドの《諸聖人の丘》には巨人の一族が住んでいて、一人の聖人に怒りと不安を覚えた。聖人は、ルンダゴールドに白いキリストのため教会を建てようと、サクソン人の国からやって来たのだ。
　ラウレンティウスが——それが聖人の名前だった——寺院を建てる場所に杭を立てていると、彼の傍らに、ある日、《諸聖人の丘》の巨人以外の何者でもない者が立っていて、言った。
「白いキリストさんが、神殿で祀られるような神様だってのは間違いない。俺が、俺が教会を建ててやろう、お前さんはただ、言えばいい。俺がどんな名前なのかを。——そうすりゃ教会は、壁に囲まれて完璧だ。だがな、名前を言えなけりゃ、賢者さんよ、俺の罰に注意しな。お前さんは俺に、うちのガキんちょたちに、松明を二本くれなきゃならない。天国の平原を歩き回れるように。〔註：テグネル『イェルダ』のプロローグ〕
　巨人の世界での取り決めによれば、巨人の名前は巨人統治の秘密における最重要事項であり、発覚した暁には、巨人は死ななければならず、巨人に捕らわれていた人間は解放される。天国の松明、すなわち太陽と

月を、ラウレンティウスはもちろん、建設の報酬とすることはできない。しかし、教会を建てるために喜んで、太陽と月の代わりに自分の目を巨人に差し出すことにした。すべての希望は、教会が完成する前に、聖人が巨人の名前を口にすることに成功することに存在した。巨人はこの提案をすると、驚異的な速さで教会を高く作っていった。すぐに、建物は、塔の上の石が一つだけ欠けているだけとなった。その石が置かれるはずの日に、聖ラウレンティウスは《諸聖人の丘》に行き、深い物思いに沈んだ。彼が天の光を見るのはこれが最後で、次の日には彼を取り巻くすべては暗闇に包まれる。暗い考えに浸りながら、彼は洞窟の中で一人の子どもが泣き、女巨人が歌を歌って黙らせようとしているのを聞いた。その中で、彼は次のような言葉を認識した。

静かに、静かに、小さいぼうや！
明日になったらお前の父さん、フィンが、来てくれる
月と太陽、それともラウレンティウスの目を持って

喜びで我を忘れ、聖ラウレンティウスは教会に急いだ…「下りて来い、フィン！」彼は叫んだ。「残りの石は、私たちが自分で置ける。…下りて来い、フィン！…今や、私たちはお前の助けを必要としない…」

怒りで煮えくり返りながら、巨人は塔から地下祭室へと降り、力強い腕に柱の一本を抱いて、建物を崩そうとした。同時に女巨人が子どもと一緒に夫の破壊を助けにやって来た。しかし、ちょうど寺院が倒れようとしたまさにその時、二人は石に変わり、今でもそこに立っている。自分の柱を抱いたまま。（Hofberg 1844:12-13. 註はホフベルイによる）

ルンド大聖堂地下祭室のイェルダとセルヴェ

このように、巨人フィンの物語は、無数に派生形がある。わたしがまだ知らないバージョンも、もちろんたくさんある。名残りは尽きないが、ルンド大聖堂の案内人ラルソンさんから聞いた面白いエピソードを二つ、紹介して終わりにしよう。

一つ目は、像の正体に関するものだ。ラルソンさんは「巨人フィン」について、旧約聖書の勇士サムソン説を教えてくれた。では、妻のイェルダはというと、こちらは「建築家」であるという。イェルダは腰に、背中部分が広いベルトを捲いているが、建築家は足腰を保護するため、こうしたベルトを身につけるという。つまり建築家は、ルンド大聖堂を作る自分の姿を刻んだのだ。ただ、この説では、赤ちゃんがなぜいるのかは説明できないという。もしも「イェルダ」が建築家だとすれば、この建築家は、教会を建てようとする自分自身と、壊そうとするサムソンの双方を作ったことになる。

もう一つは、わたしがラルソンさんに、「巨人フィンの物語には、色々なバージョンがありますが、あなたが最初に聞いた話はどのような話ですか？」という質問をして答えてもらったバージョンだ。巨人フィンは石化したまま、最後の石が置かれ、教会が完成するのを待っている。フィンは教会が完成してから蘇り、教会を完全に破壊しようと企んでいるのだ。その日を待ちながら、フィンは石の姿で地下祭室に立ち、教会を支え続けている。

◆◆◆

**コラム**

『イェルダ』の作者テグネルは、スウェーデンでもっとも有名な古典作家の一人。ストックホルムには「テグネル公園」という公園があり、『長くつ下のピッピ』で有名な作家アストリッド・リンドグレーンが近くに住んでいた。リンドグレーン『ミオよ、わたしのミオ』はテグネル公園で物語がスタートする。不思議なことに、テグネル公園にはテグネルの銅像はなく、一九四二年にアウグスト・ストリンドベルイ、一九九六年にリンドグレーン（マヤリーサ作）が設置された。銅像にはリンドグレーンと共に、ストックホルムを舞台にした作品の登場人物が造られている。小人の兄妹ペーテルとペトラ、空を飛ぶ不思議なおじさん「リリョンクヴァストさん」の姿も見える。ストックホルムを舞台にした作品群は、悲しみや孤独や不自由な日常に不思議な存在がふと表れて、子どもに生きる力を与える。巨人やトロルにも、そうした機能があるのかもしれない。

## 3.「フィン」という名前の由来

「フィン」という名前が何に由来するのかは、諸説あって定まっていない。

一つの説はケルト神話の「フィン・マックール」に由来するというものだ。フィン・マックールは、エリン（アイルランド）の上王に仕える「フィアナ騎士団」の団長で、金髪のために「フィン」（古アイルランド語の finn（もしくは fynd）は、「白い、明るい、輝く、光」などを意味し、転じて「正しい、真の」の意味も持つ）と呼ばれた。比較神話学・古英語研究者の水野知昭（一九四九〜二〇〇五）は、

民俗学研究者シドウらの先行研究を引きながらアイルランドの伝説が巨人フィンの起源であるという説を紹介している。

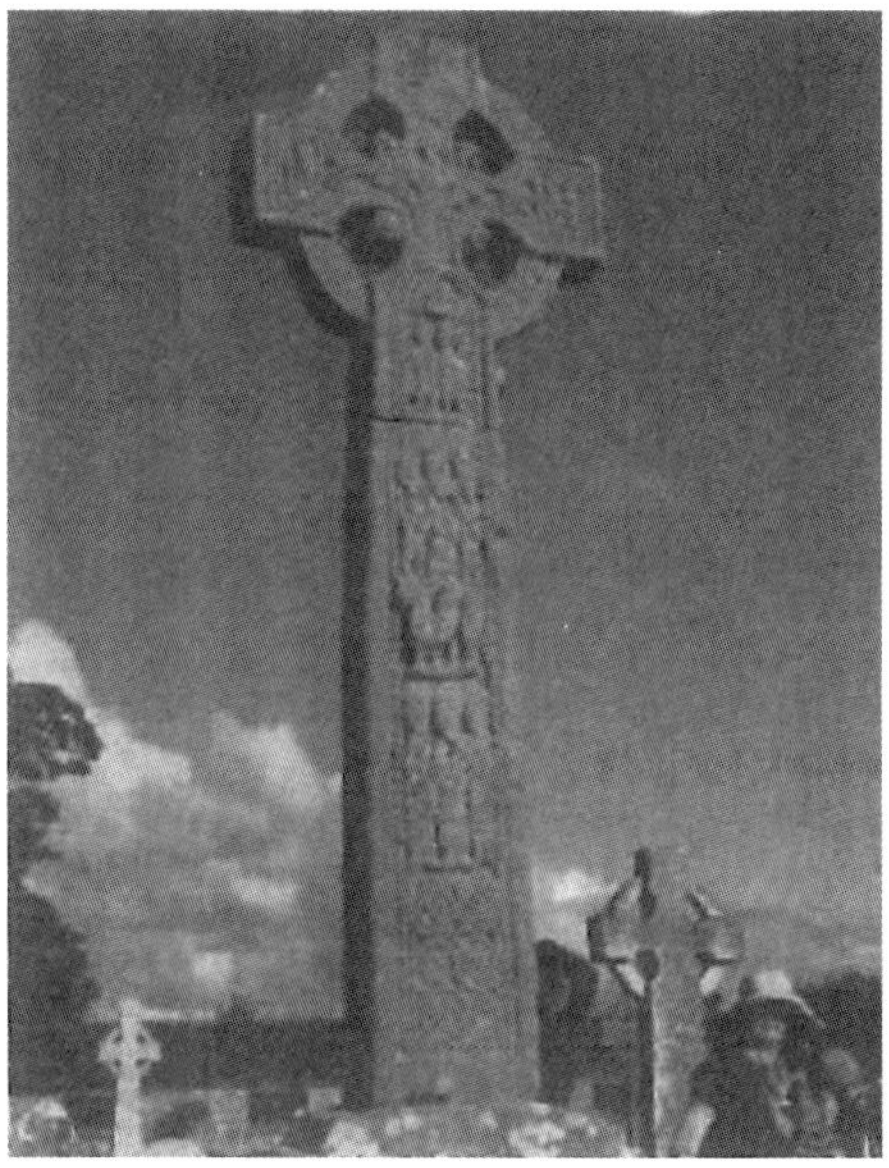
フィン・マックールゆかりの地アイルランド・スライゴー　ドラムクリフの高十字架。撮影：渡辺洋子

水野知昭。e-tonamino.com より引用

さらに水野は、先行研究を踏まえ、「フィン」という名前についてサーミのイメージが組み込まれた可能性を指摘している。やや複雑だが、水野の議論を順を追って紹介しよう。

「フィン」(Finn)や、それが変形した「フィング」(Fing)、「フィンド」(Find)、「ヒン」(Hinn)などの名前の語源は、古ノルド語「フィンル」(Finnr)で、『巫女の予言』(☞77(42)頁〜)には「フィンル」という名前の小人が登場する。一方、スカルド詩では「山のフィン」は「巨人」を意味する。「小人」と「巨人」は一見正反対に見えるが、「異形の者」であるという共通点がある。北欧神話において、小人は、鍛冶が得意な存在だ。古エッダ『ヴェルンドの歌』の主人公「鍛冶屋ヴェルンド」の父は「フィンル」という名前である。そして、多くのサガで、「フィンル」は、先住民「サーミ」(☞45頁)を意味していた。

サーミは、歴史の中で様々な呼ばれ方をしてきた。スウェーデン語で長く使われてきた「ラップ人」は蔑称とされ、現在は民族名としては用いられないが、「ラップランド地方」という地方名としては存続している。フィンランドの「フィン人」と混同されることも多かった。「フィン人」の言語フィン語は、サーミ語と同じ「フィン・ウゴル語派」に属し、スウェーデン語やノルウェー語とは「語族」が異なる。(☞46頁〜)ルーツの詳細は不明だが、フィン語の原型を話す人々は、氷河期にヴォルガ河流域から移住したという説がある。中世になると、フィンランドは十字軍遠征によりキリスト教化され、一三世紀以降、スウェーデン王に統治された(☞49頁〜)。水野は、古いアイスランド語で「フィンナル」(Finnar)がサーミとフィン人の双方を表すこと、一世紀末に書かれたタキトゥス『ゲルマニア』第四六章には「フェンニ」(Fenni)という集団についての記述があるが、これについてもサーミを指すか、フィン人を指すか、説が分かれていることを指摘する。つまり、「フィン」という言葉は、長い間、キリスト教化されたゲルマン語系の北欧人にとって、周辺の異民族を意味した。鍛冶屋ヴェルンドの父「フィンル」については、サーミ(水野論文では、執筆の時代上「ラップ人」という名称が使われているが、本解説では「サーミ」に読み替える)の種族名を指すという通説がある。サーミが「奇怪な魔術を弄する人々」として忌避される一方、「フィンル」が人名としても多用されていたことから、必ずしも侮蔑的なニュアンスばかりではなく、少なくとも初期の段階では、「特別な技能を備えた極北の人々に対する尊敬または畏怖の念が込められていた」(水野二〇〇〇：九八頁)。

ノルウェー北部はサガにおいて「フィンモルク」(Finnmörk)〔現在もノルウェーの地名「フィンマルク」(Finnmark)として名前が残る〕と呼ばれた。「モルク」は「森」の意味だが、同時に「境界」「辺境」を含意する。『エギル・スカッラグリームソンのサガ』第一四章には、フィンモルクが、トロンハイムの北に隣接するノイムダル〔中丸註：ナウムダル、ナムダル、ナムダーレンとも〕から、スウェーデン北部、フィンランド、ロシアへと広がる「急峻なる山々の彼方」の領域として規定されている。「航海術の発達したノルウェー人にとっては陸路よりも海路の方がアプローチは容易であったであろうが、その逆に南下したFinnr〔ラップ人〕〔中丸註：複数形Finnar〕が目の前に出現した時には、あたかも「山々や森の彼方から来訪した異人」のように映じたであろう。」(水野二〇〇〇：九九頁)Finnrという名前は、古ノルド語の「見つける」(finna)を由来とする「家畜(トナカイ)を集める遊牧の民」とする説もあるが、水野自身は「訪れる、見出す、出会う」(finna)に由来し、山や森の中から突然来訪する神出鬼没の建設工を意味すると推察している。

この議論は、「フィン」という名前の持ち主のみならず、小人や巨人という異形の者の表象史と関連する。水野によれば、巨人やトロルや小人は、周辺の異民族、現代的な言い方をすれば先住民が、神話・民話・伝説に取り入れられた姿である。絵本『巨人フィンの物語』の解説には、「古い世界の支配者たちが、新しい時代の神と、新世界の支配権をめぐって競争する」という文言があった。この解説者は北欧神話や『巨人フィンの物語』の巨人を、「古い世界の支配者」と捉えていることが分かる。これらをまとめると、支配者たちの周縁にいる者たち、あるいは、組織力や技術が未発達であるがゆえに、支配者たちに敗北し周縁に追いやられた者たちは、巨人や小人、トロルなど、森(＝非文明圏)に棲む奇妙な姿の生き物として表されていることになる。フィンの物語と先住民表象、世界の支配権は、

どのように関係があるのだろう。第一部を締めくくるにあたり、考察してみたい。

　水野は、『ギュルヴィたぶらかし』で、鍛冶屋の正体が山の巨人であることに気づいた神々が、東方にいた雷神ソールを呼び戻し、ソールが巨人を殺したことについて、「危急のとき、その名を呼べば馳せ参ずる神であったソールは、ここでもまさに神界と人間界の守護者としての面目躍如たるものがある」と述べる。ソールは、北欧神話に触れたことがある人には、例えば次のようなエピソードにより、馴染み深い存在だろう（ダイハツの車「トール」の由来にもなっている）。

　屈強なソールが、ある時、老婆と相撲をして敗けてしまう。しかし、老婆の正体は誰にも勝てない歳月であった。

　ソールの妻が自慢の金髪をいたずらもののロキに剃られ、ソールは怒り狂ってロキを追い回す。ロキは小人に命じて金を加工して素晴らしい金髪を作らせ、植毛することで九死に一生を得る。

　ソールが大事な鎚ミョルニルを巨人に盗まれる。鎚を返してもらう条件は美しい女神フレイヤが巨人に嫁ぐことだった。屈強なソールは女神に変装し、四苦八苦して鎚を取り返す。

ルンドで19世紀に出土した銀製のトールのハンマー。1000年ごろの作

　エピソードの豊富さは人気の証でもある。雷神、すなわち、天気を操る神ソールは、長い間、多くの地域で強く崇拝された。

　ところが、キリスト教時代になると、ソールの位置づけは大きく変わる。土着信仰が「異教」となったことにより、ソールはキリスト教を妨げる存在として認識されるようになった。水野は、ヨーロッパ大陸で発生した教会建設説話が、北欧ではまずノルウェーのトロンハイムに伝わり、巡礼の拠点だった同地から、巡礼者たちを通じて北欧各地に広まったとする、民俗学研究者シドウの説を踏襲する（水野二〇〇〇：九九～一〇〇頁）。トロンハイムのニダロス大聖堂建設説話は、『巨人フィンの物語』とは以下の三点が異なっている。

一．聖人は聖ラウレンティウスではなく、聖オーラヴである。聖オーラヴはしばしば、斧を持った姿で表される。

二．巨人の名前は「スカッレ」が多いが、「風と雷雨」（Vind och Väder／水野は二つまとめて「嵐」と訳出）、「突風」（Bläst）とするものもある（☞89(30)頁～）。

三．名前を当てられた巨人は塔から落ちて粉々に砕け、石や火打ち石になる。

　水野は以下の通り、各種資料を引きながら、トロンハイムの教会建設説話の巨人の「原姿」がソールであると述べる。

◆『ニャールのサガ』（☞51頁）一〇二章には「ソールはキリストに決闘を申し込んだが、キリストはソールと戦おうとはしなかった」との文言がある。根強いソール崇拝がキリスト教布教の障壁となったことを示している。

◆『植民の書』一五章には、嵐を鎮めるためソールに犠牲をささげる描写がある。つまり、ソールは「風と嵐を司る神」である。『巨人フィンの物語』の類話には、巨人の名前を「嵐」、「突風」（Bläst）とするものがある（☞89(30)頁～）。理由の一つは、「その原姿にソールの本性が潜んでいるから」である。〔中丸註：写本間で異動があるものの、「ストゥルラ本」第一五章はキリスト教徒の入植者の話。第八五章にソールについての記述はあるが、嵐に関する直接の記述はない。情報提供：成川〕

◆タキトゥス『ゲルマニア』三章に、戦いに赴く際にヘラクレス（Hercules）を讃える描写があり、ギリシア・ローマ神話におけるヘラクレスは、北欧神話におけるソールに相当する。三世紀のドイツ・ボンの碑文などで、ヘラクレスは「採石夫の守護神」として崇拝されていた。ソールもまた、「城塞の守護神」「鎚をふるう神」として崇拝されていたと類推される。

◆ソールの鎚は、災厄をはらう護符として用いられていた。キリスト教時代に、ソールの鎚はキリストの十字架と対立関係に置かれた。

　水野によれば、聖人に調伏される巨人やトロルは、「キリスト教によって敵対視されたソールの零落した姿を部分的に引き継いでいる」。一方、斧をふるう聖オーラヴには「槌を愛用の武器として巨人退治をするソールの性格」が受け継がれている。このように、北欧神話におけるソールは、教会建設説話においては「建設請負人と依頼人の両者の性格に分裂」している。（水野二〇〇〇：一〇六～一〇七頁）

　水野の説をわたしの関心に引き寄せて言い換えると、『巨人フィンの物語』において、わたしたちは、聖人と巨人の双方にソールの姿の名残りを見ることができる。聖ラウレ

ンティウスには、巨人を退け神々と人間の世界を守る姿。巨人フィンには、根強く崇拝されながら、キリスト教の神に退けられる、異教の神としての姿。長きにわたって権勢をふるった宗教の力ある神であっても、時代が変われば零落し、倒されるべき巨人として表されるとも言えるし、そうした存在は時代が変わっても伝承として語り継がれるとも言えるだろう。

ニダロス大聖堂正面の聖人像。中央の斧を持つ人物が聖オーラヴ。

水野は、教会建設説話に聖オーラヴが斧を使ってトロルをとらえ、「自分の玉座の下に、生きている限り枷で捕縛しておいた」（水野二〇〇〇：一〇一頁／エーベルイがウップサラで収集した民話を水野が翻訳）とする類話があること、一三世紀から一五世紀のノルウェーやスウェーデンで、聖オーラヴがトロルを玉座の下に捕縛したり、足で踏みつけたりしている像があることを述べる。水野はこのことから、教会建設説話が、記録されたのが一六世紀であるとしても、口承伝統は一三世紀に遡れることを説明する。こちらもわたしの関心に引き寄せて補足すると、ニダロス大聖堂の外壁には聖人や聖書の登場人物がびっしりと彫られているが、それらの人物には聖オーラヴのように、異形の者を足の下に敷いているものが少なくない。また、ルンド大聖堂の巨人フィンの柱の背後には、カトリック最後の大司教の石棺がある。普段はこの石棺を真上から見ることはできないが、ルンド大聖堂建設九〇〇年のポスターの写真を見ると、この石棺に彫られた像も異形の者を踏みつけている。これらの表現は、異形の者が、権力者によって単に退けられるだけでなく、権力者の統べる世界を作る礎として利用されていることをも示している。『ギュルヴィたぶらかし』では巨人が（完成しなかったものの）城砦のほぼ全体を作り、『巨人フィンの物語』では、フィンは教会の（石一つ分を除く）全体を作るだけでなく、石化して教会の一部となる。民話の中で退けられる存在として描かれることによっても、巨人は現在の世界を支えている。

ルンド大聖堂玄関間の九〇〇年記念ポスター。ルンド大聖堂のご厚意により掲載。

# 第二部　教会建設説話から『大工と鬼六』へ

## 1.『大工と鬼六』の源流

### (1) 絵本『だいくとおにろく』

日本には、『巨人フィン』とそっくりな話がある。岩手県の昔話『大工と鬼六』だ。まずは有名な絵本『だいくとおにろく』(松居直再話、赤羽末吉絵、福音館書店、一九六二)に沿って、ストーリーを確認してみよう。

絵本『だいくとおにろく』。1962年、「こどものとも」として刊行。現行版は1967年初版発行、2023年4月1日現在121刷のロングセラー。

昔、あるところに、流れの速い、大きな川があった。その川に橋を架けるのは困難であった。人々は名高い大工に架橋を依頼する。依頼を受けた大工が川に行くと、川の中から鬼が出てきて、大工の目玉と引き換えに、自分が橋を架けるという。たった二日で橋を完成させた鬼は、大工の目玉を要求する。大工が「待ってくれ」と懇願すると、鬼は、自分の名前を当てることを条件に、大工を許すことを約束した。大工が山の中へ逃げていくと、「はやく　おにろくぁ　めだまぁ　もってこばぁ　ええなぁ――」という子守唄が聞こえてきた。次の日、大工は川へ出かけた。鬼に対し、わざと「がわたろう」「ごんごろう」「だいだろう」という間違った名前を言った後、「おにろくっ！」と怒鳴ると、鬼は「きいたなっ！」と悔しがり、消えてしまった。

序文で書いたとおり、『大工と鬼六』は、ノルウェー・トロンハイムのニダロス大聖堂の教会建設説話に由来する。第二部「教会建設説話から『大工と鬼六』へ」では、『大工と鬼六』が日本の民話として定着した経緯と背景、一九八〇年代にそのことを突き止めた人々について書いてみたい。

### (2)『大工と鬼六』翻案説

『大工と鬼六』がニダロス大聖堂の教会建設説話に由来するという説は、二人の研究者を中心とした、日本の口承文芸研究で明らかになった。高橋宣勝（一九四二〜二〇〇二）が、『大工と鬼六』の北欧教会建設伝説「翻案説」を出し、櫻井美紀（一九三三〜二〇一〇）が翻案を発見したのである。

高橋宣勝。英文学から比較民話学に専門を変えて頭角を表し、ヨーロッパと日本の口承文芸の研究に従事した。The northern review (30)（北海道大学英語英米文学研究会）より引用。高橋健一郎氏のご厚意により掲載。

まずは高橋の翻案説をたどってみよう。『大工と鬼六』は、一九八八年までに採話例がわずか五例、かつ、岩手か山形の語り手のみという稀有な昔話である。しかし、大工、鬼、架橋というモチーフや東北で採集された事実など、日本の昔話と共通する要素が強かった。さらに、柳田国男『日本昔話名彙』（一九四八）が、『大工と鬼六』を、「言葉の力」譚に属す基本形として提示したため、同作の「純国産性にお墨付がついた」（高橋一九八八ａ：二九頁）。

高橋の指摘を踏まえ、柳田『日本昔話名彙』を読んでみた。柳田は、序文にあたる「昔話のこと」で、日本における昔話採集の歴史が浅いこと、それにもかかわらず昔話は口承と筆記で残っていること、外国と類似する昔話は存在するが、それが外国からの伝承であるとは考えにくいことを述べる。つまり、柳田は、『日本昔話名彙』掲載の昔話を、日本で発祥し、口承で伝えられ、筆記されたものとして提示している。続いて柳田は、昔話は語りの過程で聞き手によって変質することを指摘し、変わりゆく時代の中で昔話を残す重要性を主張する。その上で、昔話を「完形昔話」と「派生昔話」に二分し、「完形昔話」の中の「言葉の力」譚の例として岩手県胆沢郡の昔話『大工と鬼六』を挙げる。たとえば「誕生と奇譚」には『桃太郎』『瓜子姫』『力太郎』、「幸福な結婚」譚には『天人女房』『鶴女房』が挙げられていることと比較すると、『大工と鬼六』が数ある昔話の中から選りすぐられた代表例として掲載されていることが分かる。

高橋の議論に戻ろう。イギリスのバラッド『ブランド伯爵』（*Earl Brand. Francis James Child: The English and Scottish Popular Ballads*, 1882-1898）を読んだ高橋は、『大工と鬼六』の「純国産性に疑念を抱いた」（高橋一九八八：二九頁）。同作では、伯爵の命を狙う者に対し、恋人が伯爵の名を呼んで助命嘆願をしたために、伯爵は殺害される。名を呼ぶことが、呼ばれた者の死を招くのである。編者チャイルドは、名前を呼ぶことで災いが降りかかる類話として、北欧

の教会建設説話（聖オーラヴとトロルの教会建設）を挙げていた。高橋は、超自然者による建築、依頼人の身体（の一部）の要求、森の中での名前発覚、トロルと鬼との類似性に着目し、スウェーデンの民俗学研究所に手紙で問い合わせた。すると、研究所から、北欧には多くの教会建設説話が存在するとの返答があり、ノルウェーの聖オーラヴ版とスウェーデンの聖ラウレンティウス版についての教示があった。高橋は、『大工と鬼六』の、「疑いの目で見るとたしかに不自然な点」として、以下の要素を提示する。①高橋が依拠する『大工と鬼六』では、鬼六の名前を歌うのは、女性の声（妻）ではなく、「童衆《わらしど》」である。童衆は鬼六の子と考えられるため、鬼六の棲家は山である。鬼は山の神が零落した姿と捉えられるため、山に棲むことは不自然ではない。しかし、鬼六は、山に棲みながら川から出てくる。山の神（鬼）が水神となることはあり得ない。②超自然者が人間に対し、何らかの代償を条件に援助を申し出る昔話を「異類聟譚」と呼ぶ。異類聟譚における「代償」とは、依頼者の娘との結婚である。超自然者は結婚が成立する前に（しばしば娘によって）殺害される。これに対し、鬼六は、娘ではなく依頼者（の一部）を要求する。③『大工と鬼六』における目玉の要求は、「人柱伝説」との関連で解釈されてきた。しかし、架橋に際し、人柱が供される伝説では、人柱の選定方法を提案した者が人柱となる。また、人柱は人間の側が自主的に神に差し出すものであり、川の神（鬼）の方から要求することはない。④日本の昔話には、唄による名前発覚の類例がない。

　一方、『大工と鬼六』のように、名前を当てることで相手を無力化する「名当て」のモチーフは、ヨーロッパにおいては、イギリスの『トム・ティット・トット』やドイツの『ルンペルシュティルツヒェン』などポピュラーである。イギリス版では、『大工と鬼六』と異なり、歌を歌うのが魔物の子ではなく魔物自身であり、名前を当てるのが娘ではなく王である。しかし、魔物とその子ども、王と娘は分身関係（＝同一人物）にあると考えられるため、類話と考えられる。『トム・ティット・トット』の編者クロッドは、北欧の教会建設説話が、『トム・ティット・トット』の類話であり、かつ、独立項目として挙げている。このことから、高橋は、『大工と鬼六』が、北欧の教会建設説話の翻案であると判断した。

### （3）水田光『鬼の橋』

　高橋の翻案説には、欠けたピースがあった。いつ、だれが、どこで翻案をしたのかという問題である。そのピースを埋めたのが櫻井美紀だ。櫻井は、『大工と鬼六』と同じストーリーを持つ『鬼の橋』を発見し、これを北欧教会建設説話の翻案であると判断した。櫻井はアナウンサーとしてキャリアをスタートし、結婚・出産後にマスコミを離れ、家庭文庫や子供向けの本の読み聞かせ、語りなどの地域活動を展開した。一九七〇年代以降、自分自身も語りを続けるとともに、語り手の組織化、他国の語り手たちとの交流に加え、昔話の研究を展開した。『大工と鬼六』の由来に関する研究は、櫻井の研究の中でも特に記念碑的である。

　櫻井は、家庭文庫の活動をする中で、蔵書の一つとして絵本『だいくとおにろく』を知った。櫻井自身は同書を読み聞かせに使用しなかったが、一九七〇年代初頭、より若い世代の母親たちが、「語り手たちの会」「文庫連絡会」「公民館講座」で絵本版を語るようになった。この時期に昔話の研究を始めた櫻井は、同作と、ドイツの昔話『ルンペルシュティルツヒェン』およびイギリスの昔話『トム・ティット・トット』の類似性に注目した。助言を仰いだ昔話研究者の小澤俊夫（一九三〇〜）も、日本での採話例の少なさゆえに日本起源であることに疑問を抱いていた。小澤の助言、手元にある『大工と鬼六』がその構造の類似性から「一つの文章がもとになって、口伝えではなく、文章で書かれた再話」と考えられること、鬼が水の中に棲むのは不自然であることが、櫻井の『大工と鬼六』ヨーロッパ起源説研究の出発点となった。

櫻井美紀。桜井真理夫氏のご厚意により掲載。協力:中谷久子氏、矢部みゆき氏。

　一九八五年、櫻井は巖谷小波（一八七〇〜一九三三。日本初の創作童話『こがね丸』の作者で、日本児童文学の先駆者とされる）から櫻井の同時代までの語りの系譜を文章化するため、瀬田貞二（一九一六〜一九七九）の『落穂ひろい』（福音館書店、一九八二）を読み、水田光（一八八二〜一九六四）に関する記述に目を止める。そこには、水田の『お話の研究』（一九一六）と『お話の実際』（一九一七）が、日本で初めてのストーリー・テリングの書であること、水田が神話学者の松村武雄（一八八三〜一九六九）と協働したこと、地理学者の山崎直方（一八七〇〜一九二九）の妻であることが記されていた。同時にそこには、瀬田が水田の詳しい経歴を知らないという記述もあった。櫻井が後から知ったところでは、水田は当時、「昭和の初めから半世紀以上にわたって素性の知られぬ幻の女流研究者」と見なされていたのだ。しかし、櫻井は山崎と水田を知っていた。櫻井の父で地理学者の石田龍次郎（一九〇四〜一九七九）が、東京帝国大学地理学科で学んだ学生時代に山崎に師事していたからである。石田は山崎の没後に書庫整理と蔵書目録作成のため山崎邸を訪ねており（櫻井一九八七：一二〇頁）、櫻井自身も幼少期に水田本人と会っていた（櫻井一九八七：一一二頁）。

　ストーリー・テリングの手引書執筆者としての水田に興

味を抱いた櫻井は、口演童話のことを調べていた堀田穣（一九五二〜）とともに『お話の実際』を手に取り、掲載作品「鬼の橋」に目をとめた。少し長いが、全文を引用する。

鬼の橋

　ある山里に大変流れの早い谷川がありました。その谷川に石の橋がかかっていました。ある時大水が出て、石の橋がすっかりこわれました。村の人達は大変に困って、大勢で橋をこしらえ始めました。けれども何しろ大変流れが早いので、石でも材木でもころころと流されてしまいます。

「困ったね。こう流れが早くては、とてもかなわぬ」

と一人の男ががっかりした声で言いました。

「うん、どうも弱るな。こんな風じゃ、いつ橋が出来るかわかったもんじゃない」

と他の一人がさも困ったという顔でこぼしました。

　仕方がないので、村の人達は川端の草の上に座り込んで、いろいろ相談をはじめました。するとその中の一人が、

「どうだい、あの源助の奴を引っ張り出しちゃ。彼奴少しのろまだが、こんな仕事は名人だぜ」

と言いました。他の人達はこれを聞いて、みんなそれがよかろうと言って、橋普請を源助という男に頼むことにしました。

　源助というのは、村外れに住んでいる変わり者の大工でありました。仕事が忙しい時には、夜も寝ないで、働くかわりに、少し気に食わぬことがあると、朝から晩までごろりと寝込んでいるという風変わりでした。

　橋普請を頼まれますと、源助はすぐその日から大勢の人を使って、仕事にかかりました。けれども源助も流れの早いのには困りました。一日かかってやっと築きかけた土台石も、あけの朝になると、いつの間にかみんな水に流されているという有様です。毎日毎日こんな風にしていると、さすがの源助もすっかり弱ってしまいました。

　ある朝源助は、川の端に突っ立って、水の面を眺めながらぼんやりしていました。すると石の間から突然に黒い煙がむくむくと湧いてきました。そしてそれが一所にかたまって大きな丸いものになったと思うと、どうやらそれに眼や口ができるようです。「おやおや」と思っているうちに、黒い煙に手が生え足が生えて、大きな鬼になりました。

　それを見ますと源助は、顔が真っ蒼になって、がたがたと震えだしました。鬼はさもおかしそうな顔をして、

「おいおい源公、そんなに恐がらなくてもいいよ、乃公はお前を助けに来たんだよ。どうだい今から三日のうちに、乃公が橋をかけてやろうか」

と言いました。

「ええ、あなたが、橋をかけてくれるんですか。そいつはありがたい」

と源助は覚えず手を叩いて喜びました。すると鬼は

「おいおいあまり喜んじゃいけない。ただで橋をかけてやるんじゃないよ」

と言いました。

「そりゃただではないでしょう。お礼にはお金をどっさり上げますさ」

「お金なんかいらないよ」

「じゃ、何が欲しいんです」

「お前の眼の玉だよ」

「ええ、私の眼の玉が欲しいんですって」

と、源助は思わず大きな声を出して、鬼の顔を見上げました。

「そうだよ。だが、まてよ。かわいそうだから、橋が出来上がるまでに、乃公の名をあてたら、眼の玉も取らないことにしよう。どうだい源公」

と、鬼は源助を見下ろして、にやりにやりと笑っています。源助はしばらくの間じっと考えこみました。

「どうも眼玉をとられちゃ大変だ。と言って鬼にでも頼まなくちゃ、橋が出来上がりそうにもない。橋ができぬとなりゃ、乃公の一生の名折れだ。よし眼玉なんか構うものか、頼んでしまえ。それに鬼の名前を当てると眼玉も許してくれると言うんだから……だが待てよ、一度で彼奴の名前を当てることは少しむずかしいぞ」

と、こう思って、

「一度であなたの名を当てるんですか」

と、聞きました。

「一度で当てるのさ」

と鬼が答えました。

「それじゃああまりひどいんです」

「じゃ二度にしよう」

「三度目の正直ということがあるから、三度にして下さい」

「なかなか欲張ってるな。よしよし承知してやろう」

と、鬼が言いましたので、源助はとうとう橋普請を鬼に頼んでしまいました。

　するとどうでしょう、昼間は鬼は影も形も見えませんが、夜が明けてみると、ちゃんと土台石が

並べてありました。その次の夜が明けると、土台石の上に柱がたててありました。も一つ夜が明けたら橋は立派に出来上がるにちがいありません。源助は、三日が間どうかして鬼の名を聞き出したい焦り立てましたが、すっかり駄目でありました。それゆえ三日目の夕方になると、大変心配になってきました。

「いよいよ明日の朝になったぞ。三度のうちでうまく彼奴の名を当てればよいが、そうでないと一生の盲目になってしまわなきゃならない」

源助はこう思うと、もう立ってもいてもいられぬようになってきましたので、いきなり家を飛び出して、そこらあたりをあてどもなくぐるぐるぐると歩き回りました。あまり考え込んでいたので、川上の森のそばまでやってきたことにも気がつきませんでした。するとふと森の中に女の声がして、

「泣くなよ泣くな、ねんねしな。
鬼六さんの子は強い。
泣くなよ泣くな、ねんねしな」
「明日はよい日だ、お父さんが、
かわいい土産を持ってくる。
かわいい土産は何だろう、
源助おやじの眼の玉よ」

と、歌っていました。

これを聞くと、源助は踊り上がって喜びました。

「しめたぞ、彼奴の名は鬼六と言うんだな。それさえわかれば、もう大丈夫だ。明日は一つ彼奴をびっくりさしてやるぞ」

と、こう言って、源助は大元気で帰ってきました。そして夜の明けるのを今か今かと待ちかねていました。夜が明けると、源助は大急ぎで川の端にやってきました。するともう橋はちゃんと出来上がって、鬼がその上に突っ立って、さも得意そうににやりにやり笑っていました。鬼は源助を見るなり、大きな声で、

「見ろ源助。約束の橋は出来上がったぞ。どうだい乃公の名はわかったかい。わからなきゃ、かわいそうだが眼の玉をもらっていくよ」

と言いました。源助は名をあてる前に彼奴をからかってやろうと思いました。それゆえわざと弱り切ったような顔をして、

「なかなか分かりませんね。ひとつ当ててみましょうか。お前さんの名は鬼平でしょう」

と、わざと違った名を言いました。すると鬼はげらげらと笑って、

「違うよ」

と得意そうに言いました。源助は、

「じゃ鬼太郎でしょう」

と、また違った名を言いました。鬼はいよいよ得意になって、

「それも違った。今一つだよ。今度違ったらいよいよ眼の玉だよ」

と言いながら、今にも掴みかかりそうな手つきをして、だんだんと源助の方に近寄ってきました。源助は二足三足ととびすさるなり、大きな声で、

「何をするんだい、鬼六の野郎」

とどなりました。すると鬼はびっくりして、

「しまった。乃公の名を知ってた」

と言ったかと思うと、たちまち姿は消えて見えなくなりました。

（水田一九一七：三〇五～三一三。仮名遣い、旧字は、現行のものに変更。明らかな誤植は修正）

以上の通り、「鬼の橋」では、架橋を頼まれた大工に、川の中から現れた鬼が助力を申し出る。鬼は三日以内に橋を架ける代償として、大工の目玉を要求するが、三度以内に名前を当てれば目玉は取らないと約束する。三日目の夕方に大工が森を歩いていると、女の歌声で鬼の名前が分かる。大工が「鬼六」と名前を言うと、鬼は消える。続く解説で、水田は同作が「北欧に伝承されているオーラフ上人寺院建設の伝説」であること、水田自身が「宗教的意識」が未発達な児童のために改作したことを明記している。

山崎光（水田光）と家族。着物の女性が光。最後列が夫の山崎直方、光の隣が次女喜美子、前列左から三男輝男、三女（実子）美智子、四男（実子）正男、次男文男。写真提供：山崎和男氏（文男氏長男）。

水田は一八八二年に熊本県に生まれ、東京高等師範学校女子部技芸科卒業（一九〇六）後、東京高等師範学校附属小学校の音楽担当の訓導を務めた。その傍ら、英語で書かれた民間伝承の翻訳を巌谷小波の雑誌『幼年世界』などに掲載していた。この時期、巌谷が創始した「口演童話」の活動が、久留島武彦（一八七四～一九六〇）の参加により隆盛に向かっていた。中心を担ったのは、水田が学んだ東京高等師範学校の教員たちだった。こうした中、水田はストーリー・テリングの手引書『お話の研究』（一九一六）を刊行する。

山崎光。写真提供：山崎芳男氏（輝男氏長男）、満留久美子氏（輝男氏長女）

翌年に刊行された『お話の実際』は実践編であり、「鬼の橋」は、水田が勧める新作・選択・改作のうち、改作の実例として掲載された。櫻井は、水田が、義弟の松村武雄（一八三三～一九六九）を通じて北欧の教会建設説話を知ったと推測しており、このことについては2.「『鬼の橋』の「原典」」で検証する。

それでは、水田「鬼の橋」は、いかにして『大工と鬼六』へと変貌したのか。このことを確認するため櫻井は昔話資料として記録された十一編の『大工と鬼六』類話を検討した。十一編のうち、最も早く公開されたのは、「鬼六と大工」（織田秀雄編『天邪鬼』三の巻、一九二八）で、「岩手県の壮次じいの語った話」と書かれている。筆記者の織田秀雄（一九〇八～一九四二）は、岩手県胆沢郡（現 奥州市）出身。小学校の代用教員を務めながら、文芸活動に従事した。「鬼六と大工」の初出となった雑誌『天邪鬼』は、織田の個人文芸誌である（一九二七～一九二八）。織田は、『天邪鬼』に掲載した「鬼六と大工」（岩手県の壮次じいの語った話）を岩手方言に改め、新聞『岩手日報』に再掲した。さらに、方言版を「金ヶ崎の農婦の話」として佐々木喜善（一八八六～一九三三）に送った。佐々木はこの話を「大工と鬼六」として『聴耳草紙』（一九三一）に掲載し、以降、『大工と鬼六』というタイトルが定着する。水田が検討した十一編のうち、一九五八年までに刊行された六編（柳田版も含まれる）は、『岩手日報』版か『聴耳草紙』版に由来する。つまり、いずれも『天邪鬼』版を原話とする。以下に織田秀雄編「鬼六と大工」の全文を掲載する。

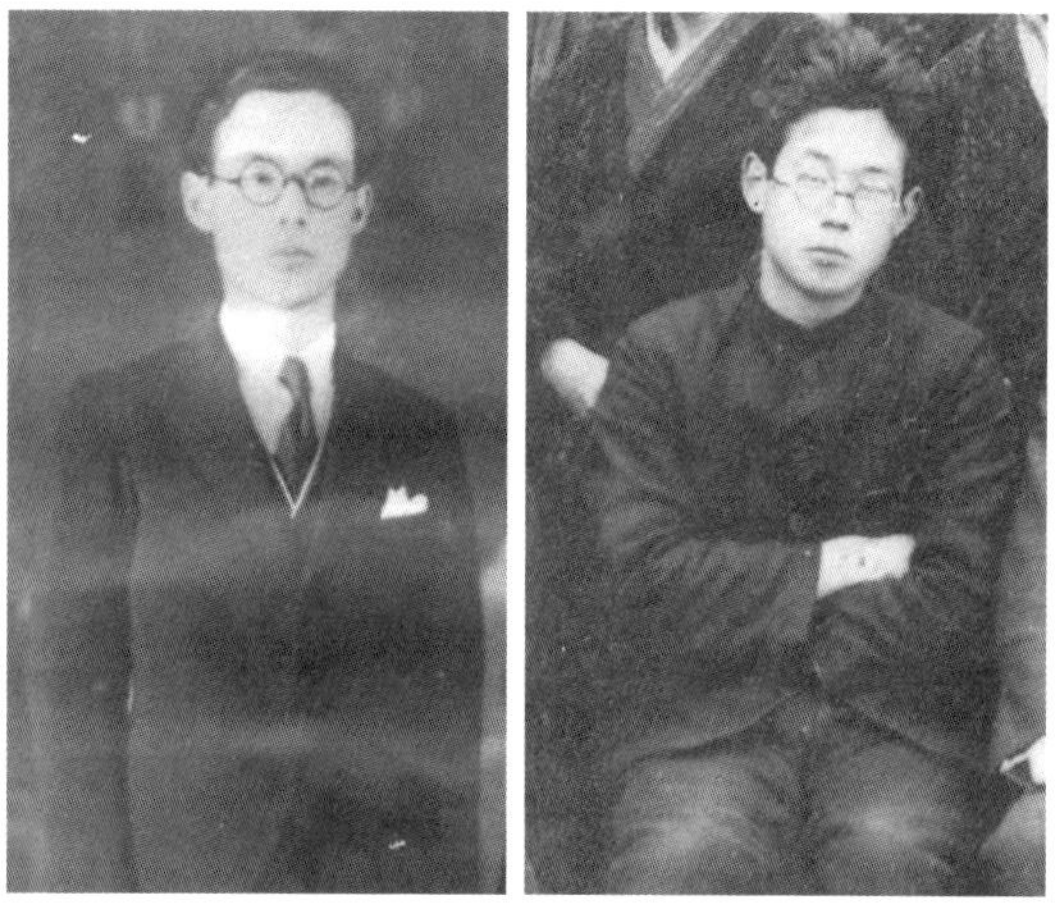

織田秀雄。童話・小説などの執筆、詩作（真城尋常高等小学校校歌も作詞）、民話・民謡収集でも功績があった。教員辞職後に上京し、マルクス書房で勤務。治安維持法で逮捕されて二年間服役、釈放後も執筆活動を続けたが、肺結核により34歳で病没した。写真提供：織田佐規雄氏（秀雄氏甥）、宍戸春雄氏（織田秀雄を顕彰する会事務局長）。左は1940年、右は1927年。

とても流れの速い川がありました。なんぼ橋をかけても流れてしまう。村の人達も、とんと困り果て、評判のよい大工をたのんで橋をかけることにきめました。その大工はうんと上手で、すぐとよいと返事をしたが、心配なので、川の渕さ、つっつこぼこして、流れる水を見ていたら、水の泡からブックリと大きな鬼が出ました。そして「大工さん何考えている」と言ったから大工が「橋をかけねばならぬ」と言ったれば、鬼が「お前の目玉よこしたら橋をかけてくれる」と言いました。

大工は「俺はどうでもよい」と言ってその日は別れました。次の日行って見たれば橋が半分、かかっており、又次の日行ったれば、ちゃんと橋が出来ており、鬼が来て「目だまよこせ」と言いました。大工は、待ってくれと言って、あてなく山さ逃げて、ブラブラ歩いていたれば、遠くの方から子守唄が聞こえました。

早く鬼六
まなく玉
持ってこば
えいなあ

と聞こえました。大工は本性に帰って、自分の家さ帰りました。次の日、又鬼に遭いました。鬼は「早く、目玉よこせ。もしも、俺の名前を、あてたら目玉よこさなくてもよい」と言いました。大工は、よしと言いながら「何それ」と言ったれば鬼は「そうでもない」又「何それ」「そうでもない」一番、後から大工は大っきな声で「鬼六！」。そうしたれば、その鬼は、ポッカリ消えましたとさ。

（壮次じいの語った話）（佐藤編一九八〇：二四五～二四六頁）

第一部で、作家ヴォルフによって文飾を施された『巨人フィン』が、文飾を削ぎ落され民話として定着する例を見た。ここでも同じことが起こっている。水田が『お話の実際』を刊行した一九一七年から、織田が「鬼六と大工」を『天邪鬼』に掲載した一九二八年の間に、口承昔話『大工と鬼六』へと変貌したことになる。

この背景を、櫻井は以下のように推測している。口演童話の活動は全国各地で開かれ、特に一八九八年から一九二〇年に活発であった。口演童話の活動では、水田『お話の研究』『お話の実際』がその手引書として広く用いられた。口演童話が児童向けに開かれる際には農村の女性たちも参加し、女学校のある市や町では女学生向けの会が開かれ、大都市では一般成人向けの会が開かれるなど、口演童話は大衆童話として位置付けられていた。東北地方は、巌谷の巡回もあり、活動が盛んであったが、巌谷は、仙台、山形、秋田、米沢、福島を訪れ、岩手を訪れていない。また、岩手には童話家の活動記録が残っていない。このことから、『大工と鬼六』は、周辺の県から岩手県に口承で伝わったと推察される。一九七〇年代・八〇年代に刊行された三編の再話者である山田リエ「庄屋殿と鬼六マァ」（山形県、佐藤義則編『羽前小国昔話集』、一九七四）、佐藤孝一「鬼六ばなし」（山形県、武田正編『佐藤家の昔話一〇』、一九七六）、中鉢カヨ「大工と鬼六」（日本民話の

会編『日本昔ばなし一〇〇話』、一九八六、祖母から聞いた話）が伝え聞いた昔話は、口承文芸として受容された段階における『大工と鬼六』である。その段階で、物語はそれぞれの土地の川や橋にまつわる伝説となっていた。一方、水田の翻案作品そのものは「文学的価値を永く保持できなかった事由があり」、戦後、口演童話活動も下火になった。加えて、水田は、夫である山崎の死（一九二九）を機に、英語の翻訳・童話の執筆の筆を折った。このため、水田も「鬼の橋」も忘れられた。（櫻井一九八七：一二四～一二五頁：櫻井一九八八：四二～四三頁）

　櫻井が創立に関わり、初代代表となった「語り手たちの会」の雑誌『語りの世界』第五一号は、櫻井の追悼号である。この中で酒井董美（口承文芸研究家・出雲かんべの里館長）は、平成初期に櫻井と交わしたやり取りのことを書いている。山陰地方（鳥取県・島根県）の昔話収集をしていた酒井は、学会で島根県を訪れた櫻井を自宅に招いた。『大工と鬼六』が話題に上った際、酒井は、鳥取県八頭郡智頭町で聞き取り調査をした際、波多の大原寿美子（一九〇七年生まれ）から聞き取った話の中に同作があることを告げた。録音も残っていた。櫻井は山陰地方に「大工と鬼六」があることを不審がった。酒井が録音当時のノートを確認すると、「大工と鬼六」の出自のみ抜けていたため、大原に電話で確認した。大原の返答は「本にあったのを覚えたものです」であり、年長の親族や近所の大人に聞いたという、酒井の予測に反していた。（酒井二〇一一：二〇～二一）

　書かれたものが語られるものとして定着するには、文章が口や耳になじむ必要がある。織田秀雄が一時期を過ごした胆沢郡金ヶ崎町の人たちは、今も織田が当地で聞き取った『大工と鬼六』に親しんでいるという。織田の再現は他の再現に比べても、方言の語り調子に親しめるものだからだ。（情報提供：宍戸春雄）翻案『鬼の橋』が民話としていち早く定着した背景には、「百姓たちの言葉を巧みに使ってその百姓たちの姿や感情を生き生きと」（織田秀雄を顕彰する会編二〇一一：三六）描いた織田の筆致があるのかもしれない。北欧神話の城砦建設、北欧民話の教会建築の物語は、こうした営為を経て、文字と口承、外国語と方言の双方をバックグラウンドに持つ、新しい民話としての生命を得たのである。

## 2. 『鬼の橋』の「原典」

### （1） 松村武雄の北欧教会建設説話紹介

　櫻井は、水田が北欧教会建設説話に触れた契機について、松村武雄との協働を提示する。「義弟（妹の夫）である神話学者、松村武雄（一八八三～一九六九）の薫陶を享け、英語に翻訳されたヨーロッパ各地の児童向けの民間伝承、神話などの文献に親しんでいた」（櫻井一九八八：三二頁）、「松村は先達の神話学者、高木敏夫の感化を受け、ヨーロッパのフォークロア関係の文献を集めていた。光は義弟となった松村の指導を受け、英語の勉強を始め、ヨーロッパの伝説と昔話の翻訳を手伝うようになった。次第に松村は〝家庭と子ども向き〟の洋書は光にまかせるようになった」（櫻井一九九二：七頁）。水田は一九一九年に山崎直方と結婚し、その後は山崎光子名義で文筆活動を続けた。一九二二年には松村武雄・山崎光子共著『新選童話集』全一〇巻、一九二四年からは松村武雄監修『世界童話体系』全二三巻の訳者に起用される。「明治末から大正初めにかけての、そのシリーズの準備期間が、光にとっては最も充実した研究の時期であった」（櫻井一九九二：七頁）。

松村武雄。熊本市生まれ。広島文理科大学（現広島大学）卒業、熊本県内の複数の学校で勤務。1986年から1992年まで熊本学園の第六代理事を務めた。写真提供：学校法人熊本学園

　櫻井によれば、松村『世界神話伝説大系二九』の参考文献一四冊のうち三冊に「名当てと身体あるいは目玉の要求のモチーフのある教会建設伝説が含まれている」。松村『神話学体系』（一九二九）には、聖オーラヴの「寺院建設の伝説」と概要が書かれ、註にウーラント（Ludwig Uhland, 1787-1862）『トールの神話』が挙げられている。ウーラント『トールの神話』からの「松村の訳の文脈が、「鬼の橋」の解説に附された水田訳の「北欧の教会建立伝説」と、ほぼ同一である。そこから、この文献が本論の「鬼の橋」の原典に当たると推察できよう」（櫻井一九八八：四一～四二頁）。

　櫻井の指摘を読み、わたしは、ウーラント『トールの神話』（一八三六）の原文を確認してみた。結論から先に書くと、ウーラント『トールの神話』は、「鬼の橋」の原典ではない。少なくとも、それが唯一の原典ではない。『トールの神話』掲載の聖オーラヴの物語は、前半は水田の解説および松村の概説と「ほぼ同一」であるが、後半が違うのである。

ルートヴィヒ・ウーラント。ドイツ・テュービンゲン生まれ。詩人・文学研究者・法学者・政治家。

　このような齟齬の原因としては、二つの可能性が考えられる。一つ目は、松村は、（翻訳ではなく）概要を書くにあたり、主にウーラントを用いたが、別の文献も参照した。二つ目は、松村が文献表示を誤っており、記述の全体が依拠する別の文献が存在する。今回の調査では、二つ目の可能性を示す資料は発見できなかった。加えていくつかの理由から、わたしは一つ目の可能性が高いと考えている。推

測に至る流れを以下に記述する。【図一】

## （２）水田の解説と松村の概説

まずは、水田の解説と松村の記述を比較してみよう。水田は、「鬼の橋」の解説に、以下のように書いている。なお、水田・松村の引用部分に出てくる「ノルランド」は、現在は一般に「ノルラン」と表記されるノルウェーの地名である。

この童話には原案があります。それは北欧に伝承されているオーラフ上人寺院建築の伝説で、その内容は次の通りであります。

『オーラフ上人は熱烈な基督教の宣伝者であった。彼はノルランドに寺院を建築し、頑強に反抗する異教徒を説服して、教義の宣布に努めようと思ったが、寺院建立には多大の経費が入用である。しかも彼はこれを民衆に負担させるに忍びなかった。彼は懊悩して森の中を徘徊していた。すると一人の巨人が現れて、一の条件のもとにある期間において寺院を建立してやろうと申し出た。その条件というのは、所定の時間内に建築が落成したら、その報償として日と月とを貰い受けるか、もしくは上人自身の体をもらいたい。もしまた同期間に巨人の名を言い当てたら、報酬はいらぬというのであった。上人はたやすくこれに応じた。すると驚くべし、工事は着々として進捗し、約束の期間を余す一日というときには、頂上の尖閣が完成しないばかりとなった。これを見た上人は非常に苦悩した。日と月とを与うるとは、もとより不可能である。それかと言って、自分の体を巨人の手に委したら、教義の宣伝は水泡に帰さねばならぬ。懊悩の極み、彼はまた森の奥にわけ入った。そして沈吟苦慮しながら、重い足を動かしていると、どこからともなく幼児の泣声が聞える。続いて母らしいものの声で、

　黙れ、黙れ、いとし児よ、
　明日は父なる『暴風雨《あらし》』の君が、
　うまし土産を持ちかえる、
　月かや日かや、上人か。

と歌うのが耳に入る。上人は欣舞して喜んだ。そして急いで建築場にかけつけて見ると、巨人はまさに尖閣を遣り終えようとしていた。上人はすかさず大きな声で「お前の名は暴風雨だ」と叫ぶと、巨人は高い高い寺院の屋根から転げ落ちて、五体が微塵に砕けてしまった。その破片の一つ一つが今日の燧石〔中丸註：火打ち石〕だというのである。』（水田一九一七：三一三～三一五頁。仮名遣いと漢字は現行のものに変更。明らかな誤植は修正）

続いて水田は、改変の理由・意図を述べる。異教徒とキリスト教徒の対立などの宗教的要素が児童向けではない。巨人が突然現れるのは不自然であるため、「亜刺比亜夜話〔中丸註：アラビアン・ナイト〕」に於ける漁夫と海底の壺の物語や、英吉利の一童話『トムと怪物の壺』など」を参考に、石の間からわき出した煙が鬼の形を取る演出をした。聖人ではなく大工に太陽と月を要求するのは不似合いであることや、体の小さい鬼の子どもの土産にふさわしい目玉を報酬とした。（水田一九一七：三一五～三一六頁）

続いて、松村の紹介を見てみよう。

ノルランド（Norrland）の民間伝説に言う、聖オーラフが、ノルランドに一大寺院を建築することを考えていると、一人の巨人が彼の許に来て、一定の期間にこれを完成してやろう、そして報酬としては、日月もしくはオーラフ自身を貰いたい。ただし建築落成に先って、おのれの名を言い当つれば、報酬も受けぬと言った。聖オーラフがこれを諾すると、巨人は直ちに工事に取りかかった。工事は迅速に進捗して、余すところは尖塔だけになったが、聖オーラフは、巨人の名を知ることができなかった。憂惧して山野を徘徊していると、巨人の妻が泣く子をすかして、

　『泣くな、泣くな、「冬あらし」（Winter und Wetter）の子よ。お父さんが間もなく日月又は聖オーラフを持ってくるから』

と歌っているのを漏れ聞いた。すなわち狂喜して工事場に至り、巨人の名を呼ぶと、巨人は驚愕のあまり寺院の頂から墜ちて微塵となった。（松村一九二九：四二四～四二五頁）

「微塵となった」の後ろには、「ウーラント『トールの神話』一一一～一一二頁」という註がついている。ウーラントの当該箇所は、以下のようなものだ。

ノルランの民話〔註54〕は、伝説風に改変された巨人の建築家を示している。あるトロルが、聖オーラヴに、硬い火打ち石の柱と装飾を建物の内外に有する、驚異的な大きさの教会の建設を、一定期間内に単独で完成させることを約束する。条件は、太陽と月、あるいは聖オーラヴ自身を報酬とすることだ。仕事が、あとは尖塔を乗せれば完成というところまで進んだ時、巨人は名前を呼ばれ、のこぎり屋根から恐ろしい音を立てて墜落し、粉々に砕け散って、音の鳴る火打ち石になった。教会建築のこの火打ち石の中や粉々になった巨人の体には、今でも氷晶を見ることができる。神話では完全に沈黙したままの名工の名前は、最後に語られている。Wind und Wetter（「嵐」「風と雷雨」）である。別の者によれば、名は Bläser（「風を吹く者」）、

Blaser（「吹き付ける者」）で、このことから上記の解釈を保証する表現が見いだされる〔註55〕。（Uhland 111-112／翻訳：中丸。〔註54〕〔註55〕はウーラントによる。以下引用文中の〔註〕表記は原註）

ウーラントの言う「上記の解釈」とは、引用部より前に書かれた、『巫女の予言』の城砦建設神話を冬から夏への季節の移り変わりと捉える解釈である。この解釈については後述するが、ウーラントによる再話を読む限り、これを水田や松村の書く概要の（唯一の）原典と断定することはできない。ウーラントと松村の細かい違いは多数あるが、最大の違いは、ウーラント版に子守唄の記載がなく、聖人が名前を知った経緯が書かれていないことだ。さらに、松村の巨人の名前「冬あらし」は、水田の「暴風雨」ともウーラントの「嵐（Wind und Wetter）」とも異なっている。

つまり、松村が依拠したのはウーラント（だけ）ではなく、さらには、水田が松村の翻訳を参照したとも限らない。それぞれが（異なる）外国語原典に当たって解説・概説を記載した可能性や、松村が水田の解説を参照して概説を執筆した可能性もある。

### （3）原典候補の検討

#### ①グリム『ドイツ神話』（ドイツ語）

松村は、巨人の名前を「冬あらし」と訳し、（ ）に入れてWinter und Wetterという原文をつけている。Winterは「冬」、undは「～と」（英語のand）、Wetterは「天気」もしくは「悪天候」「風雨」「雷雨」を意味するドイツ語だ。一方のウーラントでは、巨人の名はWind und Wetterだ。よく似ているが、Windは「風」を意味する。「風と雷雨」はまとめると「嵐」となるが、ここに「冬」の意味は含まれない。わたしは松村版の原典探しにあたり、巨人の名を「冬と雷雨」（Winter und Wetter）とするドイツ語文献を探すことから始めた。

櫻井が挙げる松村が用いた参考文献（櫻井一九八八：四一頁）を、わたしはまず検証した。『童話及び児童の研究』には「材料供給の本原地としての欧米の書籍」として九七冊が上がっているが、この中にドイツ語文献は含まれていない。櫻井は『世界神話大系二九』の一四冊の参考文献のうち、ソープ『北欧神話』、グリム『ドイツ神話』、クレイギー『スカンディナヴィアの民話』が名当て・身体要求モチーフを含む教会建立伝説を含むこと、このうちソープが、水田『お話の研究』（水田一九一六：一三六頁）の参考文献に挙げられていることを指摘する。わたしは三冊のうち唯一のドイツ語文献であるヤーコプ・グリム（Jacob Grimm, 1785-1863）の『ドイツ神話』を確認した。ヤーコプ・グリムは『グリム童話』で有名なグリム兄弟の兄で、北欧の神話や言語に造詣が深い、言語学・文学の研究者である。

ヤーコプ・グリム。ドイツ・ハーナウ出身。ゲッティンゲン大学、ベルリン大学などで教鞭をとりつつ、弟のヴィルヘルム・グリムと共に『グリム童話』や『ドイツ語辞典』の編纂を手掛けた。単独の主著として『ドイツ語文法』も名高い。

グリムは、アースガルズの城砦建設を紹介した後、この神話が変容したドイツの民間伝承を紹介する。

ドイツの民間伝承では、巨人ではなく悪魔が登場し、農夫に対し、農夫の魂と引き換えに建物を建てることを約束する。ただし、鶏が鳴くまでに建物が完成しなければ、農夫は自由の身となり、悪魔は敗れる。あと屋根瓦数枚というところで、農夫が雄鶏の鳴き真似をすると、周辺の雄鶏が突然、一斉に鳴いた。巨人は賭けに負けた。

グリムは続けて、雑誌『イドゥナ』第三巻（一八一六：六〇～六一頁）に掲載された、「より古い」「ノルランの伝説」を紹介する。

ノルウェーのオーラヴ王は、深い思索にふけりながら山と谷の間を歩いた。彼は、並ぶもののない教会を建てたいと考えた。しかし、建築が、自分の国に重い負担としてのしかかってはならなかった。こうして悩んでいると、奇妙な風貌をした一人の男が現れ、何か悩んでいることでもあるのかい、と尋ねた。オーラヴは彼に自分の計画を打ち明けた。巨人（トロル）は、一定期間内に一人で建築を完成させると申し出た。太陽と月、あるいは聖オーラヴ自身を報酬とすることが条件だった。

オーラヴはこれに応じたが、実行不可能と考えられる建築計画を立てていた。教会は、七人の司祭が一斉に説教をしても、お互いに干渉をしないほど広くなければならず、内外の柱と装飾は硬い火打ち石でできていなければならない、などだ。すぐに、そのような教会が完成し、残すは屋根と尖塔だけだった。

破滅的な取り引きという新たな悩みを抱えて、オーラヴは再び山と谷を抜けて歩いて行った。突然彼は、山の中で、子どもが泣き、巨人の妻がこのようなことばでその子をあやすのを聞いた。「ツィフス、ツィフス！〔註：この間投詞は『ハンス・ザックス全集』第四巻三、三bから引用する。スウェーデン語のテクストでは「テュスト、テュスト！〔中丸註：「黙って、黙って」の意味〕」明日には嵐（Wind und Wetter）父さんが帰ってくるよ、太陽と月、もしくは聖オーラヴ自身を持って！」

オーラヴは大喜びして〔註：同じような成功譚が

『グリム童話』（KLM 55）の「ルンペルシュティルツ」という名前にある。第三巻九八頁）。（というのは、悪霊の名前を使って、その力を無力化できるからだ）家に帰った。すべてが完成し、尖塔を置くだけになった。そのときオーラヴは叫んだ。**「ヴィンド・オ・ヴェーダー（Vind och Veder、ドイツ語の Wind und Wetter と同じスウェーデン語）！お前が置いた尖塔は斜めだぞ！」**すぐに巨人は、恐ろしい音を立てて教会ののこぎり屋根から落ち、粉々に砕け散り、その破片は音の鳴る火打ち石だった。

別の物語では、巨人はブレスター（Bläster、中丸註：スウェーデン語で「風を吹く者」）という名で、オーラヴは、**「ブレスター！尖塔を西に置け！」**と叫ぶ。あるいは、巨人はスレット（Slätt、中丸註：スウェーデン語で「平原」）という名で、オーラヴが叫ぶのは**「スレット！尖塔を西に置け！スレット、尖塔を正しく置け！」**

ノルウェーにも同じ昔話があるが、巨人は「スカッレ」という名前で、ニダロスに壮麗な教会を建てた。スコーネ地方には、巨人フィンの昔話がある。フィンはルンドで教会を作り、聖ラウレンティウスによって石に変えられる。〔註『北欧神話辞典』三五一～三五二頁〕（Grimm1835:317-318／翻訳：中丸。適宜改行。オーラヴが巨人にかける言葉は、本文がスウェーデン語で註にドイツ語訳を掲載してあるが、一つにまとめた。スウェーデン語の言葉の韻については、アフセリウス版の翻訳末尾を参照）

**②アフセリウス『スウェーデン民族の物語冊子』**
**（スウェーデン語）**

このように、グリムにおいても、巨人の名前は「風と雷雨」（Wind und Wetter）である。ウーラント版とグリム版が似ているのは当然と言えば当然だ。というのは、ウーラントの「註54」には次のように書いてある。

註54　『イドゥナ』第三巻第三版（ストックホルム、一八二四）六〇頁以降。『ドイツ神話』五一七頁以降。

スウェーデンの文学雑誌『イドゥナ』（一八一一～一八二四／雑誌名の由来は北欧神話の女神で、詩の神ブラギの妻イズン）は、「北欧の昔を愛する人たちの雑誌」である。創刊した作家・歴史研究者のエリック・グスタフ・イェイイェル（Erik Gustaf Geijer, 1783-1847）は、第一部で紹介した『イェルダ』の作者テグネルと親戚関係にあり、親しい文学仲間でもあった。グリムは『イドゥナ』を、ウーラントはグリムと『イドゥナ』を参照しているため、グリムとウーラントの記述は当然似通っている。

櫻井が指摘する通り、水田は『お話の研究』の参考文献としてソープ（水田一九一六：一三六頁）を挙げている。ソープ『北欧神話』（一八五一）は参考文献として、スウェーデンの牧師・歴史家・神話学者アルヴィド・アウグスト・アフセリウス（Arvid August Afzelius, 1785-1871 ☞104(15)頁～）の『スウェーデン民族の物語冊子』第三巻（一八一六）とグリム『ドイツ神話』を挙げている。また、松村が『世界神話大系二九』の参考文献として挙げるクレイギー『スカンディナヴィアの民話』にも、アフセリウス『スウェーデン民族の物語冊子』が挙げられている。また松村は、『神話学論考』のアースガルドの城砦建設とは別のエピソードの註にアフセリウス『スウェーデン民族の物語冊子』を挙げたうえで、「自分は、不幸にして北欧の言語を解せず、従って北欧語で書いた著書は、みな The Saga Library 及びクレーギー氏の翻訳等によったことを自白しておく」（松村一九二九：四六〇頁）と述べている。アフセリウスは『イドゥナ』への有力な寄稿者であり、『イドゥナ』第三巻の教会建設説話の執筆者である。

そこで、『イドゥナ』第三巻の教会建設説話を、アフセリウス『スウェーデン民族の物語冊子』のそれと比較してみた。構成や文章がよく似ており、全く同じ文章もいくつもある。巨人の妻の子守歌も、聖オーラヴが巨人の名前を当てるときに言うセリフもほぼ同じだ。グリムは『イドゥナ』第三巻掲載の話はセッテルストレームによる収集であると書いているが、説話の末尾には「A―z―」と印刷されており、わたしが見た版には、誰が書き加えたのだろう、Afzelius という手書きの文字が添えられている。おそらくアフセリウスは、『イドゥナ』第三巻（一八一二）に投稿した説話を、単著向けに書き換えて『スウェーデン民族の物語冊子』（一八四二）に掲載した。

紙幅の関係から二編を載せることは難しいため、次項で言及するソープ『北欧神話』が典拠とする『スウェーデン民族の物語冊子』版を訳出する。

ノルランには、ノルウェーで最初に建てられた教会についてのお話がある。それは以下のようなものだ。

ノルウェー王**聖オーラヴ**は、ある日、山と森の間を歩きながら、深い思索に入り浸っていた。どんな方法を使えば、彼の民に重すぎる負担を負わせずに教会の建築ができるだろうか、と沈思した。彼は、似たような教会を見つけるのは難しいような、とても大きな教会を建築したいという考えを持っていた。

このようなことを思い悩んでいると、とてつもなく体の大きな一人の男が現れて、王さまは何をそんなに悩んでいるのかね、と尋ねた。

「私が悩んでいるのは」、と王は答えた、「教会を建てるという誓いを立てるからだ。大きくて美しい、世界に類を見ないような教会だ。」

トロルは約束した。一定期間内にその建物を、たった一人で完成させる。その条件は、特定の期日までに仕事が完成したら、トロルに報酬として「太陽と月、もしくは聖オーラヴ自身」を差し出すと約束することだ。

王はこの条件をのんだが、そのように大きな建物を建築する試みについて、巨人には約束の時間内に建築を完成させるのは不可能だと考えていた。教会は、七人の牧師が一度に説教をしても、一人の声が聞こえたり、他の人の声が邪魔になったりしないほど大きくなければならない。内外の柱と装飾は最も固い火打ち石で造らなくてはならず、他の多くの指示があり、難しい仕事の条件があった。しかし、約束した日よりもずっと早く、聖オーラヴは、尖塔を設置すれば完成というところまで教会が出来上がっているのを見た。このようなことが起ったので、聖オーラヴはふたたび山と森の間を歩き、深い思索に入り浸り、締結した義務のことを考えた。

突然彼は、子どもが泣き、巨人の妻がその子を次のような歌で慰めるのを聞いた。

「ねんね！ねんね、わたしのぼうや！
　明日になったら風と雷雨（Wind och Wäder）、
お前の父さんが帰ってくるよ、
　持ってくるのは太陽と月、
　さもなきゃ聖なるオーラヴご本人」

王は嬉しくなった。というのは、お話（sägen）で言われている通り、トロルはキリスト者に名前を呼ばれるとその力を失うのだ。王は戻っていき、巨人が塔の壁のてっぺんに立って、尖塔を設置しようとしているのを見た。そこで聖オーラヴは叫んだ。

　風と雷雨
　　Wind och Wäder
お前が置いた尖塔は斜めだぞ！
　　Du har satt spiran sneder

教会ののこぎり屋根から、今やトロルは真っ逆さまに墜落して大きな音を立て、粉々に砕け散った。その破片はすべて火打ち石だった。別の物語では、巨人の名前は「平原」（Slätt）なので、聖オーラヴはこのように叫ぶ。

　平原——尖塔をまっすぐに置け！
　　Slätt, Sätt spiran rätt!

（Afzelius1816:97-98／翻訳：中丸。段落分けは中丸による。名前が「風と雷雨」の場合には「雷雨」（Wäder）と「斜め」（sneder）が脚韻、名前が「平原」の場合には「平原」（Slätt）は「置く」（Sätt）と頭韻、「まっすぐに」（rätt）と脚韻を踏んでいる。）

### ③ソープ『北欧神話』（英語）

それでは次に、松村が『世界神話大系二九』で挙げる名当て、身体・目玉のモチーフを含む教会建設説話が掲載された三冊のうち、英語で書かれたソープ（Benjamin Thorpe, 1782-1870）の『北欧神話』と、クレイギー（William Alexander Craigie, 1867-1957）の『スカンディナヴィアの民話』を検討してみよう。先述したとおり、ソープ『北欧神話』は、水田『お話の研究』にも参考文献として掲載されている。

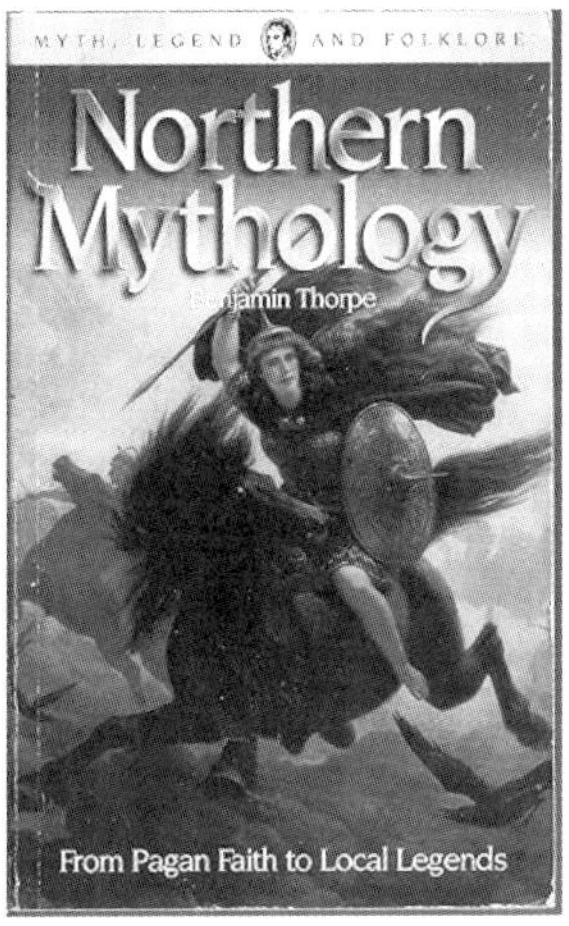

ベンジャミン・ソープ『北欧神話』2001年版の表紙。ソープはイギリス出身の言語学者。肖像写真は見つからなかった。

ソープ『北欧神話』掲載の「聖オーラヴとノルウェー最初の教会について」（Thorpe1851:39-40）、クレイギー『スカンディナヴィアの民話』掲載の「どのようにしてノルウェーに最初の教会が建てられたか」（Craigie1896:390-391）を検討すると、双方が、アフセリウスのスウェーデン語を英語に翻訳したと考えられる。日本語訳をすればアフセリウスと全く同じになるばかりか、たとえば、原文では建築者を、あるところでは「巨人」、あるところでは「トロル」と書いており、英語版も同じ個所がgiant、trollと訳されている。ソープとクレイギーを比較すると、意味内容は同じだが、訳語選択が異なるため、二人は同じスウェーデン語を、それぞれ自分なりに訳したと推測される。巨人の名前は、ソープではWind and Tempest、クレイギーではWind-and-Weatherと訳されている。

なお、ソープは巨人の妻の歌と聖人が巨人にかける言葉について、スウェーデン語の原文を載せている。また、物語の末尾に、グリムが書いている「風を吹く者」（Bläster）のバージョン、ノルウェーにおけるスカッレのニダロス大聖堂建築説話、ドイツにおける類似するトロル伝説があることに触れている。

これらのことや、ソープが『お話の研究』に参考文献として掲載されていることから、水田は松村によるウーラントの翻訳を参照して解説を書いたのではなく、ソープに基づいて解説を書いたのではないか、と推測できる。とはいえ、水田の解説には、ソープ「聖オーラヴとノルウェー最初の教会」にはない要素がある。これらは何に由来するのか。確認するため、先ほどは概要のみ記した水田の改変意図を改めて読んでみよう。

　宗教伝説としてはなかなか面白いのでありますが、いかんせん、児童の心には、未だ宗教的意識が発達し

ていませんから、この話を全然そのままの形で取り入れるわけにはゆきません。基督教と異教との葛藤を改宗させるための努力、異教徒の執拗なる反抗——こんな出来事は、児童の生活状態や、その思想情緒と、すこぶる交渉の浅い、もしくは全然交渉のないものであります。だからどんなにこれを力説しても、なかなか児童の心にぴたりと合致しないのであります。（拙著『お話の研究』第百六十四頁参照）

　私がオーラフ上人の寺院建立の伝説を改作して『鬼の橋』のような内容に盛り上げたのは、主としてこの理由によるのであります。（水田一九一七：三一五頁。仮名遣いと漢字は現行のものに変更。明らかな誤植は修正）

「基督教と異教との葛藤を改宗させるための努力、異教徒の執拗なる反抗」について、ソープ『北欧神話』には、アフセリウスと同内容の「ノルウェー最初の教会について」（三九～四〇頁）のほか、「聖オーラヴについて」（三四～三九頁）、「ヴォーレルの聖オーラヴ」（四〇～四二頁）、「リンゲリーケの聖オーラヴ」（四二～四三頁）の伝説が収録されている。一連の聖オーラヴ伝説の冒頭に置かれた「聖オーラヴについて」では、聖オーラヴがノルウェーを完全なキリスト教国にするために尽力したことや、戦いに明け暮れ、戦闘で命を落としたこと（ただし、そこで主に挙げられているのは、デンマークとの戦いや臣下の反乱である）、その死後にキリスト教の伝説として聖オーラヴの物語が定着したこと、「聖オーラヴが石に変えたトロル」が各地にあるなど、ノルウェー全土のみならずデンマークやスウェーデンにも多くの伝承があることが記されている。この文脈で「聖オーラヴとノルウェー最初の教会について」を読むとき、同作は聖オーラヴがキリスト教伝播の足掛かりを作る物語として読むことができ、たとえばトロルを「異教徒」のメタファーとして読むことも自然である。水田が「児童の心」にあわないとした部分は、「聖オーラヴとノルウェー最初の教会について」の前提となる、「聖オーラヴについて」ではないだろうか。

　宗教関連の言及は、「聖オーラヴとノルウェー最初の教会について」自体にはない要素だが、それでは、改変についてはどうだろう。水田の解説を、松村の概説、ウーラント（ドイツ語）、グリム（ドイツ語）、アフセリウス（スウェーデン語）、ソープ（英語）、クレイギー（英語）と比較した時、水田には際立つ特徴がある。それは、「教会が完成するまでに巨人の名前を当てたら報酬を免除する」という条件の存在だ。

　他の物語には、この条件はない。聖オーラヴはトロルの妻の子守唄からトロルの名前を知り、難を逃れるが、それは、トロルの名当てが報酬の免除条件だからではない。グリム、アフセリウス、ソープ、クレイギーでは、キリスト教徒に名前を知られることでトロルが無力化されることが説明される。ウーラントには、巨人が屋根から落ちたことしか書かれていない。松村は、名前を当てられたトロルが「驚愕のあまり」落下したと書いており、名前を知られたこと自体ではなく、驚愕による転落を巨人の敗因としている。名前を知ることで相手を支配できるという考え方は、民話では比較的よく知られるが、その文脈がない場所で理解を求める場合には、多くの説明を擁する。これも推測だが、松村の「驚愕のあまり」は、名前について説明をせずとも合理的に理解できる意味づけをしたのだろう。

　一方、水田では、名当てを報酬免除の条件とすることが、最初にトロルによって明言されている。この案はどこから出て来たのだろう。もちろん、水田のオリジナルの可能性もあるが、ここで、水田が参照したと推察されるソープ『北欧神話』の別のページを開いてみたい。

　聖オーラヴとトロルの教会建築の物語には註がついている。「この物語の別バージョンについて、〈デンマークの伝統〉と〈スウェーデンの伝統〉を見よ」。『北欧神話』は、〈ノルウェーの伝統〉〈デンマークの伝統〉〈スウェーデンの伝統〉の三部からなり、それぞれの習俗と民話が収められている。このうち、〈スウェーデンの伝統〉内には「ルンド大聖堂」（Thorpe 1851：101-102）というタイトルで、巨人フィンの物語が収められているが、ここでは、名前を当てると報酬を免除するという約束は出てこない。「聖ラウレンティウスは巨人の名前を知り、彼を支配する力を得た」とある。

　一方、〈デンマークの伝統〉内の「カルンボー教会」では、トロルは教会建築の報酬として心臓と目玉を要求するとともに、名前を当てればそれを免除するという条件を出している。建築者エスベアン・スナーエは、一二世紀の権力者・十字軍戦士で、第一部でテグネル『イェルダ』の登場人物として名前を挙げたルンド大司教アブサロン（アクセル・ヴィーゼ）の兄にあたる。全文を見てみよう。

　エスベアン・スナーエがカルンボー教会を建設した時、その仕事は最初は成功しなかったが、そこにトロルが現れて奉仕を申し出、エスベアン・スナーエも同意した。教会が完成したら、エスベアン・スナーエはトロルが何という名前かを言うか、トロルに心臓と両

デンマーク・カルンボーにあるエスベアン・スナーエ像。

眼を与えなくてはならない。工事は順調に進み、建物は石の柱で支えられていた。

しかし、建物がほぼ完成し、あとは柱半分を残すだけになったとき、エスベアン・スナーエは警戒する気持ちになった。トロルがどのように呼ばれているか、いまだに知らなかったからだ。彼は悲嘆にくれながら野原を歩き回り、ある日、心細さと悲しみから、ウルスホイの丘に倒れ伏した。そこで彼はトロルの妻が盛り土の中で言うのを聞いた。

「静かに、わたしの子、明日にはお前のフィン父さんが来て、お前にエスベアン・スナーエの両目と心臓をくれる、それを使って遊べるように」

この言葉を聞いてエスベアンは我に返り、教会に戻った。この瞬間、トロルはまさに、残りの柱半分を建てるところだった。エスベアンはトロルを見ながら、フィンという名前を入れて挨拶をした。これを聞くと、トロルはとても怒り、柱半分を空中に向かって放り投げた。だからこの教会には、三本と半分の柱しかないのだ。

カルンボー教会には五つの尖塔がある。エスベアン・スナーエが建てたものだ。真ん中に立つ最も高い尖塔は母のため、それを取り巻く四本は四人の娘たちのためだが、娘たちの一人は足が不自由だったので、一本は他よりも丈が短いのである。（Thorpe 1851: 248-249より中丸が訳出。改行は中丸による）

この物語では、名前を当てることが最初からトロルの出した報酬免除条件として示されている。そればかりか、名前を当てられない場合の報酬に太陽と月は含まれておらず、最初から依頼者の心臓と両目が要求されている。水田は、『鬼の橋』の両目モチーフ採用について、解説で以下のように述べている。

それから原話では寺院建立の報償として、日月もしくはオーラフ上人自身を要求していますが、『鬼の橋』においては、これを源助の眼球に改変しました。オーラフ上人のような高僧、一種の神通力を持っていたと信ぜられている高僧に対しては、日や月を要求しても、さして奇怪にも思われませんが、ただ一介の田舎大工にこういう要求を持ち出すというのは、甚だ不似合であります。また巨人ほどの巨幹ではない鬼の子供への土産としては、人間の体全部よりは眼の球の方が玩具じみて面白いと思いましたから、上述のごとき改変を試みたのであります。（水田一九一七：三一六頁。仮名遣いと漢字は現行のものに変更。明らかな誤植は修正）

ソープ『北欧神話』内の「カルンボー教会」では、子守唄に「それを使って遊べるように」（遊ぶためのエスベアン・スナーエの両目と心臓／Esbern Snare's eyes and heart to play with）という文言がある。「鬼の子どもへの土産」の「玩具じみた」目玉への着想とも、この表現は合致する。

高橋宣勝は、水田が目玉の要求モチーフを水田自身が考えたと述べていることについて、同モチーフが聖ラウレンティウスにはあるが聖オーラフ伝説にはないことに触れ、論考「昔話『大工と鬼六』翻案説への道」を以下のように締めくくっている。「両伝説は全く個別に伝承されたというよりも互いに混じりあって伝えられたことも十分考えられるから、水田の言葉をそのまま信じてよいかどうかぼくはまだ決めかねている。」（高橋一九八八a：三九頁）『鬼の橋』の目玉モチーフの源流をエスベアン・スナーエ伝説に求めるわたしの推論は、約四〇年前の高橋の惑いを解くヒントになるだろうか。

◆◆◆

**コラム**

こまでに紹介した話では、教会の建設者として「巨人」と並んで「トロル」が出てきた。「トロル」は北欧の民話に頻出する生き物で、概念としては日本の「妖怪」に近い。さまざまな姿や性質の妖怪がいるように、トロルにもさまざまな姿や大きさや性質の者がいるが（ムーミンも「ムーミン・トロール」というトロルの一種である）、森や山の中に住むことが多い。日に当たると石化する話も複数あり、J．R．R．トールキン『ホビットの冒険』（一九三七）でも用いられている。『アナと雪の女王』シリーズのトロルたちは、日光とは関係なく、普段は石の姿をしている。

トロンハイムのスヴェッレスボルク・トロンデラーグ民俗博物館には、「冒険の道」と呼ばれる一角があり、電動鋸の木彫り作家アルネ・アスケランドの手になるトロルたちの彫刻がある。日本でもおなじみ『三匹のやぎのがらがらどん』の彫刻も。同博物館（Sverresborg Trøndelag folkemuseum）のご厚意により掲載

## 3．受容の背景

### （1）ドイツの神話学と北欧

#### ①「冬」はどこから来たか

以上、水田が解説の典拠とした可能性のある書籍として、ソープ『北欧神話』の存在を指摘した。それでは、松村の方はどうだろう。記述内容は概ね、ウーラントとグリムに沿っていることが確認できたが、両者とも巨人の名前を「風と雷雨」（Wind und Wetter）としており、松村の「冬と雷雨」（Winter und Wetter）とは異なる。

再び結論を先に書くと、巨人の名前をWinter und Wetterとする文献は見当たらなかった。すべて、Wind und Wetterなのだ。2（3）「原典候補の検討」で紹介していない資料にあたってみても、同じ結果だった。

松村は、ウーラントを出典とする教会建設説話の紹介に続き、以下のように記述する。

> 巨人の名は、ノルランドの説話ではWinter und Wetterであり、諾威の説話ではBraserもしくはSkalleである。Winter und Wetterが、自然的要素を発生原体とする怪魔であることは明白である。Braserは即ち『吹くもの』にして、『冬』をその作用の方面から見たものである。Skalleは『赤裸々』もしくは『荒涼』を意味し、『冬』をその風光の方面から見たものに外ならぬ。〔註42　Finn Magnussen. Lex. Myth. P. 79.〕（松村一九二九：本文四二六頁、註四六二頁）

〔註42〕に記載されるFinn Magnussen. Lex. Mythは、フィン・マグヌッセン（Finn Magnussen.1781-1847／アイスランド出身で、アイスランド名はFinnur Magnússonだが、デンマークにおいて、デンマーク名Magnussenで活動した）のラテン語著作『北欧神話辞典』（Priscæ veterum Borealium mythologiæ lexicon. 1828）を指す。しかし、『北欧神話辞典』の七九頁以降を実際に見てみると、挙げられる巨人の名は、スカッレ（Skalle）、風と雷雨（Vind och Väder）、風の吹く天気（Bläst）、平原（Slätt）である。グリムはこれを踏襲し、やや変形させて、本文ではVind och Veder（ノルウェー語。グリム自身のドイツ語訳でWind und Wetter）、Bläster、Slätt、Skalle、Finnを挙げている。松村が出典として挙げているウーラントはマグヌッセン『北欧神話辞典』と後述するファイエを参考文献としてSkalleという名を挙げ、続いて『スノリのエッダ』に基づいてVindr、Skalli、Slättという名を挙げる（Uhland1836：112）。マグヌッセンの挙げるスウェーデン語Vind och Väder、グリムの挙げるノルウェー語Vind och Vederは、いずれも、ドイツ語に直訳するとWind und Wetterである。ウーラントが紹介するアンドレアス・ファイエ（Andreas Faye. 1802-1869）『ノルウェーの伝説』（一八三三）では、「聖オーラヴがトロルを殺し教会を建てる」という章（Faye 1860:109-111）で教会建設説話が紹介される。そこでのトロルの名前はスカーレ（Skale）である。「プロジェクト・グーテンベルク」やグーグル・ブックス、いくつかの大学図書館のデジタル・アーカイヴを検索しても、トロルや巨人の名前としてWinter und Wetterを含む文献は見つからなかった。

もちろん、調査から漏れた文献の中にWinter und Wetterが存在する可能性はある。ただ、言葉の意味からしても、Winter und Wetterは不自然である。というのは、まず、再度意味を確認しておくと、ドイツ語でWindは「風」を意味し、「ヴィント」と発音する。Winterは「冬」を意味し、「ヴィンター」と発音する。undは英語のand、Wetterは「天気」「雷雨」を表す。ウーラントなどのWind und Wetter（風と雷雨）は用例の多い言い回しで、一般的な独和辞典にも掲載されている。一方、松村のWinter und Wetterは、季節名「冬」（Winter）と天候「雷雨」（Wetter）を組み合わせた不自然な言い回しだ。

このためわたしは、松村は何らかの文献に依拠して「冬あらし」（Winter und Wetter）と書いたのではなく、オリジナルの名前を書いたと考えている。意図的な改変か、間違いかは分からないが、意図的な改変であるとすれば、松村はその名前を良いと思ったことになるし、仮に間違えたにせよ、「冬あらし」という名前は松村にとって違和感がなかったことになる。序文で書いたとおり、物語は、文脈に応じて姿を変えていくものだ。以下では、松村の変更（改変または間違い）の背景を類推することで、松村が置かれていた研究史の文脈を見ていきたい。

まず、松村が間違えた可能性を検討するため、ウーラントの註55に着目したい。

> 註55　ノルウェーの類似した伝説では、巨人はスカッレ（**Skalle**）という名前である。（『北欧神話辞典』七九頁以降、ファイエ一一四頁）。『スノッリのエッダ』二一〇aでは、巨人の名前として、**Vindr**および「男」を意味する**Skalli**が氷の巨人の名前として挙げられており、第三の名前が、ノルランのトロルに与えられた「つるつるすべるもの」を意味する**Slätt**である。

ドイツ語のWind und Wetterがスウェーデン語でVind och Väder（古い綴りではWind och Wäder）となる通り、ドイツ語とスウェーデン語ではWとV、TとDが入れ替わる。古ノルド語Vindrは、スウェーデン語のVind、ドイツ語のWindと同じく「風」を意味する。語末にrがつくところがスウェーデン語と異なるが、これは古ノルド語の男性名詞の語尾である。北欧語を解さない松村は、語尾がrとなっているために、Vindrをドイツ語のWinterと同一視したのかもしれない。

それでは、「冬と雷雨」と解釈して違和感がなかった理由、あるいは、積極的にその名前に変えた背景はどのようなものだろうか。ここで、アースガルズの城砦建設と、聖オーラヴの教会建設説話の間に挟まれたウーラントの解説を詳しく紹介したい。ウーラントは、城砦建設神話を冬のメタファーとして以下のように解釈する。『巫女の予言』の大工は「冬の巨人」、馬スヴァジルファリは「氷を運ぶ者」を表す冬の風（Winterwind）、馬が運ぶ巨大な石は氷や雪の塊を意味する。城砦は大地を覆う雪と氷で、冬の間、霜による被害から大地を守るが、完成されてはならず、門が閉ざされたままになってはいけない。牝馬に変身したロキと牡馬の疾走は季節の変わり目の風である。夏の神トールの巨人退治は、暖風（雪や氷を溶かす春先の風）で氷が溶け、雷で冬が終わることを象徴する。先ほど引用した註でも、ウーラントは『スノッリのエッダ』の氷の巨人の名前としてVindrをあげ、スウェーデン語で一般的には「平原」を意味するSlättを、Glatte（つるつる滑るもの）を意味するとしている。glattは表面が滑らかである様子を表し、「氷（Eis）」という語と組み合わせたGlatteisは「凍結した路面」を意味する。「つるつる滑るもの」という言葉でウーラントが読者にイメージさせたいのは「氷」と考えられる。松村が風（Wind）を冬（Winter）に変更したのは、この物語を、あるいは北欧神話全体を冬、寒さ、氷と関連付けるウーラントの解釈とこの語のイメージが一致したからと推測できる。このことの傍証として、松村はアースガルドの城砦建設をFrost-giant、すなわち「霜の巨人」が手掛けたと書いた（松村一九二九：四二五頁）。この記述を、第一部で紹介した比較神話学・古英語研究者の水野は、「『山巨人』（bergrisi）と記すべきであった」（水野二〇〇〇：八九頁）と訂正している。だが、松村にとってこれは、「正しい」記述だった。ウーラントのように、北欧神話を北欧の厳しい自然の象徴として読む解釈は、一九世紀ドイツの北欧研究の成果に由来するからだ。

### ② 神話学と民族主義

松村が参照したドイツ語書籍や英語書籍、その典拠となる北欧語もしくは北欧人が書いた書籍の刊行年を見ると、一八三〇年代前後に集中している。第一部で紹介したスウェーデンの民話の本や改作も一九世紀に集中している。この時期の英語圏・ドイツ語圏・北欧語圏では北欧神話や民話が盛んに研究されていた。日本では、一八九三年（明治二六年）にカーライル『英雄崇拝論』（石田羊一郎・大屋八十八郎訳、丸善）の翻訳が刊行されるが、第一章（原著は一八四〇年）はオヲディン（オージン）を中心とする北欧神話の記述である。一九一三年（大正二年）に刊行されたブルフィンチ『伝説の時代』（野上弥生子訳、夏目漱石序文、尚文堂）は、ギリシア・ローマ神話がメインだが、北欧神話とインド神話も併載されている。カーライルやブルフィンチは英語著者であるが、ドイツ経由で入ってきた北欧神話関連の情報や知識、学問も多い。松村武雄はドイツの研究成果を受け取り、日本で展開させた主要な神話学者の一人である。第三部で言及する通り、現在の日本においては、北欧神話が文学作品としてのみならず、ゲームや漫画のコンテンツとしても親しまれているが、広く言えばその背景にも、明治期から連綿と続く北欧神話への興味・関心がある。

古い文化への興味・関心、学問の展開、国際交流は、しばしば、輝かしい歴史の一ページとして記録される。しかし、英語圏・ドイツ語圏における北欧神話への興味は、民族主義や人種主義と結びつき、ドイツ語圏におけるファシズムの根拠の一つとなった側面がある。グリムの童話収集や言語学の研究も含めて、言語や神話・民話は、それ自体に対する純粋な興味だけで探求されたわけではない。現在のドイツの前身は一八七一年に成立した「ドイツ帝国」で、それまでのドイツ語圏には、「プロイセン」「ザクセン」「バイエルン」「オーストリア」などの国が乱立していた。言語や神話・民話は、ドイツ語圏がフランスのような強力な統一国家となることを目ざし、ドイツのナショナル・アイデンティティを示すために研究された。その際に、失われたドイツの過去として注目されたのが「北欧」だった。一九世紀のスウェーデンで民話や伝説への関心が高まった背景にも、ドイツと連動した文学運動や政治活動があった。

比較言語学には「語族」「祖語」という概念がある。たとえば、ヨーロッパの言語の多くは相互に文法や語彙が似通っているが、日本語とは相違点が多い。その理由を、各ヨーロッパ言語は共通の「インド・ヨーロッパ祖語」から派生して現在の形になり、日本語は別の「祖語」から展開したと考える。同じ「祖語」から派生した言語のグループを「語族」と呼ぶ。ドイツ語は、英語やオランダ語と共に、「インド・ヨーロッパ語族　ゲルマン語派　西ゲルマン諸語」に属し、北欧の言語の多くは「インド・ヨーロッパ語族　ゲルマン語派　北ゲルマン諸語」に属す（なお、北欧の言語のうち、ウラル語族フィン・ウゴル語派のフィンランド語とサーミ語、エスキモー・アレウト語族のグリーンランド語は、インド・ヨーロッパ語族に属さない）。（☞46頁）たとえば、「風と雷雨」が、スウェーデン語ではvind och väder、ドイツ語ではWind und Wetter、英語ではwind

シューベルトの曲で知られる『魔王』は、ドイツの作家ゲーテが、哲学者ヘルダーによるデンマーク民謡『エルフ王の娘たち』のドイツ語訳にインスピレーションを受けて作詞した。画像の絵葉書には、冒頭の楽譜が印字されている。消印は1914年

and weatherと、互いに似通っているのもそのためだ。北ゲルマン諸語は、西ゲルマン諸語に比べ、「祖語」からの変化の度合いが少なく、ゲルマン祖語の特色を多く残すとされる。北欧の神話・民話は、ゲルマン祖語を知るためにも研究された。祖語からの変化が少ないことは、北ゲルマン諸語から西ゲルマン諸語が派生したことを意味せず、「語族」は「民族」とは異なる概念なのだが、これらはしばしば混同された。アースガルドの城砦建設の変種として北欧の教会建設説話が各地に存在することも、ゲルマン語圏における固有なものの存続――北欧神話が、キリスト教というヨーロッパの南から来た宗教を越えて生き延びていることの証左だった。

「ゲルマン民族」への称賛は、ヨーロッパに古くから存在する反ユダヤ主義と結びついた。「北欧」「ゲルマン」が、「強さ」「健康」「勤勉」「男らしさ」といったタームでもてはやされる一方で、ユダヤ人は対照的に、「病気」「障碍」「弱さ」「怠惰」「女々しさ」と結びつけて表象されたのである。ここでは、ユダヤ人差別が、行き過ぎた健康言説、似非科学、偏ったジェンダー観に複層的に組み込まれている。たとえば前項で挙げた、北欧神話を自然の驚異の象徴とする解釈も、それ自体としてはとても魅力的だ。しかし、ここから導き出される「厳しい自然の中で素朴に力強く生きる北方の民族」のイメージは、「民族」というあやふやで実体のない概念を既成事実化したうえで、都市民として表象されるユダヤ人他の民族を劣等視し排除の対象とする思考構造と相互補完の関係にある。この差別と排除の構造は、現れ方やターゲットを変えながら、現在も存続している。（参考：坂井一九九六：一六六～一七九頁、二一三～二一五頁：松村一男二〇一〇：三四九～三六七頁）

日本の神話学史における松村武雄は、昭和前期を代表する研究者である。その研究は、世界の神話学説を参照する組織性・体系性を特徴とし、比較神話学の方法による日本神話研究を継承・発展・大成させた。そして、日本神話研究を通じ、一九三〇年代に、松村は日本民族と天皇制を称賛した。（平藤二〇一〇：三二一～三二二頁）

松村が教会建設説話を紹介する文脈は、北欧にキリスト教が導入され、異教（北欧神話）が信仰の対象でなくなった後も、民間伝承に残り続けたことを実証する過程である。松村によれば、北欧神話の主要な神々は、民間伝承においては妖術者や巨人や魔女として形象された。そうした中で神話も変容した。教会建設説話は、城砦建設神話がキリスト教的形象を帯びたものである。ただし、キリスト教化の「周到なる目をかすめて、ある一点に異教的色調が潜み続けているのに気づく。それは建築師としての巨人の名である」（松村一九二九：四二六頁）。先に検討した「冬と雷雨」（Winter und Wetter）やその他の巨人の名前は、この文言に続いて列挙される。松村は、Winter und Wetterを「自然的要素を発生原体とする怪魔」、Blaser（松村の綴りでBraser）＝「吹くもの」を『冬』をその作用の方面から見たもの」、Skalle＝「赤裸々」「荒涼」を『冬』をその風光の方面から見たもの」（松村一九二九：四二六頁）と説明するが、ドイツ語Blaserは「息を吹く」「風が吹く」という意味の動詞blasenの名詞形、北欧語Skalleは一般的には「禿げ頭」を意味し、単語自体が「冬」を連想させるわけではない。この説明が、松村のオリジナルなのか、引用元があるのかは、今回確認できなかったが、北欧神話における「冬」という要素を強調する解釈だ。「冬あらし」という名前のイメージはこの解釈によく合う。

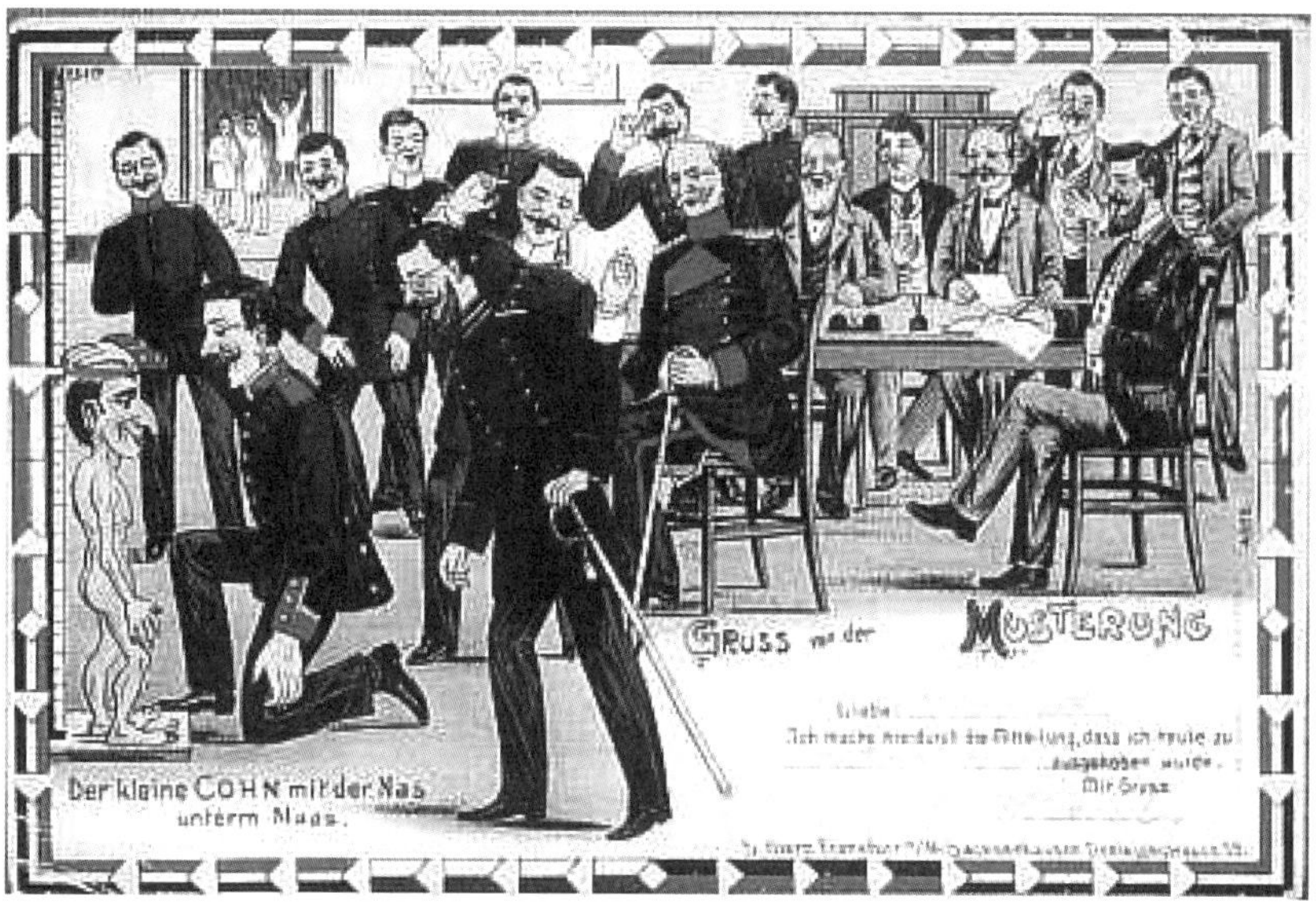

「小さなコーン」と呼ばれるユダヤ人を描いた絵葉書（1905年ごろ、作者不詳）。「ユダヤ人は弱い」というイメージのもと、小柄で大きな鼻とO脚などの持ち主として描かれた。

このことが示すのは、一見純粋に見える学問や読書の中に、差別と排除の思考がいかにたやすく入り込むかということだ。北欧神話の巨人を「冬の象徴」と見る解釈それ自体は、日本民族やドイツ民族を称揚するものではない。むしろ、キリスト教の教義の浸透の中で、民間伝承の中に北欧神話の名残りを探すことで埋もれていた歴史を発掘し、名もない民衆の営みに光を当てる営為である。しかし、冬という表象が「北方民族」の優位性の主張と結びついた事実、その主張が他の民族の劣等視と結びついた経緯、日独軍事同盟時代に「ゲルマン民族」と「大和民族」の類似性が強調された歴史は、確実に存在する。

『巨人フィンの物語』も『大工と鬼六』も、楽しい物語である。宗教や言語や文化や国を越えて物語が継承され、変遷する過程もワクワクするものだ。しかし、そのことは、『巨人フィンの物語』や『大工と鬼六』の背景にあるゲルマン民族主義や日本のファシズムを免責しない。よく「作品には罪はない」と言われるが、わたしはそうは思わない。

同時に、反ユダヤ主義や昭和期におけるファシズム賞賛があるという理由で『巨人フィンの物語』や『大工と鬼六』を消してしまうべきだとも思わない。むしろそのような形で暴力の歴史を隠すべきではないと考えている。今、このことを書いているのは、暴力が、一見それと気づかない形で浸透すること、そして『巨人フィンの物語』を愛読し、この解説を書いているわたし自身も暴力の歴史の中にいることを、自分でも忘れたくないし、一見暴力的でないものを紹介する際に、その受容や内容や形象が含む暴力性を隠したくないからである。

## （2）読み聞かせとジェンダー

### ①「母親」と受動的な女性

以上では、神話学と松村武雄が位置したヨーロッパと日本の思想史の文脈を見てきた。それでは、水田光や「読み聞かせ」は、日本思想史においてどのような文脈にあるのだろうか。

水田が活動した大正時代はまさに、現代につながる「家族」「母親」「子ども」といったイメージが成立し、それに基づく制度が求められ始めた時代である。女性解放運動と児童教育運動が相互に展開する中で、女性が母親として子育ての中心を担うことを当然視する考え方が成立した。そこで「母親」に求められたのは、子どもを放置するのでも、強制的に知識を詰め込むのでもなく、楽しい素材を用いてのびのび学べる環境を整えることであり、たとえばお話の読み聞かせはその一端である。この流れは、妊娠・出産・育児期の女性に対する援助・保護制度にもつながっている。

一方で、こうした考え方は、女性を、「母親」という役割のみならず、読み聞かせ、すなわち、能動的に作品を作り出すのではなく、すでにある作品を受容し継承するという受動的な役割の担い手に限定した。ここで指摘したいのは、「だから読み聞かせは悪い」「水田や櫻井の活動は女性差別的だ」ということではない。読み聞かせそのものは豊かな文化であり、受容や継承は価値ある行為である。受動的であること自体が悪いわけでもない。しかし、水田の活動から一〇〇年、櫻井の発見から三〇年を経た現在、読み聞かせの役割を母親／女性に限定することや、女性における能動的な創作者や情報収集者の側面を捨象することは、検証され直さなければならない。そのことが、水田や櫻井の再評価にもつながるとわたしは考えている。

というのは、櫻井の議論で、ずっと気になっていたことがある。水田光の『お話の実際』は一九一七年、松村武雄の『神話学論考』は一九二九年と、水田が先、松村が後に刊行されている。また、『お話の実際』は、松村が〝家庭と子ども向き〟の洋書は光にまかせ」た時期に刊行された。それにもかかわらず、櫻井は、なぜ、水田が松村から教会建設説話を学んだと結論したのか。二人の典拠が別である可能性や、松村が水田に説話を学んだ可能性が、なぜ検討されなかったのか。もちろん、水田が解説に出典を書かず、一方の松村がウーラントを出典として挙げていることは大きいだろう。松村が多くの知識や文献に触れる機会を有する大学所属の研究者であることも考慮されるだろう。しかし、それだけだろうか。櫻井にも、また、櫻井の論文を読んでその点に疑問を抱かなかった人々にも、男性と女性が協働して作業を進める際に、男性が知識を提供する側、女性が知識提供を受ける側という前提があったのではないだろうか。2.『鬼の橋』の「原典」におけるわたしの推論が正しければ、水田は英語文献を読みこなして咀嚼し、わかりやすい形に提示できる高い読解能力・言語能力と、それを日本の文脈に置き換えて生き生きとした新しい物語を生み出す創作能力を備えていた。櫻井には、すぐれた資料調査能力と、人脈を生かして調査を完成させる高い行動力があった。この章では、女性解放と児童教育のもう一つの側面として、水田や櫻井の能動的な側面を見えにくくしてきた、限定的なジェンダーのあり方を指摘したい。

それに際して指摘しておきたいのが、女性解放運動と児童教育運動が、優生学に強く左右されてきた、ということである。優生学は、人類の「遺伝的素質」を「改良」することを目的に、「悪質」な遺伝形質の淘汰と、「優良」な遺伝形質の保存を目指す学問である。現在は、ハンセン病患者の強制隔離や、障碍者に対する強制不妊手術といった文脈で話題に上ることが多い。また、ドイツで「人種衛生学」という名前で展開し、障碍者排除のみならずユダヤ人排除の言説を支えたことから、「ナチの学問」というイメージも強い。逆に言うと、優生学は、過去の一時期にあった悪名高い似非科学としてイメージされ、その広がりや、現在に存続する要素が意識されることが少ない。しかし、ヨーロッパの一九世紀・二〇世紀において、優生学は、学校教育、女性解放、福祉制度、反戦運動といった社会全般にわたる「改良」運動と結びつき、広く普及した。優生学の特徴は、（優生学の考える）能力や性質をもとに、人を分離・隔離することにある。その対象は、能力別学級・介護施設からナチの強制収容所やハンセン病の隔離施設まで、さまざまな形で人を分離した。「優良」な遺伝形質を持つ者が「悪質」な遺伝形質を持つ者との間に子孫を残すと、その子孫からは「優良」さが失われるとの観点から、「悪質」な遺伝形質を持つとされた身体障碍者や精神疾患の患者に対しては、強制不妊手術が行われた。優生学が人種主義と結びつき、ある人種・民族を「優良」、別の民族を「悪質」とすることもあった。ホロコーストに先立って、ナチは、ユダヤ人は「悪質」な遺伝形質を持ち、ドイツ人との結婚により、ドイツ人の遺伝形質が悪化するとの言説をもとに、ユダヤ人とドイツ人の結婚を禁止した。優生学はナチとつながるイメージから、戦争賛美の思想と捉えられがちだが、戦争では、優生学的観点からは子孫を残すべき者が出征して命を落とすため、優生学の立場から反戦運動を展開した者も多

かった。女性の社会進出と優生学が結びついた例も多い。

優生学では、国家が国民の健康や生活を管理する。そのための管理体制の構築にあたり、たとえば一九三〇年代のドイツでは、社会問題に携わる男性に対し、女性は「母性」ゆえに教育・福祉分野の対人援助サービスの担い手とされ、教育困難児とその家庭を支援する家族ワーカーとして活動した。彼女らが作成した調書は、一九四〇年代に入り、強制収容や不妊手術の資料として使われた。（岡田二〇〇四）

優生学からは、現在につながる考え方も出ている。たとえばスウェーデンのエレン・ケイ（Ellen Key. 1849–1926）は、優生学に強く影響を受けながら（Mattsson）、児童教育・女性解放に多大な功績を残した。ケイは、同時代スウェーデンのフレドリカ・ブレーメル（Fredrika Bremer. 1801-1865）が男女の絶対平等を唱えたのに対し、女性が家庭で果たす妻・母としての役割の評価を求めた。日本の平塚らいてう（一八八六～一九七一）、山田わか（一八七九～一九五七）はケイに強い影響を受け、女性の政治活動を制限する治安警察法の改正、女性参政権運動と並んで、妊娠・出産・育児期の母子を国家が保護すべきだとする母子保護運動を展開した。これらの運動は、女性の集会結社を禁じる治安警察法第五条第二項の改正（一九二二）、「母子保護法」の成立（一九三七）に貢献した。

エレン・ケイ。スウェーデン・スモーランド出身。『恋愛と結婚』や『児童の世紀』などの著作は、当時の思想界に大きな影響を与えた。日本では小野寺信・百合子夫妻による共訳が刊行されている。

ケイは児童教育分野にも多大な貢献をした。ケイ『児童の世紀』（一九〇〇）は、従来の書物中心教育を批判し、児童の自主性・主体性を重んじる新教育（New Education）運動の論理的支柱の一つとなった。新教育運動は、大正期の日本にも波及し、大正デモクラシーの風潮にも押されて、教師中心の「注入主義」を廃し、子ども中心の「新教育」を目指す大正自由教育運動へと展開した。この運動を受けて、成城学園（一九一七）や自由学園（一九二一）など斬新な教育方法を取り入れた学校が新設されたほか、鈴木三重吉（一八八二～一九三六）らによって『赤い鳥』（一九一八年）が創刊されるなど、児童文学も成熟期を迎えた。ケイの主張は、夫婦は経済的理由ではなく愛と尊敬によって結ばれるべきであり、母親は子育てに際し、子どもの自主性・自立性を重んじ、そうした能力の伸長を援助すべきであるというものである。この議論には、出産・育児に不適切と（優生学的な観点から）看做された者は結婚・子育てから除外すべきだとの主張が含まれている。この主張をもとに、「遺伝病」の者に対し、強制不妊手術や強制収容が行われた。これらを定めた法律は、ドイツでは第二次世界大戦終結に伴うナチ政権崩壊で廃案となるが、スウェーデンでは一九七五年、日本では一九九六年まで存続した。もとより、予防効果があれば強制不妊手術や強制収容が許されるわけでは決してないが、優生学において隔離の対象となった中には、アルコール依存症や精神疾患など現在では遺伝性ではないとされている症状、同性愛などそもそも病気ではない状態、さらに、当時の科学においても細菌感染であること（遺伝性でないこと）が明確で特効薬もあったハンセン病も含まれていた。

### ②日本の女性解放運動と児童教育運動

上記の通り、優生学、女性解放運動、児童教育は密接に関連していた。優生学における「女性解放」は、女性を「母親」と評価し、そこに限定していく効果を持っていた。家庭内だけでなく、女性が児童の教育支援や生活保護の分野での活動にふさわしい性とされたこともその証左である。それはおそらく、水田が大人向けの小説や詩や戯曲ではなく、子ども向けの「お話」に携わった理由とも連動する。

平塚らいてうの活動の根幹が母子保護にあったことは先述したとおりだが、日本の女性解放運動史にも、あるいは女性作家の活動にも、女性解放＝母性への限定の流れは強く存在していた。一八八〇年代後半に展開された日本初の女性解放運動は、近代家族制度の成立、すなわち、一夫一婦制や廃娼を求めた。一八九〇年に民法が発布され、法的な一夫一婦制が確立すると、この運動は沈下した。さらに、集会及結社法および治安警察法によって、女性の政治活動は厳しく制限された。樋口一葉（一八七二～一八九六）や与謝野晶子（一八七八～一九四二）といった女性作家の活躍は、政治活動の制限により、女性の活動の場が文学分野に移ったことの副産物でもある。廃娼運動を支援する雑誌として創刊された『女学雑誌』も、運動沈下後は、文芸記事が多くなり、「子供のはなし」（のち「小供欄」、「児籃」に名称変更）欄が設けられて、若松賤子（一八六四～一八九六）による海外児童文学・童話（『小公子』、イソップ、グリム、アンデルセンなど）の翻訳が掲載された。海外児童文学・童話の翻訳を素地に、日本の児童文学も発展を見せた。櫻井が水田の名前を知る契機となった巌谷小波は、一八九一年に日本で最初の創作童話とされる『こがね丸』（『少年文学　第一編』博文館）を刊行した人物である。博文館社員の巌谷は、雑誌『少年世界』『少女世界』『幼年世界』などを発行し、古

『幼年世界』第5巻第5号。水田光「肩の上の子（シリヤのお話）」を収録

典・おとぎ話の再話で人気を集め、『日本昔噺』、『日本おとぎ話』など児童向けの作品の他、教育論・口演童話論など、幅広い啓蒙活動を行っていた。水田の翻訳家としてのキャリアは、『幼年世界』に英語の民間伝承の翻訳を掲載することでスタートした。

一九〇〇年代に入ると、社会主義の立場から新たな女性解放運動が展開される。ここでは、家庭における男女の不平等と階級社会における貧富の不平等が同根とみなされ、資本主義的・ブルジョワ的な家族制度そのものが批判された。明治憲法下の家族制度は、天皇制の根幹を成すものであっただけに、こうした女性解放運動は厳しく弾圧された。その一方で、児童や教育への関心の高まりは、その基盤である家庭や、家庭において児童の養育の役割を担うべきとされた母親への関心と連動し、一方の女性の社会進出という新傾向ともあいまって、女性に関する議論は世界的に活発化した。

『青鞜』は、一九一一年に文芸誌としてスタートした。概則の第一条に「本社は女子の覚醒を促し、各自の天賦の特性を発揮せしめ、他日女流の天才を生まむ事を目的とす」とあるように、青鞜社は当初、女性の法的・政治的解放ではなく、女性に自己表現の場を提供することを目的とした（治安警察法・集会及政治結社法により、女性の政治結社は禁じられていたため、文芸誌でなければ、女性を発起人とした雑誌は認可されなかったという事情もあった）。厳しい世論にさらされる中、平塚らは揶揄の言葉であった「新しい女」を自ら肯定的な意味で使い、女性を縛る社会的な制度そのものに目を向けるようになる。その過程で平塚はエレン・ケイを見出し、『青鞜』廃刊（一九一六）後も、女性解放・母性保護に尽力した。水田の翻訳活動はこうした時代背景のもとで結実した。『お話の研究』（一九一六）、『お話の実際』（一九一七）の刊行、地理学者の山崎直方との結婚（一九一九）を経て、水田は一九二〇年代は「山崎光子」名義で多数の翻訳を刊行、一九二九年に夫の死を契機に筆を折る。

水田の文学活動は、「子ども」の概念が成立し、「昔話」「民話」が「童話」へと変容し、西洋の童話の翻訳が根付き、日本オリジナルの童話が成立する時期と重なっている。この流れを女性解放運動史と重ねあわせると、女性の活動が政治活動という制度構築から文筆活動という内面描写へ、社会運動をする場合にもその対象は国家全体ではなく家庭や妊娠・出産・育児という女性の役割限定的なものへ、創作という能動的活動が翻訳・語りという受動的活動へと、イメージが限定される流れと重なっている。

再度確認しておくと、平塚らいてうらの家庭と母性を対象とする社会運動は国家の福祉制度を構築する目的と結果を伴っていた。文筆活動の目的は内面描写だけではなく、内面描写に意味がないわけでもない。家庭の問題が国家のそれに比べて小さいわけでもない。翻訳や語りは必ずしも受動的なだけの活動ではなく、受動的であることが悪いわけでもない。そして何より、こうした歴史の中で善きものとして成立したイメージに沿った人々、具体的には「子どもにお話を語るお母さん」として生きた人々の人生の価値が否定されるべきでもない。

これらを確認したうえでわたしが主張したいのは、しかし、こうした営為が、ある偏ったイメージに女性を限定したこと、「子どもにお話を語るお母さん」以外の女性（像）を周縁化・不可視化したこと、「子どもにお話を語るお母さん」自身も過小評価したことである。偏ったイメージは、翻訳や語りに積極的に従事した女性たちや、能動的に社会活動をした女性たちが、自身の活動を家庭的・受動的なものとして自他に提示することによっても強化されてきた。第三部では、諫山創『進撃の巨人』を題材に、ジェンダーの問題を論じる。そこではこの問題を、女性解放という文脈を越えて、北欧神話の時代から続いてきた支配・被支配の問題として論じたい。

**【図一】書誌情報相関図**

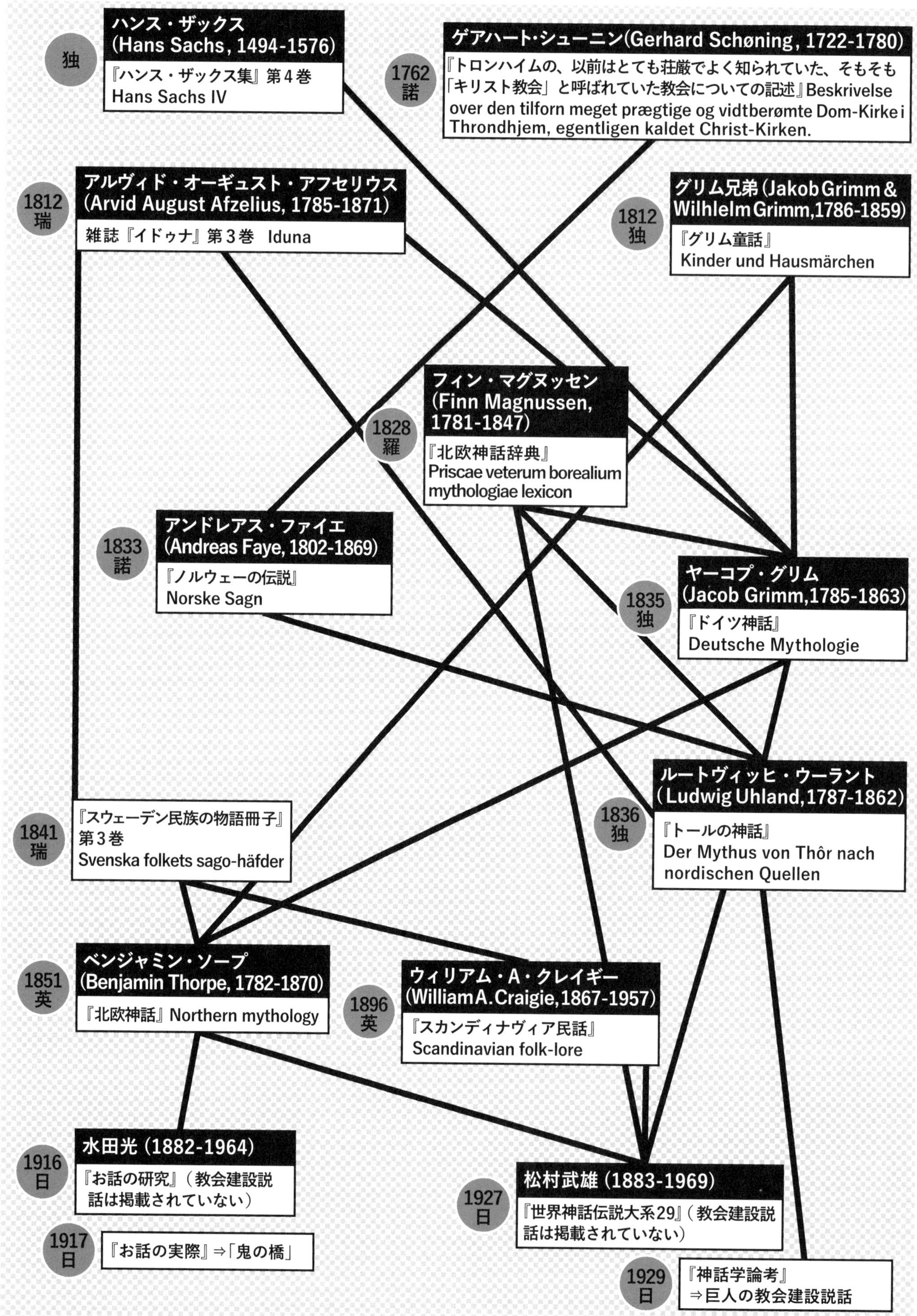


第二部で検討した書籍が「書誌情報」として挙げる書籍の対応表。「独」はドイツ語、「諾」はノルウェー語、「瑞」はスウェーデン語、「羅」はラテン語を表す。作成：中丸禎子・中丸麻衣子

# 第三部　北欧神話と『進撃の巨人』

## 1. 北欧神話

### (1) はじめに

第一部では、『巨人フィンの物語』のもとになったアースガルズの城砦建設について、『ギュルヴィたぶらかし』に書かれているエピソードを紹介した。「巨人が造った、巨人の侵入を防ぐための壁」は、諫山創の漫画『進撃の巨人』（講談社）の重要モチーフである。『進撃の巨人』には、ほかにも、巨人との戦い、キャラクターの名前や設定、（その名称ではないが）「世界樹」や「ラグナロク」等、北欧神話を構成する要素が多く引用されている。新旧の支配者同士の争いと権力交代、敗者が勝者の世界の礎となる問題系も共有されている。

第三部では、『進撃の巨人』を、『巨人フィンの物語』や『大工と鬼六』とは別の山の巨人の城砦建設説話の展開と捉えて論じてみたい。そのためにまず、北欧神話を第一部よりも少し詳しく紹介したい。紙幅の関係から、すべての話を満遍なく説明するのは難しいので、二つの資料を検討する。一つ目は『巫女の予言』。世界の生成から終末までを描いた作品だ。二つ目は『ヴォルスンガ・サガ』。こちらは歴史的事実に取材した人間たちの物語である。

### (2) 『巫女の予言』　世界の生成から終末まで

『巫女の予言』は、北欧神話の資料のうち、九〇〇〜一二〇〇年ごろに成立した作者不詳の詩群「古エッダ」（図52頁）のもっとも有名な作品である。祭儀を司る高位の女性である「巫女」（ヴェルヴァ／völva）が、世界の生成から終末までの歴史を語る。「予言」と聞くと、将来についての「占い」を連想するが、ここで巫女は、想像や予測を語るのではなく、また、必ずしも未来だけを語るのではない。超自然的な力で目にした、自身が生まれるよりはるか昔の天地創造から、遠い未来に起こる世界の終末までを語っている。書き出しは次のような文言だ。（以下は谷口一九七三：九〜一五頁から引用。［ ］に入れて節番号を付す。）

すべての尊い氏族《やから》、身分の高下を問わず、ヘイムダルの子らに、よく聴いてもらいたい。戦士の父《ヴァルファズル》よ、あなたは、わたしに、思い出せる限り古い昔の話を、見事語ってみよと、望んでおられる。[1]

太古に生れ、その昔、わたしを生み育ててくれた巨人らのことを、わたしはおぼえている。九つの世界、九つの根を地の下に張りめぐらした名高い、かの世界樹を、わたしはおぼえている。[2]

『巫女の予言』の註によると、「ヘイムダルの子ら」とは人間のことだ。『リーグルの歌』によれば、神ヘイムダルは、三人の女との間に三人の息子をなした。エッダ（意味は「曾祖母」）との間に生まれたスレールは奴隷の先祖、アンマ（意味は「祖母」）との間のカルルは自由農民の先祖、モージル（意味は「母」）との間のヤルルは貴族の先祖となった。「戦士の父」とは戦いの神オージンのことだ。「太古に生まれ」は、神族が巨人から生まれたために、巨人族が世界で存在するもののうちで一番古いことを示し、巫女は巨人族の出身であるために、太古のことを語ることができる。「世界樹」とは、ここでは、死者の国、巨人の国、人間界に根を張り、全世界に枝を広げる大樹である。ここでは世界が、一本の樹として想定されているのだ。（谷口一九七三：一三〜一四頁）

このように説明をしていくと終わらないので、ここから先は、『巫女の予言』の註やシーグルズル・ノルダル『巫女の予言　エッダ詩校定本』を参照しながら現代風に置き換えた言葉で概説し、随所で印象的な文言を引用していく。引用文中に補足説明をする際は〔 〕に入れて提示する。

先に述べたとおり、北欧神話には様々な資料があり、『巫女の予言』とは異なる設定で書かれる／語られる北欧神話もたくさんある。『進撃の巨人』理解に役立ちそうなエピソードについては、『巫女の予言』とは別の作品と比較対照しながら解説する。『巫女の予言』は話が飛躍する（ように見える）ことも多いので、適宜行間を補足する。【図一】

世界の中で最初に存在したのは、巨人ユミルだった。なお、『進撃の巨人』の登場人物ユミルは女性だが、北欧語の「ユミル」は男性名である。

最初の巨人ユミルと牝牛アウズンブラの像。アイスランド・レイキャヴィーク。撮影：福原遙彦

ユミルの住んでいた太古には、砂もなければ、海もなく、冷たい浪もなかった。大地もなければ、天もなく、奈落の口があるばかりで、まだどこにも草は生えていなかった。[3]

こうした中で、オージン、ヴィリ、ヴェーの三柱の神が、人間の住む世界ミズガルズを造る。『巫女の予言』では、ただ「作る」とのみ書いてあるが、『ギュルヴィたぶらかし』第八章によれば、オージンらはユミルを殺し、その肉から大地を、骨から岩を、歯と顎と骨から石を、血から海を、頭蓋骨から天を、睫毛から人間を巨人から守るための砦を、脳から雲を作った。(谷口一九七三：一三〇～一三一頁)

『巫女の予言』に話を戻そう。神々は太陽で大地を照らして草を生えさせ、天体の運行を決め、冶金場を作り、ユミルの血と骨から「小人の王」を作り(小人の王は土からたくさんの小人を作り)、アスクとエムブラという樹木に息、心、生命《いのち》の暖かさと良い姿を与えて人間を造る。しばらく続いた幸福な時代を終わらせるのは、女巨人たちである。たとえば、人間の運命を定めるウルズ(「編む者」「織る者」から転じて「運命」「宿命」「死」)、ヴェルザンディ(「生成する者」)、スクルド(「税」「債務」「義務」)の三姉妹は、人間の運命を定め、告げる。グルヴェイグは人間を堕落させる黄金の性質の擬人化である。

> 神々が槍でグルヴェイグを突き、ハールの館で焼いたときが、この世での戦の始まりであることを、わたしは知っている。三たび焼いたが、三たび生れかえり、何度もくり返したが、まだ女は生きている。[21]

北欧神話では、神にも種族がある。オージンらアース神族は、黄金の出現を機にヴァンル神族と戦い、人質を交換して和解する。『ギュルヴィたぶらかし』第二三章によれば、アースガルズに来たヴァンル神族のニョルズは女巨人スカジと結婚し、ニョルズが好む海辺とスカジが好む山を九日ごとに交替しながら暮らすことにした。ニョルズの息子フレイと娘フレイヤはアース神として名前が挙がっている。フレイヤは戦死者をオージンと分け合う女神だが、恋愛を中心に人間の祈りを聞いてくれる。フレイは美しい女巨人ゲルズに一目ぼれし、下男を遣わせてゲルズを妻とする。この時フレイは、名剣を下男への褒美に取らせるが、この剣を手放したために、後に困ることになる。第一部でスウェーデンの詩人テグネルの『イェルダ』(Gerda)を紹介したが、この名前はおそらく、フレイと結婚した女巨人ゲルズ(Gerðr)に由来する。

アーサー・ラッカム「フレイヤ」。

『ギュルヴィたぶらかし』三三章・三四章にはロキのことが書かれている。ロキの父は巨人ファールバウティ、母はラウフェイという名前のみ書いてある(第一部「『巨人フィンの物語』ができるまで」の引用部では「ラウフェイの息子ロキ」と母親の名前を冠して呼ばれる)。容貌は美しいが気まぐれで悪知恵のはたらくロキは、「いつも神々を苦境におとしいれたが、そのはかりごとで救い出したこともしばしばある」。ロキは、女巨人アングルボザとの間に三人の子をなした。神々は三人がやがて災いとなることを悟るとヨーツンヘイムから拉致した。大蛇ヨルムンガンド(ミズガルズヴルム)はすべての国々を取り巻く海に投げ込まれ、自分の尾を噛んで陸地を取り巻いた。ロキの娘ヘルはニヴルヘイムに投げ込まれ、寿命や病気による死者たちの国の支配者となった。大狼のフェンリルはアース神たちに飼われるが、加速度的に成長した。神々は小人に見た目は絹のひもだが決して切れない足枷を作らせた。神々はフェンリルに、足枷を付けて切るように言い、切れないなら脅威ではないので解放すると約束する。フェンリルは約束の保証に神々の一人が手を自分の口に入れるよう要求する。勇敢な神チュールが右手を犠牲にすることで、神々はフェンリルを足枷でつなぐことに成功する。

『巫女の予言』には、巨人がフレイヤを妻とする約束をするが、神々は「誓い、約束、誓約、すべての固い取り決め」を破り、トールが巨人を殺したことが書かれている。このくだりの註には、アースガルズの城砦建設のことが書かれている。

オージンは片目を担保に、知恵と知識が隠された巨人ミーミルの泉の水を飲む。

> 戦の父はわたしに腕輪や首飾りを選び与え、(わたしは)魔法と予言の力を手に入れた。わたしは全世界を、遥か彼方まで見渡した。[29]

巫女が見るのは、次のような情景だ。オージンに仕える武装した乙女ヴァルキューレが馬で戦場をめぐり、戦死者たちを天上に導く。オージンの息子バルドルは、盲目の弟ヘズに殺害される。バルドルの弟ヴァーリはヘズを殺害してバルドルの復讐を遂げる。バルドルの死について『巫女の予言』に書かれているのはこれだけだが、『ギュルヴィたぶらかし』によれば、バルドルが生命に関わる夢を見たため、母フリッグはあらゆるものとバルドルを傷つけない契約をした。しかし、いたずら好きの神ロキが、弱いヤドリギとだけはフリッグが契約しなかったことを聞き出し、ヘズにバルドルに向かってヤドリギを投げさせ、バルドルはヤドリギが刺さって死ぬ。フリッグはバルドルを蘇らせようとするが、その試みもロキにより失敗し、ロキは罰を

受ける。ロキの息子ヴァーリ（バルドルの弟と同名の別人物）は狼に変えられ、もう一人の息子ナルヴィを引き裂く。神々は引き裂かれた体から腸を出してロキを縛り、頭上には毒蛇を結ぶ。ロキの妻シギュンは器で毒を受けるが、満たされた器を開ける間は毒が滴り、ロキが身をよじるので地震が起る。

やがて巨人のいる東から、様々な悪が押し寄せる。

東の、イアールンヴィズに一人の老婆がいて、フェンリルの一族を生んだ。彼らの中の一人が、怪物の姿をして、日を呑みこむ者になるのだ。[40]

怪物は、瀕死の人間の生命をとって腹を満たし、神々の座を赤い血潮で染める。うちつづく幾夏かは、太陽の光は暗く、悪天候ばかりとなる。おわかりか。[41]

ガルムが、グニパヘリルの前で、はげしく吠えた。鎖は引きちぎられ、狼は走り出す。古い昔のことをあまた、わたしは知っている。これから先の、裁き治める勝利の神の、むごい運命が、わたしの眼には見える。[44]

兄弟同士が戦い合い、殺し合うであろう。親戚同士が不義を犯すであろう。この世は血も涙もないものとなり、姦淫は大手を振ってまかり通り、鉾の時代、剣の時代がつづき、楯は裂かれ、風の時代、狼の時代が続いて、やがてこの世は没落するであろう。誰一人として他人をいたわる者などないであろう。[45]

ラグナロクに際し、大狼フェンリルが解き放たれ、焔の剣を持つ巨人スルトも南から攻め寄せる。

聳え立つユグドラシルの梣は恐怖に震え、老樹はうめく。巨人〔訳者註：巨狼フェンリル〕は自由の身になる。ヘルの道すじにある者はことごとく恐れおののき、やがて、スルトの身内〔訳者註：巨狼フェンリル〕は老樹を呑みこむ。[47]

ガルムはグニパヘリルの前で、はげしく吠える。鎖はちぎられ、狼ははしりだす。古い昔のことをあまた、わたしは知っている。これから先の、裁き治める勝利の神の、むごい運命が、わたしの眼には見える。[48]〔中丸註：44とほぼ同じ詩行を再掲載〕

続いて、巨人やロキが攻めよせ、人間たちは死ぬ。神フレイは、以前に巨人の娘ゲルズと結婚するために剣を手放しており、鹿の角で巨人ベリを打ち殺すが、巨人スルトに殺される。『ギュルヴィたぶらかし』によれば、スルトはこの後、大地に焔を投げて世界を焼き尽くす。オージンはフェンリルに殺され、息子ヴィーザルが仇を討つ。『巫女の予言』では、ヴィーザルは狼の心臓を剣で一突きするが、『ギュルヴィたぶらかし』では口を上下に引き裂いて殺す。神ソールは大蛇を退治するが、自らも蛇の吹き付けた毒で死ぬ。

太陽は暗く、大地は海に沈み、きらめく星は天から落ちる。煙と火は猛威をふるい、火炎は天をなめる。[57]

ガルムはグニパヘリルの前で、はげしく吠える。鎖はちぎられ、狼ははしりだす。古い昔のことをあまた、わたしは知っている。これから先の、裁き治める勝利の神の、むごい運命が、わたしの眼には見える。[58]

海中から、常緑の大地がふたたび浮き上がるのが、わたしには見える。滝はたぎりおち、鷲は上空を飛び、山に休み魚を狙う。[59]

太陽が狼に食べられ、世界は焼き尽くされるが、その後、新しい大地が生成する。動物が戻り、作物が育ち、バルドルとヘズは蘇る。

その昔、神々の用いた黄金のすばらしい将棋が、野原の草かげから見つかるであろう。[61]

種も播かぬのに、穀物は育つであろう。すべての禍は福に転ずるであろう。バルドルは戻るであろう。戦士の神々、ヘズとバルドルは、フロプトの勝利の地に仲よく住む。おわかりか。[62]

蘇った神々の描写に続き、炎から保護されたギムレーの地が登場する。

ギムレーに黄金葺《ぶ》きの館が太陽よりも美しく聳え立っているのが、わたしには見える。そこには誠実な人々が住み、永遠に幸福な生活をおくる。[64]

そのとき、すべてのものを統べる強き者が、天から裁きの庭におりてくる。[65]

下のニザフィヨルから黒い飛龍、閃光をはなつ蛇ニーズヘグが、舞い上り、翼に死者をのせて、野の上を飛ぶが、やがて沈むであろう。[66]

『巫女の予言』は、難しい言い回しも多く、現代の人が読んでも何が起こったかよく分からない描写も多い。北欧

神話を現代風に再話したパードリック・コラムは、この物語を次のように提示している。神オージンは知恵の泉の水を飲み、長い旅をして、滅びの運命《ラグナロク》を回避しようとする。しかし、それが難しいと分かると、勇士たちと神々に向かって言う。「われわれは命を投げ出して、われわれの世界がほろびるままにしよう。だが、われわれが死んだあとに、悪霊どもが生きながらえないように、戦いぬこう」（コラム二〇〇一：三〇四頁）

　昔の人たちが、北欧神話をどのように捉えていたかは分からない。時代によっても、地域によっても、個人によってもおそらく捉え方は異なるうえ、現在残る文字資料の大半は、キリスト教導入後に成立したり、書き留められたりしたものだ。そこで、ここではあえて、従来の理解に近づこうとするのではなく、現代の日本で『巫女の予言』やコラム『北欧神話』を読む者として、わたしが北欧神話をどのように捉えているかを書いてみたい。

一．神々が巨人を殺して世界を創造したために、神々と巨人は争い合うことになった。ただし、長い間の関係の中にあったのは争い合いだけではない。オージンがミーミル（の頭。ミーミルはアース神とヴァンル神の和解の際に人質としてヴァンル神に送られ、斬首される。オージンはその首を保存し、相談をする）と語らい、巨人のロキが神々の世界アースガルズで暮らし、ヴァンル神族の神フレイが大事な剣を手放しても巨人のゲルズと結婚するように、巨人と神の間には親密なつながりもあった。

二．オージンはそもそも、神ボルを父、巨人ユミルの孫ベストラを母に持つ。巫女も巨人族の出身である。つまり、巨人、神、人間は種族が違うのではなく、立場や役割が異なる者として提示されている。

三．滅びの運命はしかし、神々が巨人と交わったことから生じる。ロキが神々の間に暮らしていなければ、フレイが剣を手放さなければ、結末は違っていたかもしれない。

四．一方、北欧神話の世界観では、運命は決まっており、変えることができない。フリッグがあらゆる手を尽くしてもバルドルが死の運命を免れないように、世界もラグナロクで滅びることは決まっている。オージンも、あらゆる手段を尽くしてラグナロクを回避しようとするが、失敗する。しかし、運命の中でなされる個々の営為や努力に意味がないわけではない。神々は運命を知ることで、覚悟を決めて運命に対峙する。

五．ラグナロク後に一部の神々が蘇るが、それは、オージン世代ではなく、バルドルなど子ども世代の神である。巨人のいない世界で人間が営む「永遠に幸福な生活」は、神々が自分たちも滅しながら巨人を滅ぼすことで、若い神々と人間たちに残した世界である。

### （３）『ヴォルスンガ・サガ』　殺害と復讐の連鎖

　神々が残した巨人のいない世界で、それでは人間たちはどのように生きていったのか？次に紹介する『ヴォルスンガ・サガ』は、『巫女の予言』とは成立経緯が異なり（むろん作者も異なり）、実際には、『巫女の予言』の後日譚として制作されたものではない。しかし、時系列としてはラグナロク後を扱うため、北欧神話のエピソードを時系列に並べる現代の受容からは神々の物語の「後日譚」として読めること、『巫女の予言』のような「古エッダ」、『ギュルヴィたぶらかし』のような「スノッリのエッダ」と並ぶジャンル「サガ」の代表作であることから、ここで取り上げたい。『ヴォルスンガ・サガ』は、「サガ」の中でも特に「古代のサガ」（☞51頁）に分類され、歴史上の「フン族によるブルグント王国滅亡」に取材した作品である（ただし、実際の歴史では二〇〇年近くのスパンがある出来事を、一世代の物語にまとめている／【図二】）。ドイツ中世の『ニーベルンゲンの歌』と同趣旨、リヒャルト・ワーグナー『ニーベルングの指輪』の原典であり、『指輪物語』のJ.R.R.トールキンの遺稿が、息子クリストファー・トールキンの編集を経て、『シグルズとグズルーンの伝説』（The Legend of Sigurd and Gudrún 二〇〇九）として刊行された（日本語訳は小林朋則訳『トールキンのシグルズとグズルーンの伝説〈注釈版〉』原書房、二〇一八）ことでも知られる。

　『ヴォルスンガ・サガ』は、神オージンと人間の女性との間に生まれた息子シギに始まる人間の一族の物語である。タイトルの「ヴォルスンガ」（「ヴォルスングの一族の」という意味）は、シギの孫ヴォルスングの名に由来する。登場人物の大半は人間である。系譜【図三】を見て驚くのが、親子関係よりも婚姻関係よりも、「殺害」を表す矢印が圧倒的に多いことだ。ゲルマン社会においては、親族を殺害された者に復讐の義務が生じる。『ヴォルスンガ・サガ』は世代を超えた復讐譚だが、殺害と復讐は一度で終わらず、復讐を遂げた者やその子孫が別の殺害を起こしたり、別の殺害に巻き込まれたりし、殺害と復讐がとめどなく続いていく。系譜のすべてを文章で説明するのは紙幅の関係から難しいが、印象的な復讐譚を二つ紹介しよう。

　一つ目は、ヴォルスングの娘シグニューによる復讐譚である。

　シグニューは、兄シグムンドを除く一族全て（父と九人の兄）を夫シッゲイルに殺害される。シグニューはまず、夫との間に生まれた息子による復讐を試みるが、その能力がないと分かると自分の息子を殺害する。そして、「姿を取り換える術」を用いて女中と姿を交換し（『ヴォルスンガ・サガ』には魔法を使う女性が複数登場する）、女中の姿で兄シグムントの元へ行き、近親相姦をして息子シンフィヨトリを産む。シグムントとシンフィヨトリは、シッゲイルとその子どもたちを殺害して復讐を遂げ

る。シグニューはシッゲイルの妻として、炎上する館に入って死ぬ。

「〔…〕シッゲイル王をなきものにするために、私は何でも致しました。私は仇討ちが成就するために非常に多くのことを致しましたので、生き存《なが》らえることは私にはとても考えられません。今はシッゲイル王とともに喜んで死にます。心すすまぬまま夫とした人でしたが」

そうしてからシグニューは兄シグムンドとシンフィヨトリに口づけをして火の中に入っていき、二人の無事を願った。そのあとはそこで、シッゲイル王と扈従たちもろともに死んだ。（菅原一九七九：二一頁）

二つ目の復讐譚は、シグムンドの息子（シンフィヨトリの異父弟）シグルズをめぐるもので、中世ドイツの『ニーベルンゲンの歌』と同じ素材を扱っている。

シグルズは、レギンという男性に育てられる。シグルズを育てたレギンの家族は、親族を神ロキに殺害され、神々が賠償として支払った大量の黄金を所有していた。レギンの家族は、黄金の所有権をめぐり、互いに争っていた。シグルズはその争いに巻き込まれ、腕輪の持ち主であった養父の兄ファーヴニルを殺害する。ファーヴニルは竜に化けており、シグルズはその心臓を食べたために、知恵がつき、鳥の言葉も分かるようになる。鳥同士の会話から、養父レギンが自分から腕輪を奪おうとたくらんでいることを知ったシグルズは、レギンを殺害する。

フリッツ・ラング監督『ニーベルンゲン』より、竜ファーヴニルと戦うジークフリート（シグルズ）

シグルズは、炎の中で完全武装して眠る女ブリュンヒルドと出会う。シグルズが鎧を切り裂くとブリュンヒルドは目を覚まし、オージンに仕えるヴァルキューレ（☞76(43)頁）としての来歴を語る。ブリュンヒルドはオージンの命令に背き、オージンが勝利を約束した戦士を倒して、アグナルという戦士に勝利を与えた。『ヴォルスンガ・サガ』はその理由を語らないが、エッダ『ブリュンヒルドの冥府への旅』（谷口一九七三：一六二～一六四頁）によれば、ブリュンヒルドは一二才の時にアグナルに羽衣を奪われ、誓いを立てていた。ブリュンヒルドが眠りにつくことと結婚することはオージンがブリュンヒルドに与えた復讐であるが、ブリュンヒルドは恐れを知る男とは結婚しないという誓いを立てた。炎を乗り越えて到達したシグルズは、恐れを知らない男だった。

シグルズはブリュンヒルドと結婚の約束をするが、グリームヒルドの魔法にかけられてそのことを忘れ、グリームヒルドの娘グズルーンと結婚する。グズルーンにはグンナルという兄がいた。グンナルは母グリームヒルドの勧めでブリュンヒルドに求婚する。ブリュンヒルドの結婚の条件は、炎を乗り越えて自身のところに到達することであったが、グンナルには果たせなかった。シグルズは、「姿を交換する術」でグンナルと入れ替わり、グンナルの姿で炎を乗り越え、ブリュンヒルドに求婚する。あるとき、グズルーンとの些細な諍いから、ブリュンヒルドは炎を乗り越えたのが実際にはシグルズであった（グンナルは炎を乗り越えられなかった）という事実を知る。自身が受けた侮辱を晴らすため、ブリュンヒルドは内心では愛しているシグルズの殺害をグンナルに依頼する。

フリッツ・ラング監督『ニーベルンゲン』より、ブリュンヒルデ（ブリュンヒルド）

こうして王はこと切れた。一方、グズルーンは苦しみの吐息をはいた。それをブリュンヒルドは聞き、そしてグズルーンの泣くのを耳にすると笑い声をあげた。このときグンナルが言った。

「そなたは心の底から喜んでいるから笑っているのではない。そうならば、何ゆえ顔色を失くしているのか。〔…〕」

ブリュンヒルドが涙を流し嘆き悲しんだその出来事を、彼女自身笑いながら求めたことを、自分はちゃんと説明できると思う者は誰ひとりいなかった。（菅原一九七九：一〇七～一〇八頁）

復讐を遂げたブリュンヒルドは自殺し、シグルズとともに火葬壇で焼かれる。

夫を亡くしたグズルーンは、母グリームヒルドの秘薬の力で兄グンナルと和解し、アトリという王と再婚する。アトリは黄金を欲し、グンナルらグズルーンの親族を殺害する。グズルーンは甥ニヴルングとともに、アトリと息子たちを殺害する。続いてグズルーンは、ヨークナル王と三度目の結婚をする。グズルーンとヨークナル王との間には軋轢は起こらないが、シグルズの忘れ形見スヴァンヒルドは策略に巻き込まれて馬に踏まれて殺害される。スヴァンヒルドの復讐の過程で、グズルーンはヨークナル王との間に生まれた息子たちも失うことになる。

「私は三人の殿方に嫁ぎました。最初はファーヴニル殺しのシグルズ殿に。あの方は欺かれて殺され、これが私には一等大きな悲しみでした。それから私はアトリ王に嫁ぎましたが、私の心は王に対してひどく冷酷で、そのあげく悲しんで、あの方との間の息子たちを殺してしまいました。そのあと私は海に入って、波のために陸に打ちあげられ、こうして今の王さまに嫁ぎました。それから私はスヴァンヒルドを、沢山の富を持たせてこの国から嫁にやりました。あの子が馬の蹄の下に踏みにじられたのは、シグルズ殿の死に次いで、私の悲しみの中で一等はげしいものです。グンナル殿が蛇牢に入れられたのは、私にとって一等つらいことです。またホグニ殿から心臓が切りとられたのは、一等残酷なことです。シグルズ殿が私に逢いに来られて共にいけたら、いくら良いことか。もうここには、私を慰めてくれる息子も娘も残ってない。シグルズ殿、私たちが一つの寝台に上がっていたとき、二人で語りあったことを覚えていらっしゃいますか、あなたはあの世から私を訪ねて、そこで私を待っていて下さるということを」

そして、そこで彼女の嘆きのことばは終るのだった。

（菅原一九七九：一四〇頁）

復讐が必ず果たすべき義務であることや、「ファーヴニル殺しのシグルズ」のように被殺害者の名前を殺害者の栄誉として冠することから見える「殺害する」ことの英雄視、親族の復讐のために、直接の仇である夫のみならず、自分自身の子どもまで殺害することなど、『ヴォルスンガ・サガ』から見えてくる世界には、現代日本のわたしたちからは想像もできないことや、わたしたちの倫理観とはかけ離れた要素がいくつもある。しかし、それが決して情のない世界ではないこともまた、引用部を読むと見えてくる。もちろん、同時代の人たちが、『ヴォルスンガ・サガ』の人物たちの行動や考え方や感情を、どのように受け止めていたかは分からない。しかし、この物語を読むと、わたしには、何を考えているか分からない無機質な人間ではなく、豊かな感情を抱き続けながら、覚悟を持って義務を果たそうとする、魅力的で生き生きした人間たちが見えてくる。

## 2．諫山創『進撃の巨人』

### （1）概要と北欧神話との関わり

諫山創（一九八六～）の漫画『進撃の巨人』は、二〇〇九年から二〇二一年まで雑誌『別冊少年マガジン』に連載され、「講談社コミックス」版全三四巻（二〇一〇～二〇二一）が刊行された。二〇一三年から二三年にかけてTVアニメ（シーズン1～シーズン4、ファイナル・シーズン、完結編前編・後編）が放映されたほか、実写映画、スピンオフ作品、ゲーム、コラボ商品なども広く普及している。人を喰う巨人と人類の戦いを描いた同作には、アースガルズの城砦建設を含め北欧神話のエピソードや設定との類似が広く見られる。第一部ではアースガルズの城砦建設から『巨人フィンの物語』への展開、第二部では『巨人フィンの物語』が属す教会建設説話から『大工と鬼六』への展開を論じた。第三部では、『進撃の巨人』を、『巨人フィンの物語』と同じく北欧神話から生じ、現代日本の文脈で新たに展開した物語として論じてみたい。

論じるにあたり、対象と目的を確認しておきたい。まず、ここでいう「北欧神話」は、北欧神話の研究者や研究書が提供する専門知識に限らず、多様なコンテンツを通じて形成されたイメージをも含意する。第一部2．（1）「最初の記録」で述べたとおり、わたしたちが現在「北欧神話」と呼ぶものは、キリスト教導入前の土着宗教にまつわる伝承や、キリスト教導入後に書き留められたテクストを、時系列順・体系的にまとめ直したもので、第二部の3．「受容の背景」で述べた通り、明治期以降、英語やドイツ語を通じて日本に導入された。北欧神話は現在、漫画やゲームのコンテンツとして広く親しまれている（松本二〇一九：松本二〇二三：伊藤二〇二〇）。以下は実証資料ではなく個人的な経験だが、大学の授業で北欧に関する知識を問うと、漫画・ゲームを通じて得た北欧神話関連の情報を提供する学生はとても多い。漫画・ゲームから興味を持ち、北欧神話を紹介するネット記事や掲示板で知識を得ることもある。高度社会福祉やおしゃれな家具、かわいい小物といった「幸せな北欧」イメージと並行して、強い神々と荒々しい戦士たちが戦闘を繰り返し、最後には滅びる「猛々しく暗い北欧」のイメージの一端を、漫画やゲーム、またそれらの紹介記事・掲示板が担っている。『進撃の巨人』はそうしたコンテンツの一つだ。

次に、目的について確認する。文学研究は、作者が何を言いたかったか、ではなく、作品に、何が、どのように書いてあるかを指摘する。その指摘が作者の意図を言い当てる可能性はあるが、それは、研究の結果であって目的ではない（意図は実証不可能なので、研究の対象や目的にはできない）。つまり、これから書く文章の目的は、『進撃の巨人』の作者が、何を「元ネタ」にし、どのような意図で創作をしたのかを推察することではない。「元ネタ」について、まず、諫山は個別具体的な設定やキャラクターの着想元を詳しく明言しているわけではない。ユミル、ウトガルド、ベルトルト（「バルドル」のドイツ語名）、ヴィリー（ヴィリ）など、一定数以上の固有名詞の借用があることから、諫山が北欧神話の知識を持つことは確かだが、その知識の由来が、専門書なのか、北欧神話を解説した書籍なのか、ネット記事なのか、北欧神話の設定を用いたゲームや漫画なのかも、その知識をどの程度創作に取り入れたのかも、明ら

かではない。さらに、仮に作者の発言その他のソースから「元ネタ」が特定できる場合にも、そのことが即何かを意味するわけではない。作品外で言われることは、たとえ作者の発言であっても、作品そのものを論じる際の補助資料として用いられる。なぜその素材を「元ネタ」にしたのか、作者は「元ネタ」についてどの程度知っていたのか、論者が指摘するようなことまで考えて創作したのか、といった、「作者の意図」の推測も文学研究の範疇ではない。類似テクストの比較や、背景をなす思想や文化の提示は、それぞれを単独で読んでも気づくことの難しい「書かれた内容」「表現のあり方」を提示するため、双方を新たな視点から読み直すために成される。

　以上を踏まえ、第三部では、『進撃の巨人』を北欧神話と比較する。まずは、北欧神話、とりわけアースガルズの城砦建設との関わりを中心に、作品を概説する。

　『進撃の巨人』が描く世界は、人喰い巨人が跋扈し、人間の生活空間が「三重の壁」で巨人から隔てられる世界である。物語は、「三重の壁」のうちの一番外側が破壊され、人間の世界に巨人が侵入することで始まる。主人公エレン・イェーガーは、最初に巨人が侵入した外側の壁の南の堡塁に居住していた。目の前で母親を喰われ、町を蹂躙され、さらには人類全体が二番目の壁よりも内側で暮らすことを余儀なくされ、主人公は巨人を「一匹残らず」「駆逐」すると誓う（1‐2／引用は「講談社コミックス」版を使用。発行年が巻によって異なること、一カ所を除きページ数の記載がないことから、巻数と話数を「第一巻所収第二話」であれば「1‐2」のように記載）。主人公は訓練を経て、壁の外に出て巨人と最前線で戦う「調査兵団」に入団し（5‐19）、団員たちとともに巨人を倒すためにその秘密を探る。「三重の壁」が巨人の身体で形成されていること（8‐34）、巨人の正体は人間であること（13‐51）、大多数の巨人は思考能力のない「無知性巨人」であり、人間に戻ることはできないが、壁を破壊した「超大型巨人」や「鎧の巨人」など体格や能力に特徴がある巨人は知性があり、人間に戻ったり巨人に変身したりできること、「無知性巨人」が「知性巨人」を喰うと変身能力や巨人としての特性と記憶を引き継ぐこと（14‐57・16‐64）、巨人化能力のある（2‐7〜3‐10）主人公は父親を喰って「進撃の巨人」「始祖の巨人」を継承した（15‐62〜16‐63・22‐88）ことが判明する。

　『進撃の巨人』は北欧神話と多くの類似点＝北欧神話との比較可能性がある。たとえば、巨人と戦い続けて滅び《ラグナロク》に向かう世界、「世界樹」を思わせる「道」と呼ばれる光（22‐89・30‐120・34‐136）や大樹（30‐123・34‐最終話）、先述した固有名詞の借用、（2）〜（4）で詳述する人物の特性や行動などだ。調査兵団の一三代団長エルヴィン・スミスが、チュールと同じく、右手を喰われて失う（12‐49）ことも北欧神話受容として読めるかもしれない。チュールの右手は、その場を凌ぐための犠牲である。チュールが右手を失くさなければ、狼のフェンリルを縛ることができないが、チュールはそのために右手のない状態でラグナロクにのぞむことになる。エルヴィンはその後、自分が犠牲にならなければ誰も助からないという局面で死ぬのだが（20‐80〜21‐84）、カリスマ的な団長を失った調査兵団はその後、窮地に陥るたびにその不在を痛感することになる。エルヴィンは「右手を喰われる」というモチーフにおいても、自分の人生においても、チュール（の右手）を再現する。また、北欧神話に限らず他の神話にも見られるモチーフではあるが、食人による能力の継承も、『ヴォルスンガ・サガ』で竜の心臓の血を舐めたシグルズが鳥の言葉を理解する能力を得るなど北欧神話とも共通する。

フェンリルに腕をかみちぎられるチュール。

　巨人の侵入を防ぐための壁が巨人の身体で出来ているという設定もまた、アースガルズの城砦建設と重なる。アースガルズの城砦は、巨人の身体で出来ているのではなく、巨人が造ったものである。しかし、北欧神話の天地創造時に神々が最初の巨人ユミルを殺害し、その身体を使って人間の住む世界を作ったことや、ニダロス大聖堂を作った巨人スカッレが落下して砕けて石になったこと、巨人フィンが石化したことを思い出してみよう。北欧神話の巨人は神々と、教会建設説話の巨人はキリスト教徒と対立し、調伏されるべき存在だ。巨人はただ排除されるのではなく、労力や身体を支配者の世界の創造・維持・発展のために利用される。『進撃の巨人』の「三重の壁」を構成する巨人も同様だ。

　一方、『進撃の巨人』における「壁」には、北欧神話とは顕著な違いが二つある。

　一つは、北欧神話において、城砦そのものにネガティヴな意味がないのに対し、『進撃の巨人』の壁は、巨人から人間を守るとともに、人間を閉じ込めるものとしても描かれていることだ。壁の外に出る調査兵団が「自由の翼」と呼ばれる紋章をつけていることから、壁が自由を妨げるという認識は、主人公だけでなく、複数の人物や組織が共有している。この認識は、作者と読者が、たとえばナチ時代のような負の近現代史以降の世界を生きることに由来す

る。物語の後半にあたる二三巻以降で、二二巻までは全世界だと信じられていた三重の壁の中が実際には島であり、海の向こうの大陸には複数の国家があることが判明する。大陸では、島の住人たちと同じ巨人化できる民族「エルディア人」が「悪魔」（21－86・23－92）として虐げられている。エルディア人は、収容区で生活し、区外に出る際は民族を識別する腕章を着用する義務がある（21－86）。この設定は、ナチ政権下のユダヤ人に対する、ゲットーでの居住と「ダビデの星」着用の強制を連想させる。大陸で用いられる地図（23－93）は、現実の世界地図を左右反転・上下逆転させた地図なのだが、それを踏まえると三重の壁のある島はマダガスカルに相当する。実現はしなかったが、ナチはユダヤ人をマダガスカルに強制移住させる「マダガスカル計画」を立てていた。現実の歴史とは意味が異なるが、「優生学」「安楽死計画」といった用語も用いられる。繰り返すが、北欧神話と同様、現実の歴史についても、作者がどの程度の知識を持ち、どの程度意識的に創作に反映したのかは分からない。ここで指摘したいのは、ナチの反ユダヤ主義、あるいは東西冷戦やパレスチナ問題といった負の近現代史の後、「壁」が、ユダヤ人ゲットーを囲む壁、強制収容所の有刺鉄線や壁、ベルリンの壁、パレスチナ・ヨルダン川西岸地区の分離壁のように、人間の自由を奪うもの、それが存在すること自体が人間の尊厳を損なうものとして意味づけられるようになったこと、作者とわたしを含む現代の人々が、このイメージを緩やかに共有していることである。

ベルリンの壁が資料として保管してある場所。2007年撮影。

北欧神話とのもう一つの大きな違いは、被支配者（の身体）が支配者の世界の礎となることが、明示的に問題視されていることだ。壁は、内側にいる人間だけでなく、中にいる巨人も閉じ込めている。物語の終盤で、主人公は、三重の壁を構成する巨人たちを壁から解放し、大陸を歩かせる（32－130〜34－137）。「地鳴らし」と呼ばれるこの現象により、人類の八割（34－最終話）は巨人に踏み潰されて死滅する。人間を巨人から守るための壁として人間に奉仕していた巨人たちが自由になり、暴力を用いて人間と人間の住む世界を蹂躙するのである。主人公の仲間たちは、地鳴らしを止めるために主人公と敵対し、ヒロインのミカサ・アッカーマンが主人公を殺害する。すべての巨人は「ユミル」という名の古代の奴隷少女から生み出されていた。ユミルは巨人の力を得た後も、生前は主人である人間の王に仕え続け、死後も巨人化能力を持つ人間が命じるたびに土を捏ねて巨人の身体を造り続けた（30－120・30－122）が、主人公を愛して殺害するヒロインの行動を見て眠りにつく（34－最終話）。この結果、エルディア人から巨人化能力は失われ、その後も人間同士の戦争は続くものの、巨人のいない世界が実現する。人間でもあり、巨人でもある主人公は、巨人として人間を殺害し、巨人としての自分をヒロインに殺害させることで、当初の誓い通り、巨人を「一匹残らず」「駆逐」する。その行為は、奴隷＝巨人が永遠に王＝人間のために役立ち続ける、という、一つの支配・被支配関係を終焉に導く。

巨人でできた壁を自由の抑圧の象徴として描くことで、『進撃の巨人』は、巨人が隷属的な存在であることを可視化した。隷属からの解放は、しかし、輝かしい未来を約束するのではなく、人類の八割と主人公自身という膨大な犠牲を払って実現する。ベルリンの壁崩壊後の世界が、さらなる混沌であるように、一つの隷属関係の終焉は、秩序をもたらさない。それでも壁は破壊するべきだ、というのが、『進撃の巨人』の主人公が出した結論である。

## （２）選択・感情・残酷な世界

現代の「北欧神話」として『進撃の巨人』を読むと、わたし（たち）は、何に気づくことができるのか。創作物と「オリジナル」を比較する目的の一つは、それぞれを単独で読んでも気づくことの難しい「書かれた内容」「表現のあり方」を提示することにあるが、この（２）では、『進撃の巨人』を踏まえて、北欧神話を読み直してみたい。

『進撃の巨人』の主要テーマの一つに「選択」がある。登場人物たちは、要所要所で選択を迫られ、大抵の場合、選択を誤る。主人公が最初に大きな選択を迫られる第六巻では、主人公の上司にあたる兵士長リヴァイが、これまで自分は様々な選択をしてきたが「結果は誰にもわからなかった」、だから「悔いが残らない方を自分で選べ」（6－25）と述べる。この時点では、主人公の巨人化能力が知られたばかりで、未知のことが多かった。主人公は、高い知的・身体的能力を有する知性巨人「女型《めがた》の巨人」に襲われ、リスクを冒して巨人化するのか、信頼できる仲間に対応を任せるかの選択を迫られ、この場面と、続く第七巻二八話（「選択と結果」というタイトルがつけられている）で、巨人化せず仲間に任せる選択をする。その結果は、敗北と仲間の死だった。

第七巻の表紙には、巨人化した主人公が三人の仲間とともに「女型の巨人」を倒す様子が描かれている。第七巻の本編では、主人公は三人が殺された後で巨人化するため、表紙は第七巻の一場面ではなく、主人公が選択を誤らなかった場合の結果を描いたものだ。『進撃の巨人』

には、このように、登場人物たちが別の選択をした結果が表紙に描かれている巻がある。「登場人物たち」は、主人公の味方とは限らない。第六巻の表紙には、「女型の巨人」が調査兵アルミン・アルレルトを倒す場面が描かれている。「女型の巨人」の正体は、壁内に工作員として潜入し、主人公たちとともに兵士としての訓練を受けたアニ・レオンハートだった。アニは後にアルミンと恋愛関係になる（33－131）のだが、おそらくお互いにほのかな好意を抱いていた第六巻時点で、（本来は敵である）アルミンを殺すチャンスを得ながら、それをしなかった。その結果、第八巻でアルミンに正体を暴かれて捕らえられる（8－33～34）。第八巻では、アルミン自身が、自分が早い段階でアニを疑いながら、「信じられない」「見間違いだって思いたくて」疑いを口にしなかったことを認める一方、アニが第六巻で自分を殺さなかったために自分に追い詰められたと指摘する（8－31）。紙幅の関係上、他の巻については検討できないが、『進撃の巨人』では、味方も敵もしばしば選択を誤り、正しい選択をした結果が表紙に描かれる。物語の進展に伴い、味方は敵を追い詰めるが、それは、必ずしも味方が正しい選択をした結果ではなく、敵が選択を誤った結果であることも多い。

誤った選択の原因が、第六巻ではアニのアルミンに対する好意、第七巻ではエレンの仲間を信じたいという気持ちであったように、選択を誤らせるものは、しばしば、選択者の他者に対する正の感情である。逆に、感情を排し正しい選択をする際の印象的な台詞が「世界は残酷だ」である。この台詞は本作を代表する言葉の一つとして（TVアニメ版の主題歌「美しき残酷な世界」（日笠陽子二〇一三）、「悪魔の子」（ヒグチアイ二〇二二）にも使われている）、文脈と発話者を変えて何度か使われる（2－6・2－7・8－32・19－78・20－80）。たとえば第八巻では、「女型の巨人」の正体を知って戦闘をためらう主人公に対し、ヒロインがこの言葉を発し、主人公は覚悟を決めて巨人化する（8－32）。「世界は残酷だ」は、人間らしい感情を諦めて世界の残酷さと同化し、正しい判断をする際に用いられる。

そのうえで、『進撃の巨人』は、「正しい判断」「正しい選択」の「正しさ」を相対化する。同作の優れた表現に、同じ言葉やシチュエーションを別の文脈で繰り返すことで、その意味を転換するというものがある。たとえば主人公の決め台詞「駆逐してやる」は、二〇一三年に「ネット流行語大賞」内の「アニメ流行語大賞」銀賞を受賞した人気の台詞である。主人公の特徴として、自分が排除する相手を「有害な獣《ケダモノ》を駆除した」（2－6）、「このでけぇ害虫が。オレが今から駆除してやる」（11－43）など、人間ではないものとして「駆除」するという思考がある。他の登場人物は、巨人や敵対する人間を憎み、殺害するが、「獣」「害虫」「駆除」「駆逐」という表現は使わない。そうした中で、主人公の言葉を再現する人物が一人だけいる。大陸当局のグロス曹長は、エルディア人の子どもに戯れに犬をけしかけて死なせたことを咎められると、注射一本で巨人に変身するエルディア人は「俺らと同じ人間」ではなく、「エルディア人をこの世から一匹残らず駆逐する」ことが「全人類の願いだ」と迷いなく述べる（22－87）。主人公の決め台詞を、共感に値しない、出番もほとんどない脇役が述べることで主人公の正しさは相対化される。同作ではほかにも、「心臓を捧げよ」という調査兵団の合言葉（TVアニメ版の主題歌「心臓を捧げよ！」（Linked Horizon, 2017）にも使われている）や、「死んだ甲斐があった」（4－14）、「勝てば生きる」「戦わなければ勝てない」（2－6・2－7・20－82）といった、初めて発せられた際には読者の胸を高鳴らせたであろう台詞が、先鋭化・暴徒化した民衆によって叫ばれる（27－110・26－106・31－125・34－最終話）。

このことを踏まえて、北欧神話を見てみよう。北欧神話の神々は、しばしば選択を誤る。フレイは、巨人ゲルズを妻とするために名剣を手放す。その結果、最後の戦いでは適切な武器がなく、巨人スルトに殺される。フリッグはバルドルを死なせないために、ヤドリギをのぞくあらゆるものと契約を結ぶが、バルドルはヤドリギが刺さって死んでしまう。勇敢なチュールは他の神々がしり込みする役割を引き受けたばかりに右手を失い、最後の戦いで地獄の番犬ガルムと相打ちになる（右手を失くさなければガルムに勝てたかもしれない）。ヴァルキューレのブリュンヒルドがオージンの命令に背いたために、アグナルは、戦死して最後に神々とともに巨人と戦う機会を失う。選択を誤った結果は神々を滅びの運命に導く。では、その選択を誤った理由は何かというと、それは、（北欧神話の時代にどのように取られていたのかは分からないが、現代の眼から見ると）「他者に対する正の感情」、場合によっては「愛」と呼べるものではないだろうか。というのは、『ギュルヴィたぶらかし』第三七章（谷口一九七三：二五三～二五四頁）にはゲルズのフレイに対する感情は書かれておらず、同第三四章（谷口一九七三：二四八～二五一頁）では、チュールの手が狼に食いちぎられたのを見た神々が笑う。『ブリュンヒルドの冥府への旅』（谷口一九七三：一六二～一六三頁）では、アグナルが一二歳の少女の羽衣を奪って忠誠を誓わせたことが書かれている。しかし、これらの話は、たとえばコラム『北欧神話』では、以下のように他者に対する正の感情／愛の物語に書き換えられる。

> ゲルダは、ギュメルの家の戸口に立っているのをフレイが見たあの時と同じように、たいそうきれいでした。そして、ゲルダは、背の高い上品な顔のフレイを見たとき、あの乱暴者スキルニルに、むりやりにも、バリの森へくる約束をさせられたことを、うれしく思いました。ふたりは、金の指輪をとりかわしました。
> （コラム二〇〇一：九四頁）

ふたりが語りあっているうちに、年若いヴァルキュリアのブリュンヒルドは、アグナルこそアースガルドの住人に助けてもらう値うちのある勇士だと思いました。アグナルは、たいそう勇敢で気高い青年だったのです（コラム二〇〇一：二五八頁）

アースガルドは、この世の一ばん終わりの戦争のときに、人間の世界からの応援をほしがっていますが、その力づよい応援をアースガルドに送るために、人間の世界はたいそう苦しいぎせいを払っているのだということを、いまではブリュンヒルドもよく知っていたからでした。一ばん勇敢な、一ばんすぐれた人たちが、オージンの選ばれた戦士の隊列に加わるために、ミッドガルドから、戦死者としてつれていかれていたのです。それで、ブリュンヒルドの心は、アースガルドの神々に対する怒りでいっぱいでした。そして、じぶんはもう、アースガルドの住人のひとりであることなど、どうでもいいのだと思いました。（コラム二〇〇一：二五九～二六〇頁）

神さまたちは、フェンリルのほうはだいじょうぶというので、チュールの手をとられた復讐に、チュールの剣を、つかまで通れといわんばかりに、オオカミの下あごに突きさしました（コラム二〇〇一：二七一頁）

わたしは子どものころから、神話が好きだった。神話では、たとえ運命が予言されて、それを回避しようとしても、結局その運命は成就する。コラム『北欧神話』で初めて体系的に北欧神話に触れたわたしにとって、北欧神話は、「神話の常に倣い、何をしても運命は成就するが、その中で豊かに生きる神々の物語」だった。しかし、『進撃の巨人』を読んで北欧神話を読み直すと、北欧神話の「感情によって選択を誤り続ける物語」としての側面が見えてくる。

そのうえで検討したいのが、選択を誤るのは、果たして悪いことなのかということである。正しい選択をすれば、必ず正しい結果が出るのか。「正しい」世界が神々と巨人の支配・被支配関係が揺るがない世界だとすれば、それを現代のわたしたちは「正しい」と受け取れるのか。

『進撃の巨人』においては、前述したとおり、巨人の能力が人から人へと継承される。主人公の父グリシャ・イェーガーが、前任者エレン・クルーガーから、後に主人公が引き継ぐことになる「進撃の巨人」を継承する際、クルーガーはグリシャに対し「家族を持て。壁の中に入ったら所帯を持つんだ」「妻でも、子供でも、街の人でもいい。壁の中で人を愛せ。それができなければくり返すだけだ。同じ歴史を、同じ過ちを、何度も」（22－89）と述べる。クルーガーと、その助言に従ったグリシャの考えでは、「残酷な世界」を終わらせるのは「愛」ということになる。北欧神話の神々の誤った選択が、神々を滅びに導いたことは先に指摘したが、その選択の誤りが愛に由来しているとすれば、巨人と神々が永遠に殺し合う「残酷な世界」は愛によって終焉したことになる。神々が人間たちに残した巨人のいない世界は、愛が成就した世界なのである。

ここで終わると非常に美しいのだが、実はこの後の展開で『進撃の巨人』は、（少なくとも作品全体としては）愛を否定する。また、『ヴォルスンガ・サガ』は、『巫女の予言』や『ギュルヴィたぶらかし』とは別の作者によって書かれたものであり、正式な後日譚というわけではないが、これを神々の後の人間たちの時代の物語として読む身からは、神々の愛によって実現したはずの巨人がいない世界もまた、人間同士の復讐と殺害が連鎖する「残酷な世界」であり、ブリュンヒルドが人間としての人生においても愛ゆえに身を滅ぼすことが気にかかる。『進撃の巨人』で否定される愛は、男女の愛であるため、次節（3）「ジェンダーと愛」ではこれを踏まえ、本節（2）「選択・感情・残酷な世界」とは逆方向に、北欧神話を踏まえて『進撃の巨人』を読み直し、ジェンダーと愛の問題を考える。

## （3）ジェンダーと愛

### ①『進撃の巨人』におけるジェンダー

第二部で述べた通り、北欧神話は「ゲルマン民族」の「男らしさ」を体現する文化として受容された。「男らしさ」は「強さ」「健康」「勤勉」と並び重用された要素である。「戦士の父《ヴァルファズル》」オージンを筆頭とする家父長的な神話体系として北欧神話を受容することは、男性を健康で勤勉な強い存在として規定することとも、女性を母親に限定していくことともつながる。『進撃の巨人』や他の現代作品が、北欧神話を力強い神々の物語として受容するとき、これらの作品は作者の意図に関わらず、家父長的なジェンダー観と相互補完的である。

（2）「選択・感情・残酷な世界」で引用した「壁の中で人を愛せ」は家父長的な価値観に基づくものだ。主人公の父グリシャは大陸で生まれ育ち、民族の権利を求める「エルディア復権派」の活動で知り合った女性ダイナ・フリッツとの間に生まれた息子ジーク・イェーガーを軍に送り込む。権利運動のコマとして育てられ、愛情を注がれなかったジークは、当局による「エルディア復権派」摘発（実現すれば両親と連座して自分と祖父母も罪に問われる）の動きを知り、当局への忠誠を示すために両親を告発する。ダイナは無知性巨人に変えられ、グリシャは前任者に救われて「進撃の巨人」の能力とともに、「壁の中で人を愛せ」という言葉を授けられる。壁内に潜入したグリシャは酒場で働く女性カルラと再婚して主人公を儲ける。生活も家族も権利運動につぎ込んだ大陸での暮らしとは異なり、壁内におけるグリシャは高い技能を持つ医師として社会的地位を確立し、専業主婦となったカルラの良き夫、主人公およ

び養女として引き取ったヒロインの良き父となる。カルラもダイナと違い、愛情深い母である。主人公が、「進撃の巨人」と共に父から引き継いだ「始祖の巨人」の能力を、自分は血筋上発揮できないと知り（16－64）、自信を喪失した際に、主人公を救ったのは、カルラの没後に人伝に聞いた「偉大になんてならなくてもいい。人より優れていなくたって…」「この子はもう偉いんです。この世界に、生まれて来てくれたんだから」（18－71。吹き出しの中に分散して書かれた台詞に中丸が句読点をつけた。以下同）という言葉だった。幼少期の主人公は、近所の子どもとの喧嘩を繰り返し、そのたびに身体能力の高いヒロインに助けられていた。母親は、主人公に対し「あんたは男だろ？たまには堪えて、ミカサを守ってみせな」と叱責する。この回想で始まる第50話で、主人公は初めてヒロインを守る（12－50）。ヒロインは、血筋ゆえに主人公を含む大半の男性人物よりも高い身体能力を持つが、かけっこの時に敢えて主人公の後ろを走り（34－137）、兵士になってからも保護者のように振る舞う（主人公が「オレはお前の弟でも子供でもねぇぞ」（3－11）と反発する）。男性が外に出て女性が家で帰りを待つ、男性が危険を顧みず夢や目標を持ち女性が安寧を求める、男性が女性を守る、女性が男性の世話を焼く、女性が男性のすべてを認め受け入れる、といった従来的な性役割分担により、主人公の家族は良き家族として機能する。主人公以外にも、複数の登場人物について、親の夢を継ぐ、親を克服する、といった親との関係が描かれるが、その対象は父親（もしくは父親代わりの人物）である。母親は、継ぐべき夢や、克服すべき障壁を持つ主体的な対象としては描かれない。

　『進撃の巨人』においては、家族だけでなく、社会のあり方も家父長的である。主人公と同期の「一〇四期訓練兵」や「調査兵」には複数の女性兵士、大陸側の「マーレの戦士」「戦士候補生」にも複数の女性戦士・女性戦士候補生がおり、戦闘に従事する女性は多く登場する。しかし、壁内における、裁判の列席者（5－19）、王政の運営者（15－61・18－71）、酒場の客（18－71・22－90）、新聞記者（15－61・15－62）、「調査兵団」「駐屯兵団」より格式の高い「憲兵団」の幹部（27－108）は全員男性である。壁内よりも一〇〇年ほど文明が進んだ（27－107）大陸では、ジェンダー格差はさらに大きく、軍の上層部（23－93）はもちろん、歩兵（23－93）、パンツァー隊（25－101）、水兵（32－130）、航空兵（33－134）は、（イェレナという男装兵士を除き）全員男性である。「エルディア人」のうち知性巨人の能力を持つ「マーレの戦士」、および、その継承者として訓練される「戦士候補生」と呼ばれる子どもたちの中にだけ、女性・少女がいる。つまり、壁内・大陸ともに、危険な最前線でのみジェンダーは平等である。文明が進むと「最前線」はさらに先鋭化して、被支配民族の特殊部隊でだけジェンダー平等が実現し、その「平等」の対象に、壁内では戦闘から遠ざけられ保護されていた子どもまでが組み込まれる。

　社会制度のみならず、組織内の人物の描かれ方としても、戦闘や作戦における牽引役は男性が務め、女性は戦闘に参加したり、高い身体的・知的能力を有していたりする場合にも、男性のサポート役として振る舞う。

### ②ジェンダーと主体性

　このようなジェンダーのあり方が、物語の進展に沿って変容する。この変容は、北欧神話との大きな違いであるだけでなく、隷属の象徴としての巨人の消滅という、作品の結末を導く。同作では、先に指摘した地図のほか、文字や日の出の方角など、いくつかのものが現実世界と逆転している。その逆転現象の中に、ジェンダーの逆転――「モデル」と思しき北欧神話の人物と漫画の人物の性別の逆転と、主人公とヒロインの「男らしさ」「女らしさ」の逆転が含まれている。ジェンダーの逆転は、男女の愛の否定と「地鳴らし」による世界の滅亡を導くため、ここで検討してみたい。

　「モデル」と思しき北欧神話の人物と性別が逆転しているのは、先に挙げた巨人を生み出した奴隷少女「ユミル」と、少女と同じ名の調査兵「ユミル」、雷神ソールを連想させる「戦鎚《せんつい》の巨人」、そして、物語後半で調査兵団の一四代団長となるハンジ・ゾエである。ハンジの性自認は不明だが（複数人が正装する場面で、女性で唯一、メンズスーツを着てネクタイを締めている。31－123）、身体は女性として描かれている。片目と引き換えに知恵と知識の泉の水を飲むオージンのように、ハンジは井戸で片目を失くし（21－84）、主人公の父グリシャの手記を読んで世界と巨人の真実を知り（21－85）、作中で巨人の秘密が明かされるときに、それを言語化する役割を常に担っている。神話・民話において、この世が見えない盲人は、別の世界が見える者として扱われる。オージンは失くした片目で、他の神々

ルイス・メー「ラグナロク」より、巫女と語らうオージン。

には見えない世界を見たとも言える（オージンから魔法と予言の力を得た巫女も、「全世界を、遥か彼方まで見渡した」（谷口一九七三：一二頁）と述べる）。「私達に見えている物と実在する物の本質」の違いに着目し、「既存の見方と違う視点から巨人を見てみたい」（5-21）というハンジの希望は、片目と引き換えに叶えられることになる。

一方、ハンジはオージンのようなカリスマ性のあるリーダーではない。前任者である一三代団長エルヴィンは、斬新な作戦を次々と立案し、号令をかけて兵士たちを鼓舞し、時に非情な決断をして難局を乗り切る「男らしい」リーダーだが、ハンジは、分隊のような小規模な集団では人望があっても、大きな集団を率いる際に、有効な打開策を出したり、決断をしたりすることが苦手な人物として描かれている。ハンジは地鳴らしを止めるために、大陸側と調査兵団の有志を集め、自分はその途上で調査兵アルミンを一五代団長に指名して殉職する（オージンもラグナロクの早い段階で戦死し、若い世代の神々が戦闘を続行する）のだが、カリスマ的なリーダーではない点においても、偉大な一三代団長と一五代団長の中継役として機能する点においても、創造ではなく継承を担当する受動的な女性のイメージと合致する。

ジェンダーの変容は、ハンジが戦闘に参加することや団長になること自体ではなく、罪を犯すことと、責任を取ることで生じる。従来的なジェンダー観において、女性は責任を取る／取れる主体と見なされてこなかった。たとえば二〇二三年にドイツ・ベルリンのアートスペース「クンストラウム・クロイツベルク」で開催された展覧会「Guilty, guilty, guilty! Towards a Feminist Criminology」は、女性の犯罪加害者に焦点をあてたものだ。キュレーターのソニア・ラウは、展示企画の契機となった女性犯罪者バッハマイアーについて、次のようにコメントしている。「彼女は加害者としての役割を要求し、それに対して責任を負う覚悟もあったのです。しかしバッハマイアーに対する有罪判決は、彼女の訴えにも関わらずそう簡単には出ませんでした。つまり、女性の行為能力を認めない傾向があり、それが時には有罪判決に至らないことすらあるということです。女性は必ずしも被害者である必要はありません。〝罪を犯したと認められる権利〟というものもあり、この権利は行為能力を認めることにも通じるからです」（Kawanabe, Kawachi 2023）。

『進撃の巨人』にも女性が責任を免除される傾向は見られる。壁内に兵士として潜入した大陸側の戦士たちは、訓練兵時代を仲間として過ごした兵士マルコ・ボットの死に関わる。マルコの親友ジャン・キルシュタインは、加害者たちの口から直接詳細を聞いたとき、男性加害者のライナー・ブラウンを殴り、「お前には謝らねぇからな」「お前を…許せねぇ」と述べる。この発言に対し、女性加害者のアニがつぶやく「私は？」に対しては、誰も返答をしない（32-127）。実際にアニは、マルコの死に際し、自分の意思ではなく、ライナーの命令に従って行動した（19-77）。女性が暴力を行使しても、法を犯しても、それが命令への服従や他人のサポートであれば、その女性が負う罪と責任は最低限となる。後述する通り、ミカサはエレンと初めて会った時、エレンの「戦え」という言葉に従って強盗を殺害する。それ以降エレンを慕い続けた自分が、自分の意志で行動していたのか、エレンの命令に従ってきたのか、物語終盤でミカサは葛藤する。

『進撃の巨人』における「戦い」には二つの意味がある。一つは敵対する他者を暴力で排除すること、もう一つは、自分の周囲や世界を変えるために主体的に行動することだ。女性人物たちは、暴力を行使する罪と責任を負う主体として振る舞い始めることで、主体的に周囲や世界に働きかけ、変えていく権利と自負を獲得する。

ハンジは敵対する憲兵を拷問した際にかけられた「こういう役には多分順番がある…。役を降りても…誰かがすぐに代わりを演じ始める」（14-56）という言葉に呪いのように付きまとわれていたが（27-109・31-126）、死地に赴く際に、後進に後を託して未来に希望をつなぐ順番が自分に来たという趣旨で「私の番が」来たと述べ、一度は先鋭化した暴徒によって異なるニュアンスを帯びた「心臓を捧げよ」という言葉で、旧知の仲間リヴァイに送りだされる（33-132）。同じ台詞の意味づけの転換が、この場面では肯定的に描かれる。つまり、「心臓を捧げよ」や「順番」が、「他人に犠牲を強いるための扇動的な言葉」や「日陰者として手を汚す順番」「社会正義の側にいた者が時代の変化により犯罪者と看做される順番」という意味から、「主体的に職務を全うするための言葉」や「責任を果たす順番」という意味に変容する。前任者エルヴィンにとって、団長として死ぬことは自分の夢を諦めて公に身を捧げることだった（20-80・21-84）。これに対し、巨人を愛でて研究に勤しむ変人として登場したハンジは、最期も嬉々として「…やっぱり巨人って素晴らしいな」（33-132）と巨人に対峙する。個と公が同時に実現可能なものとして提示されることにより、家父長的な思考の枠組を支えてきた「選択」というテーマの絶対性が揺らぐ。これまで男性人物たちによって発せられてきた言葉や為されてきた行為は、こうした形で家父長的な支配・被支配関係や命令系統の維持といった機能を相対化される。

自分の立場・責任と正義や信念に基づいて世界と関わることは、ヒロインのミカサやガビ・ブラウン、ピーク・フィンガーのような戦闘員のみならず、最後の戦闘に直接は参戦しないヒストリア・レイスやキヨミ・アズマビトといった人物においても展開される。ラグナロクに女性たちが責任の主体として参加することは、『進撃の巨人』と北欧神話を大きく隔てる要素である。罪を犯すこと、暴力を行使することで、女性たちは、たとえば平和の実現という家父

長社会の枠内での善の実現に貢献するのではなく、愛する男性の子を産むことで家父長社会を存続させるのでもなく、人を殺し、家父長社会が求める性役割から自身を解き放ち、世界を崩壊させる。

### ③主体性と愛

②「ジェンダーと主体性」では、立場や職業におけるジェンダーの変容について書いたが、このことは、当初に問題提起をした「愛」とも関わる。『進撃の巨人』の結末は、巨人の祖となった少女「始祖ユミル」の解放と、そのことによる巨人の消滅である。始祖ユミルの解放はヒロインのミカサが主人公エレンを殺害することで成される。③「主体性と愛」④「愛とジェンダー」では、ミカサと始祖ユミルを対象に、ジェンダーと愛を考察する。

ミカサは九歳の時、両親を強盗に殺され、自分も殺されそうになったところをエレンに救われ（三人の強盗のうち二人をエレン、一人をエレンの指示でミカサが殺害する）、エレンの家に引き取られて共に育った。エレンはこの時、寒がるミカサに自分のマフラーを外して巻き（２－６）、以後、マフラーはエレンへの愛と忠誠の証として、ミカサが常に身に着けるものとなる。物語冒頭のミカサは、この経緯から、エレンに従い、自分の能力のすべてをエレンの意思や目的を遂行するために用いた。「世界は残酷だ」という台詞がミカサの口から発せられるとき、その言葉は、エレンの目的をよりよく達成する機能を果たす（２－６・２－７・８－32）。しかし、物語後半でミカサはこの言葉を発しなくなる。この言葉は、（２）「選択・感情・残酷な世界」で提示した通り、感情を停止させ、同時に思考をも停止させる。エレンが大陸に潜入して民間人を虐殺し（25－100～26－105）、壁内で過激な兵士たちと共にクーデターを起こすと（27－110）、ミカサはマフラーを外し（29－117）、地鳴らしを止めたいとするハンジの提案にいち早く賛同する（32－127）。ミカサにとっての『進撃の巨人』は、好きな相手に従順に従うのではなく、感情と思考を得て主体的に世界と関わり、エレンと新たな関係を築く物語である。

（２）「選択・感情・残酷な世界」では、表紙と実際の内容が異なる巻があることを指摘した。こうした巻は、物語が進むにつれて少なくなっていく。つまり、登場人物たちが悩み、誤りながら成したあらゆる選択は、一つの結果に向かって収束する。第三一巻の表紙では、ミカサが作中では巻いていないマフラーを巻いて地鳴らしと対峙している。同巻冒頭でミカサは、単独行動をとる直前のエレンの「オレは…お前の何だ？」という質問に対し、「あなたは…家族…」と答えたことを思い出し、「あの時、もし私が別の答えを選んでいたら、結果は違っていたんじゃないか」と自問する。（31－123）第三一巻の表紙は、ミカサが別の答え＝エレンへの愛を伝え、マフラーを着け続けても、エレンは地鳴らしを起こすことを示唆するが、ミカサにとっての「別の答え」の意味は、ミカサがエレン殺害を決意する際に明らかになる。

ミカサたちは地鳴らしを止める様々な方途を探るが、ついにエレンを殺すほかなくなる。その状況に耐えられず、ミカサは、「別の答え」を選んだ結果にトリップする（このトリップがなぜ起こったのかは明示されない）。「別の答え」とは、エレンと共に逃げて戦いから身を引き、（知性巨人は継承後の寿命が一三年であるため）エレンの残り四年の余生を、二人だけで静かに生きることだった。トリップの冒頭で、ミカサは涙を流している理由を聞かれ「私…ここにいていいのかなって気がして…」と答える。ミカサが地鳴らしを止めようとする動機は、「これ以上エレンに虐殺なんてさせたくありません」（32－127）という、エレンに由来するものだった。しかし、この場面で、ミカサは、エレンが地鳴らしを起こさないとしても、世界の行く末に関わらずに二人だけの世界に埋没する生活が、「ここにいていい」と思えるものではないことを悟る。ミカサは、四年の寿命が尽きたらマフラーを捨て、自分を忘れて自由になってほしいというエレンの言葉を契機に現実に戻り、「ごめん、できない」とマフラーを巻き、初めて自ら他の調査兵たちに号令を発してエレンを殺害する。切断したエレンの首を抱き、キスをするミカサを、始祖ユミルが満足そうに眺める。（34－138）

ミカサの行為は、始祖ユミルを「愛」から解放した。ユミルは、フリッツという王に仕える奴隷だった。巨人の力を得たユミルを利用して、フリッツ王は版図を拡大し、文明を獲得し、ユミルとの間に三人の娘を儲けた。ユミルは暗殺されそうになったフリッツ王を身を挺して救うが、感謝されなかったため、死ぬことを選んだ。死後、ユミルの体は娘たちに喰われ、三人の娘たちの背骨は孫に喰われ、ユミルの能力が子孫に継承されることで九体の知性巨人「九つの巨人」が誕生した。ユミルは死後も、「道」と呼ばれる場所で、土を捏ねて巨人の身体を作り続けた。（30－122）

強大な力を得てもユミルがフリッツ王に従い続けたのは、王を愛していたからだった。「あなたの愛は長い悪夢だった」というミカサの言葉を聞きながら、ユミルはフリッツ王を救うのとは「別の答え」を選んだ結果を見る。（34－最終話）

このように、『進撃の巨人』は、愛の否定を隷属からの解放として提示する。この結論に即して言えば、隷属や服従が、愛や忠誠に読み替えられてきた歴史は、現実世界にも確実に存在する。この読み替えは、支配者が方便として用いるだけでなく、被支配者自身の正の感情として機能してきたし、わたしたちも、実際には隷属や服従の物語かもしれない物語を、愛や忠誠の物語として読んできた。（２）「選択・感情・残酷な世界」で示したコラム『北欧神話』

の描写も、この観点から見直すことができるだろう。一方、『進撃の巨人』では、約六〇年間無知性巨人だった調査兵ユミルがその間のことを「終わらない悪夢」（12－47）に喩え、それを聞いた主人公が巨人を「悪夢にうなされ続ける人間」（17－70）と形容する。人間が無知性巨人になること（意思や行動制御能力をなくすこと）と、女性奴隷が男性主人を愛することが、どちらも悪夢に喩えられ、同時に解消される。ユミルの三人の娘は、父フリッツ王に命じられて母親の身体を喰い、自分たちも子どもに背骨を喰われ、「三重の壁」の名前の由来となる。

さらに、始祖ユミルの正体が明らかになる第一二二話は、ユミルの物語を絵本で読むユミルの子孫姉妹の会話で幕を開ける。姉フリーダ・レイスは妹ヒストリアに対し、ユミルのような「女の子らしく」「いつも他の人を思いやっている優しい子」となり、辛くて厳しいことばかりの世界を「みんなから愛される人になって、助けあいながら生きていかなきゃいけないんだよ」と諭す。（30－122）

北欧神話では男性であった始祖の巨人ユミルを女性の奴隷として描くことで、『進撃の巨人』は、北欧神話における巨人が、身体や労働力を神々に搾取され、最後は駆除される存在であることを示し、主人に使われる奴隷、男性に搾取される女性と重ねる。そして、その搾取の構造の存続を、「女の子らしさ」に縛られた女性たちの母系の血統と思考の存続として描き、それを維持するための束縛を「愛」「悪夢」と呼ぶ。

### ④愛とジェンダー

一方で、『進撃の巨人』は、上記のようなジェンダーや愛の解消を、作品全体の結論として、あるいは、主人公とヒロインにとって理想の姿として提示しているわけではない。巨人、奴隷、女性の解放は、希望に満ちた明るい未来として到来するのではなく、八割の人類の死滅と恋人同士の殺し合いの結末として描かれ、巨人がいない世界でも、生き残った人間たちが争いを続ける（34－最終話）。ユミルが愛から解放されたことで巨人はいなくなるが、支配・被支配関係と支配権をめぐる戦いは終わらない。そして、ミカサはエレンを愛し続ける。ユミルは愛という悪夢から目覚めたが、ミカサは意思や感情を持った後も、愛という幸せな悪夢を見続けたことになる。それに伴い、一度は解消したかに見えた従来型のジェンダーも存続もしくは復活する。意思と主体性を獲得したミカサは、最後に「女性的」な人物に戻るからである。ジェンダー論からの『進撃の巨人』解釈の最後に、ミカサとエレンのジェンダーが、物語の進展に従って逆転しながら、最終的にはその逆転が解消されることを指摘したい。

物語の冒頭において、エレンとミカサのジェンダーは、従来的ではない。「エレン」が一般的には女性名であるのに対し、「ミカサ」は男性的な名前だ。阿倍仲麻呂の和歌で知られる奈良県の「三笠山」は、古語では天皇の近衛で大将・中将・少将を暗喩し、軍艦「三笠」の名前の由来でもある。姓「アッカーマン（Ackerman）」は、（姓なので男女とも名乗れるものの）ドイツ語の「農民（Ackermann）」に由来するが、この語の原義は「耕地の男」である。ミカサは特殊な血筋のため、男性のエレンよりも身体能力が高く、名前と身体能力の双方において「男らしい」女性として登場する。一方のエレンは、巨人化できる人間という特質故に、連れ去られ、助け出される（7－29～30、11－45～12－50、14－56～16－66）という、従来のお姫様の役割を演じる。またエレンは、巨人の能力で未来を見るが、見ることは出来ても変えることのできないこの役割は『巫女の予言』の巫女が担う役割だ。ジェンダーの逆転は、物語を通して増幅する。たとえば長い髪は、従来的には女性的な表象とされる。物語の冒頭でミカサはロングヘア、エレンはショートヘアだが、物語の進展に従ってミカサの髪は短くなり、エレンの髪は長くなる。二人の髪は、三重の壁の外の海岸に行きつく場面でほぼ同じ長さになり（22－90）、そこから約三年後にエレンが大陸の民間人を虐殺した時点では、エレンがロングヘア、ミカサがショートヘアである（25－101）。地鳴らし発動後の巨人エレンは、さらに髪の毛が伸びる。

しかし、ミカサとエレンは、最終的には、従来のジェンダーに戻る。ミカサが「別の答え」にトリップする場面では、エレンの髪は短い。その後、エレンの長い髪を、ミカサは首と共に切断する。エレンの墓守をする最終話で、ミカサの髪は長く伸びている。エレンが離れた際も、ミカサはエレンに「帰ってきて」（25－101）、「遠くに行ったエレンを連れ戻す」（33－132）と述べ、首を切断する前にかける言葉も「いってらっしゃい、エレン」（34－138）だ。ミカサは、母親や養母と同じく、出て行った男性の帰りを（家で）待つ女性として存在し、エレンの首を（子どもを抱くように）抱いて帰郷した後は、生き残った他の人物たちが戦闘の続く状況に立ち向かう中、墓を守って静かに暮らす。雑誌連載版の最後は、ミカサのほどけたマフラーをカモメがついばんで巻き、ミカサが飛んでいくカモメに向かって「エレン…マフラーを巻いてくれて、ありがとう…」と言う場面で終わる（34－最終話／『別冊少年マガジン』二〇二一年五月号四四四～四四五頁）。コミック版は四ページが加筆され、ミカサが別の男性と結婚して子どもや孫に恵まれ（つまり、従来的なジェンダー観において「女性の幸せ」と見なされてきた生活を送り）、年を取って死に、マフラーを巻いたまま埋葬される様子が描かれている（34－最終話）。

カモメがマフラーを巻く結末において、エレンは「男らしさ」を獲得する。エレンの姓「イェーガー」は、ドイツ語 Jäger（男性狩人）のカナ表記と同じだが、公式なアルファベット表記は英語の Yeager である。英語の yeager

もしくはjaegerは、ドイツ語Jägerを由来とするカモメの一種（Pomarine jaeger＝トウゾクカモメ、Parasitic jaeger＝クロトウゾクカモメ）の名称である。エレンはカモメになることで、自由に出ていき好きな時に自分を待ち続ける女性のもとに帰る存在となる。つまり女性的な「エレン」から、男性的な「イェーガー」へと変容する。『進撃の巨人』は、ジェンダーと愛の解消を幸せな結末として提示するわけではなく、主人公が男性として、ヒロインが女性として成長し、そのことに満足する物語として完結する。

カモメ（Larus Canus）。2018 年撮影

### （４）語られない歴史、消えていく物語

もしも、主人公エレン・イェーガーを北欧神話の人物に当てはめるならば、ロキが相当するだろう。巨人を父親に持ちながら、神々と共にアースガルズに暮らすロキは、巨人と神の双方の属性を持ち、世界と巨人が滅びる契機をつくる。谷口は、『巫女の予言』の註で、『ギュルヴィたぶらかし』で縦横に活躍する（言い換えれば『巫女の予言』では出番の少ない）ロキの姿を紹介し、著名な研究者たちの「世界の終末をもたらす神」「火の神」等の議論をまとめて、「おそらく、火の擬人化であろう。本来火の妖精であったのがアース神と関係をもつようになり、あるときは神々を助け、あるときは神々にわざわいをもたらす存在となった。それが次第に、悪、禍いの破壊的な面を強くしていったのには、外国の影響や民衆の想像力も働いていると考えられる」（谷口一九七三：一二三頁）と解説する。

『巫女の予言』は、キリスト教導入前に成立した（現存する写本はキリスト教導入後に作成された）作者不詳の詩群であるが、『ギュルヴィたぶらかし』は著者が分かっている。アイスランド出身のキリスト教徒スノッリ・ストゥルルソン（Snorri Sturluson, ？－1241）だ。中世北欧研究者リチャード・コール（Richard Cole）は、二〇一七年の論文「スノッリとユダヤ人」（Snorri and the Jews）で、スノッリ作品への反ユダヤ主義の影響を指摘する。スノッリが生きた一三世紀は、ヨーロッパで反ユダヤ主義が先鋭化した時代だった。たとえば、一二一五年の第四ラテラノ公会議は、ユダヤ教徒とムスリムに対し、キリスト教徒との性的接触を防ぐため、衣類による識別を義務付けた。ヨーロッパ各地でユダヤ人虐殺《ポグロム》も起こった。コールは、ロキには一三世紀のキリスト教圏におけるユダヤ人イメージが、ラグナロクに際してアースガルズに到来する「ムスペルの子ら」にはキリスト教の「最後の審判」で現れる「赤いユダヤ人」のイメージが取り込まれていると指摘する。『ギュルヴィたぶらかし』において、「ムスペルの子ら」は以下のように描写される。

デンマーク・オーフスで出土した口を縫い付けられた顔が彫られた石。最古のロキの画像であるという説がある。

> このどよもしに、天は裂けて、ムスペルの子らが馬を駆ってくる。スルトは前後を火に包まれながら真っ先に立つ。彼の剣は絶品だ。太陽よりも明るく煌めくのだ。そして、彼らがビフレスト（中丸註：巨人の世界と神々の世界をつなぐ虹の橋）をわたるとき、橋は、前にもいったとおり、砕ける。ムスペルの子らは、ヴィーグリーズという野に馬を進める。そこには、フェンリースウールヴ（中丸註：大狼フェンリル）とミズガルズの大蛇もやってくる。さらに、そこには、ロキも、霜の巨人全員を従えたフリュムも到着している。ロキには、ヘルのやからが全員つき従う。だが、ムスペルの子らは、独自の陣形を取り、目も眩むばかり。ヴィーグリーズの野は方四、五百マイルの広さなのだ。（谷口一九七三：二七五～二七六頁）

『進撃の巨人』読者は、この描写を読んで、巨人たちが高温を発しながら大地を踏み潰し、焼き尽くす「地鳴らし」を連想するかもしれない。

従来は善でも悪でもなかったロキが、「よいこともするし、悪いこともする」（コラム二〇〇一：二五頁）存在と

なり、さらにはキリスト教における反ユダヤ主義と結びついて罰せられるべき悪として表象される。『巫女の予言』では一言だけ言及されるムスペルの子らが、『ギュルヴィたぶらかし』では「赤いユダヤ人」のイメージを得て豊かに描写されることで、ラグナロクは最後の審判、つまり、キリスト教的な二元論に基づき、善が悪を打ち負かす物語へと変容する。

「民衆の想像力」は、豊かな文化の源泉であると共に、一人を悪役に仕立て憎悪の矛先を向ける言説とエネルギーをも生み出す。「スノッリのエッダに異教的な過去の姿を探るのみならず、スノッリが生きたキリスト教の現在を認識すべきだ」（Cole 2017: 264）というコールの記述は、わたし（たち）が、『ギュルヴィたぶらかし』をキリスト教時代の著作だと知りながら、キリスト教的な善悪二元論に無自覚に同作を読んできたことを指摘する。ラグナロクを「悪い巨人を道連れにして自分たちも滅ぶことで、神々は巨人がいない世界を人間に残した」と理解し、人に話す際に、わたしは北欧神話にはなかった（かもしれない）善悪二元論を内面化していた。この解説を書くことで思い至ったのは、従来は善悪の評価を伴わなかったラグナロクに、後世の価値判断が組み込まれることで物語が変容し、登場人物も善悪に二分された可能性である。

善悪の評価が時代や社会に伴って変容することは、『進撃の巨人』のテーマでもある。巨人の力による記憶の操作、歴史の改竄といった設定もだが、たとえば英語タイトル Attack on Titan には、一般に「巨人」の英語訳として使われる giant ではなく titan が用いられている。「タイタン」も「巨人」を意味する（巨大な豪華客船「タイタニック」はそれにちなんで名づけられた）が、由来となったギリシア神話の「ティターン神族」は、「オリュンポス神族」の前の世代の神々である。オリュンポス神族に支配権を奪われ、後世に巨人族「ギガンテス」（giant の語源）と同一視されるに至った。神々と巨人の差が、善悪の差ではなく、勝敗の差であることを示す事例だ。

では、善悪二元論に基づき「悪」として提示される以前のロキの姿は、どうすれば知ることができるだろう。第一部「『巨人フィンの物語』ができるまで」、第二部「教会建設説話から『大工と鬼六』へ」では、原典をさかのぼり、より古い資料を参照したが、『巫女の予言』以前のロキの姿を記す文字資料は、現時点では見つかっていない。また、現在残る文字資料は、一定以上の権力や財力の持ち主によって書き記され、保管され、さらには運も味方して、保管され続けたり、再発見されて価値を認められたりしたものだ。その背後には、書き記されなかったり、保管されなかったり、再発見されなかったり、価値を認められなかったりした無数の物語がある。自分を犠牲にして巨人の力を消失させたエレンが、人類の八割を虐殺した大悪人として記憶され、墓に名前も記されず、無記名の墓すら失われる結末（34－最終話）も、その一例である。

本書の締めくくりでは、こうした中で文学研究の立場から、今ある資料を「分析する」「解釈する」ことで、ロキとエレンの「悪」とは異なる姿を描いてみたい。それに際して参照したいのが、「トリックスター」という概念だ。

「トリックスター」とは、神話や伝説や物語における、善と悪、破壊と生成といった相反する二面を併せ持ち、秩序を壊して物語を展開する人物類型である。ギリシア神話のヘルメス、『西遊記』の孫悟空、シェイクスピア『真夏の夜の夢』の妖精パックなどと並び、ロキはその代表例に挙げられる。ルイス・ハイドは、『トリックスターの系譜』において、ロキを典型的なトリックスターとして論じる。ハイドの論じるトリックスターは旅人である。

> トリックスターが通る道は、現実の道であると同時に、霊的な道である。彼は天界と地界、生者と死者の間を行き来することに長けている。こうした彼は、神の使いとなることもなるし、また魂の導き手となって、死者を黄泉の国に運んだり、墓を開いて死者を解き放ち、われわれの間に出現させることもある。また天界と地界を結ぶ道が通れなくなっているとき、彼は使いとしてではなく、盗人として働く。人間たちがこの世で生き延びていくのに必要な、有益なものを神から盗むのだ。（ハイド二〇〇五：六頁）

> トリックスターは境を越える者である。どの集団も端、内と外という観念を持っている。そしてトリックスターは、つねに端にいる。交流が生じるようにと、都市の出入り口、人生の門口にいるのだ。また集団は、その社会生活を分節化するための内的境界をもっている。そこにもトリックスターはいる。われわれはつねに、正と邪、聖と俗、清と濁、男と女、若と老、生と死を区別している。そしてトリックスターは、あらゆる場合においてそれらの境界を越え、その区別を混乱させるであろう。（ハイド二〇〇五：七～八頁）

> トリックスターは、「没道徳」であって、「反道徳」ではない。（ハイド二〇〇五：一二頁）

巨人と神々の世界を行き来し、常に変身するロキは、トリックスターとして区別と秩序を乱す存在である。ロキを秩序の中に引き留めることは不可能で、唇を縫い合わされても「その革糸をむしり取り、喋り続けてしまう」（ハイド二〇〇五：二二九頁）。バルドル殺害後、神々はロキを岩に縛り付けるが、やがて足鎖も枷も全て切れ、「解き放たれたロキ」（ハイド二〇〇五：一五二頁）は、巨人と共に神々の世界に押し寄せる。

では、秩序を乱すことで、何が起こるのか。ハイドは、

神々を不老不死に保つ金のリンゴを収穫する女神イドゥンがロキの手引きで巨人に攫われるエピソードを論じている。神々に追及されたロキは、ハヤブサに変身してイドゥンを取り戻す。ハイドによれば、神々が有する永遠性、聖性、神性から、巨人は排除され、時間の中に閉じ込められている。両者の区別を確固たらしめるのが「壁」だ。巨人の要素を持ち、神々からも時に巨人として虐げられるロキには、この秩序における巨人たちの憤りが「理解できないわけではない」（ハイド二〇〇五：一四九頁）。「ロキを通して巨人は永遠なるもの〔神〕を時間にさらすことができるといっても十分道理にかなう。ロキがイドゥンを欺くとき、彼はアスガルドを囲む壁を破るわけで、二つの世界は短い間だがひとつとなる」（ハイド二〇〇五：一四五頁）。イドゥンがすぐに神々の世界に戻ることで、この混乱は修復されるが、「ロキの潜在能力を破局的大変化の動因として示唆」（ハイド二〇〇五：一五〇頁）するエピソードだ。この潜在能力はバルドルの殺害と、それに続くラグナロクで発揮される。キリスト教導入から二世紀後に、キリスト教徒のスノッリがこれらを語るとき、「これらはもはや果てしなく繰り返される農業周期を反映した物語ではない。私たちはいま歴史の中にいて、一団の神々についての話を聞いているが、彼らは時間のもたらす偶有性に苦しみ、年老いてゆき、信心深い心からほど遠くなってしまった永遠者なのである。スノッリの後、北欧神話の黙示録は歴史上の事実となる」（ハイド二〇〇五：一五六頁）。

ハイドの議論を敷衍すると、ロキは神々と巨人の上下関係、神々が巨人に対して持つ永遠性という特権を破壊し、秩序を乱す。北欧神話の世界が続く限りは、季節が巡るように、秩序の乱れは修復される。しかし、キリスト教導入後にロキが語られるとき、秩序の乱れは修復されず、ロキは北欧神話の神々を死滅させ、キリスト教の新しい神の到来を準備する。しかしロキは、新時代の創始者として称えられることはなく、キリスト教の「悪魔」に重ねられ、（ハイド二〇〇五：一五五頁）北欧神話においてよりも強く排除の対象となる。秩序を壊した先に自分が頂点となる秩序を築くのではなく、新たな秩序においても境界に存在することが、トリックスターのあり方なのだ。

『進撃の巨人』の主人公エレンは、人間から巨人へ、壁の内側から外側へ、人間の味方から敵へ、捕らわれのお姫さまから最強の怪物へと姿を変え、境界を越え、そのたびに秩序を破壊する。エレンのトリックスター性は、足に端的に表れている。山羊足の悪魔、人魚、シンデレラ、北欧神話の鍛冶屋ヴェルンドなど、境界を超える人物は足（やその代替物としての靴）を欠損したり、人間の足とは異なる形状の足を持ったりする。この世での歩行困難と、別の世界への移動能力という秩序の中では相反する二面が一つとなるのだ。エレンは初めて巨人化する直前に、左足を巨人に喰われ（1-4）、足だけ先に巨人の領域に移動し、次いで全身が巨人化する。この左足は、後に、エレン自身の手で切り落とされる（32-130）。傷病兵として大陸に潜入するための偽装だが、その後で巨人化したエレンは民間人を虐殺する（25-101）。足を切り落とすことで、エレンは人間としての良心を切り離して人間の敵の領域に片足を踏み入れ、人間を暴力で蹂躙する巨人に変貌する。そして、大陸側の巨人に両足を喰われ（29-116）、両足を大陸の領域に移動させると、これまでのような二足歩行の巨人ではなく虫のような姿に変身して大陸に到達し、地鳴らしを実行する（30-122）。

エレンをトリックスターとして見ると、女性性の象徴としての長い髪も、『旧約聖書』のサムソンの蓬髪のように、原初的な力・野性性を含意するものとして解釈できる。エレンにおいて女性性と原初性と自由への意思が融合することにより、始祖ユミルは人間（主人の役に立つ奴隷）としてではなく、巨人（人間を圧倒する暴力）として、女性性・原初性・自由への意志を行使し、そのことで男性・主人・人間から自らを解放する。ロキが善悪の彼岸で常に戒めから自分を解き放つように、エレンは、トリックスターとして、境界を越え、秩序を破壊し、善悪の価値判断とは別の原理に基づいて行動する。「いついかなる時代においても、自由を求めて進み続けた。自由のために戦った」（22-88）進撃の巨人とは、巨人と人間の境界を越え、巨人のいる世界から巨人としての自己を解き放つ巨人なのだ。

『進撃の巨人』の結末に至る誤った選択の数々やその根拠となる感情といった物語の真相は、正史として書き記されることなく、伝説の中で変貌し、消え、正義や悪といった分かりやすい意味づけを施される。『進撃の巨人』と同じく北欧神話から生じた『巨人フィンの物語』にも、このような隠された物語があったのかもしれない。

ルイス・メー「ラグナロク」より、ラグナロク後に若木を植える人間たち。

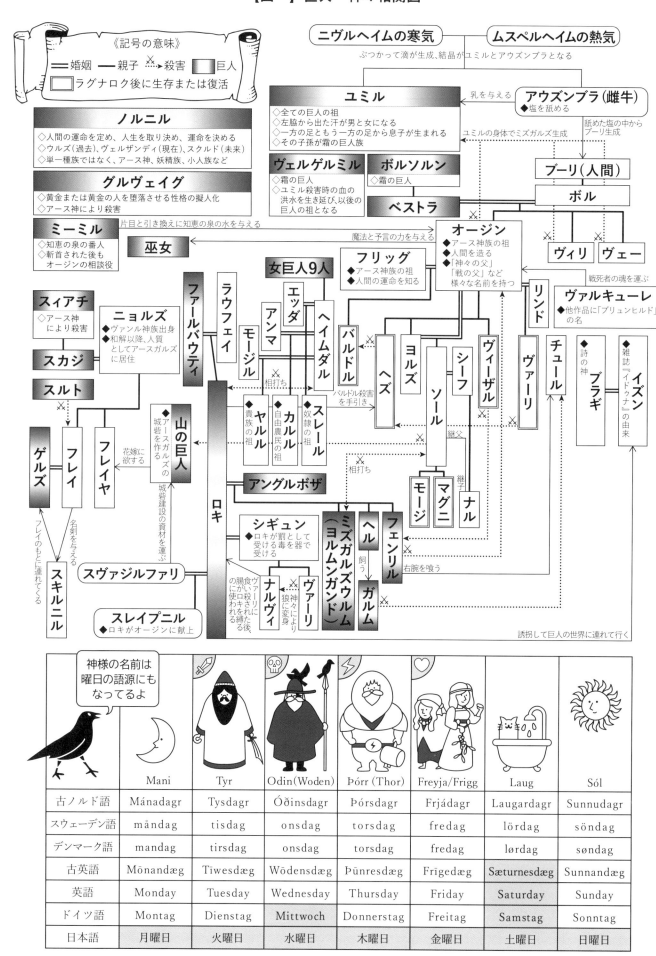

## 【図一】巨人・神々相関図

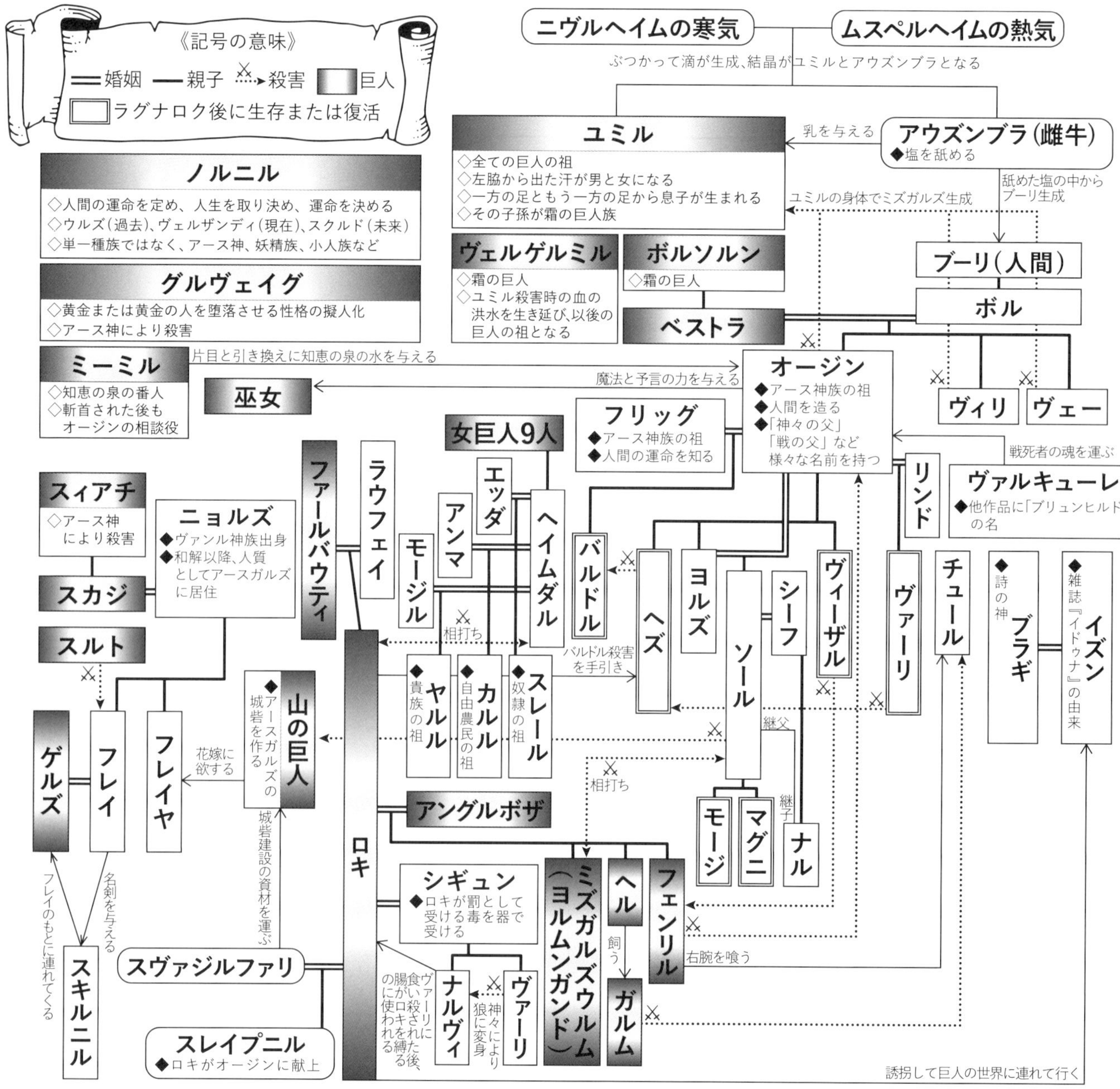

| | Mani | Tyr | Odin(Woden) | Þórr (Thor) | Freyja/Frigg | Laug | Sól |
|---|---|---|---|---|---|---|---|
| 古ノルド語 | Mánadagr | Tysdagr | Óðinsdagr | Þórsdagr | Frjádagr | Laugardagr | Sunnudagr |
| スウェーデン語 | måndag | tisdag | onsdag | torsdag | fredag | lördag | söndag |
| デンマーク語 | mandag | tirsdag | onsdag | torsdag | fredag | lørdag | søndag |
| 古英語 | Mōnandæg | Tīwesdæg | Wōdensdæg | Þūnresdæg | Frīgedæg | Sæturnesdæg | Sunnandæg |
| 英語 | Monday | Tuesday | Wednesday | Thursday | Friday | Saturday | Sunday |
| ドイツ語 | Montag | Dienstag | Mittwoch | Donnerstag | Freitag | Samstag | Sonntag |
| 日本語 | 月曜日 | 火曜日 | 水曜日 | 木曜日 | 金曜日 | 土曜日 | 日曜日 |

『巫女の予言』『ギュルヴィたぶらかし』およびその註などを参照し、本書で言及する人物を中心にまとめた。親族関係は文中に明記されたもののみ記載。曜日リストの網掛部分は北欧語由来ではない名称。参照：谷口 1973。作成：中丸禎子・中丸麻衣子

## 【図二】『ヴォルスンガ・サガ』と歴史書対応図

| 年代 | 出来事 | 『ヴォルスンガ・サガ』との関わり |
|---|---|---|
| 三七五頃 | ゴート族の王エルマナリク死去。生前、スニルダを惨殺。兄弟のアンミウスとサルスがスニルダの復讐のためエルマナリクを襲撃。 | グズルーン |
| 四三七 | ブルグント王国（ギビフンゲン王朝）、フン族により滅亡。ローマ将軍アエティウスの扇動による。アッティラは攻撃に参加していない。 | ◆フン族によるブルグント王国の滅亡アトリによるグンナルらの殺害<br>◆アエティウスの背景がホグニの立場に似ている |
| 四五三もしくは四七二 | フン族の王アッティラ、結婚式の翌朝に、鼻と喉から血を出して死んでいるところを発見される。傍らでは若い花嫁イルディコ（ヒルディコ）が泣いていた。 | イルディコによるアッティラの殺害（疑惑）⇒グズルーンによるアトリの殺害 |
| 四五四 | ローマ将軍アエティウス死去。幼くして西ゴート族の人質となり、フン族の宮廷で成長。ローマに帰ってからはローマ帝国防衛のため争いを扇動、四五一年、カタラウヌムの戦いでフン族に勝利。 | アエティウス⇒グズルーンの兄ホグニと類似。 |
| 五七五 | リプアーリ・フランク人最後の王シゲベルト死去。妻は西ゴート王女ブルニヒルダ。シゲベルトの弟チルペリックは、ブルニヒルダの妹ガルスウィンタと婚姻関係にあったが、側室フレデグントと共謀してガルスウィンタを殺害。シゲベルトはキルペリッタを攻め領土を拡張するが、フレデグントにより暗殺。ブルニヒルダは摂政として長く王国を統治するが、異国出身者の支配を嫌ったブルグンド族の反乱により、六一三年、馬に踏みつけられて死去。 | シゲベルトはグンナルを連想させるが、名前はシグルズと類似。<br>◆ブルニヒルダが義弟の側室と争い、夫を通じて義弟を殺害⇒ブリュンヒルド<br>◆ブルニヒルダの仇討ち⇒グズルーンの仇討ち<br>◆ブルニヒルダが馬に踏みつけられて死去⇒スヴァンヒルドの死 |

菅原邦城氏が紹介する歴史と『ヴォルスンガ・サガ』の対応に関する説。菅原 1979：208 ～ 212 頁。

## 【図三】『ヴォルスンガ・サガ』人物相関図

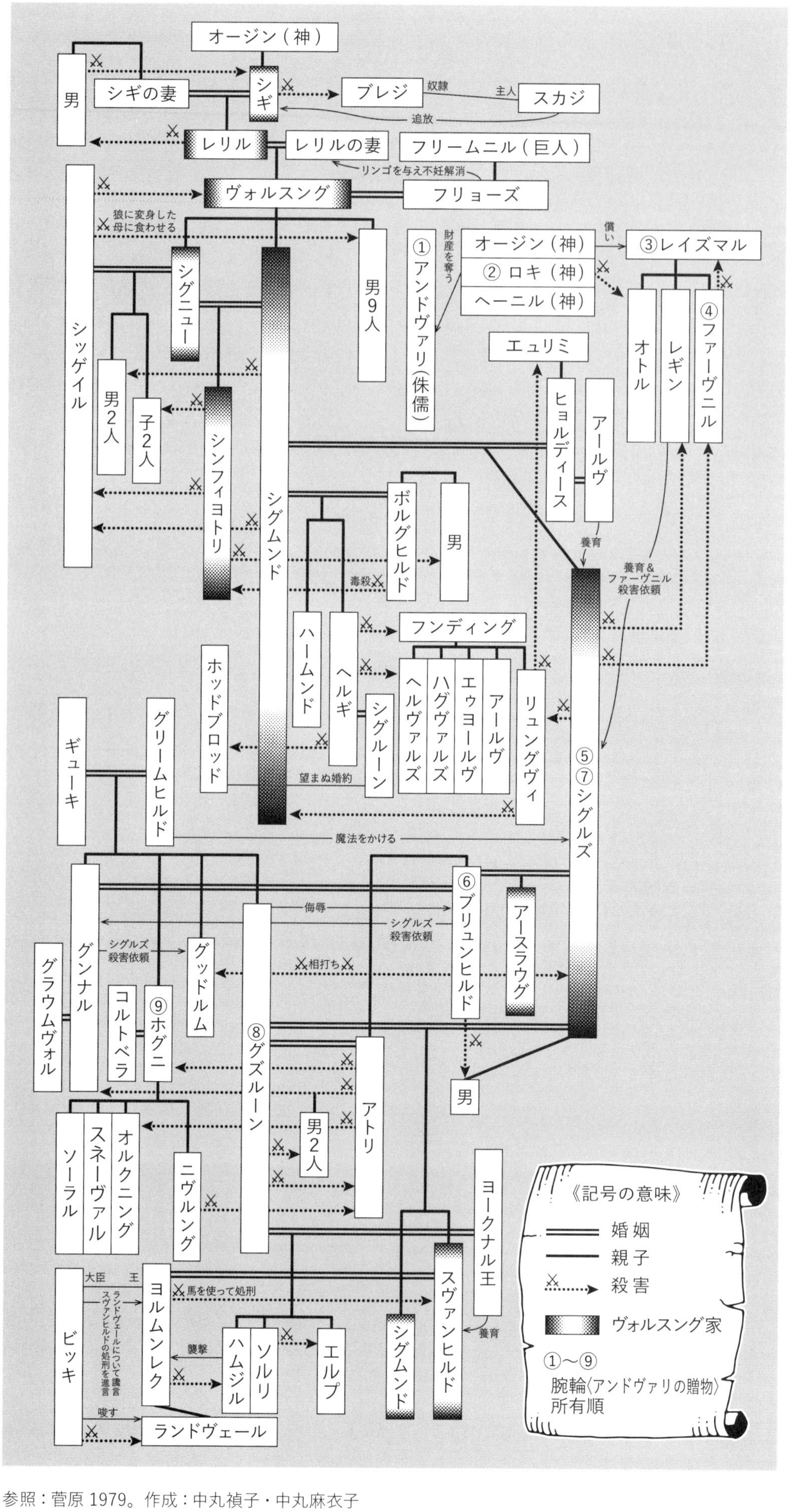


参照：菅原 1979。作成：中丸禎子・中丸麻衣子

**訳・著者　中丸 禎子（なかまる・ていこ）**
北欧文学・ドイツ文学研究者。ウップサラ大学客員研究員、東京理科大学准教授。1978年生まれ。

**主な著作**
論考「北の孤島の家族の形　海、自分だけの部屋、モラン」、インタビュー（聞き手）リーッカ・タンネル「最後に始めた新しいこと　トーベとトゥーリッキの共同作業」、「トーベ・ヤンソン年表」、「トーベ・ヤンソン著作リスト」、『ユリイカ特集＝ムーミンとトーベ・ヤンソン』8月号、青土社、2014
論文「「父の娘」のノーベル文学賞　セルマ・ラーゲルレーヴ『ニルスの不思議な旅』が描く国土と国民のカノン」、『文学』第17巻第5号、岩波書店、2016
小澤実・中丸禎子・高橋美野梨編著『アイスランド・グリーンランド・北極を知るための65章』、明石書店、2016
中丸禎子・加藤敦子・田中琢三・兼岡理恵編著『高畑勲をよむ　文学とアニメーションの過去・現在・未来』、三弥井書店、2020
論文「セドナ×人魚姫　住民表象の解体と人魚文学研究」、高橋美野梨編著『グリーンランド　人文社会科学から照らす極北の島』、藤原書店、2023
論文「高橋健二版『デンマルク国の話』　戦争協力と「幸せな北欧」」、『比較文学』第66号、日本比較文学会、2024

**絵本『巨人フィンの物語』文　Lone Mogensen（ローネ・モーゲンセン）**
作家、教育者、ルンド大聖堂ガイド。1945年生まれ。

**主な著作**
『天の伝説と星の神話』（*Himlasagor och stjärnmyter*, Alfabeta, 1996）
『大いなる循環　古代の夜話』（*Den stora rundgången : urgamla nattsagor*, Snö media, 2019）※音声テクスト
『ルンドの驚異の時計』（*Det underbara uret i Lund*, Historiska Media, 2023）※写真集

**絵本『巨人フィンの物語』絵　Tord Nygren（トード・ニイグレーン）**
芸術家、作家、児童書挿絵画家。1936年生まれ。1980年、エルサ・ベスコフ賞受賞。

**主な著作**
『海の女と金の鍵　中国南西部の民話』（*Sjöflickan och guldnyckeln: en folksaga från sydvästra Kina*, Opal, 1985）※文：Mary S. Lund
『妹　インドのお話』（*Lillasyster: en saga från Indien*, Opal, 1990）※文：Varalaksmi Wellman
マッツ・ウォールぶん『おじいちゃんのライカ』（トード・ニグレンえ、ふじもとともみやく、評論社、2005／*Farfars Lajka*, Carlsen/if, 1989）

**巨人フィンの物語　北欧・日本 巨人伝承の時空**

令和6年6月22日　初版発行

定価は表紙に表示してあります。



発行者　吉 田 敬 弥
発行所　株式会社 **三 弥 井 書 店**
〒108-0073 東京都港区三田3-2-39
電話 03-3452-8069
振替 00190-8-21125

ISBN978-4-8382-3417-2 C0097　印刷 エーヴィスシステムズ

カナダ
グリーンランド
ヌーク
グンビョワン山
アイスランド
レイキャビク
クバンナダールス山
ハルティ山
ケブネカイセ山
ロシア
スウェーデン
ノルウェー
フィンランド
トロンハイム
ヘルシンキ